DINÂMICAS ESPACIAIS, MORFOLOGIA E MOBILIDADE URBANAS DE BARREIRAS - BA

Catalogação na Fonte
Elaborado por: Dayanne Leal Souza
Bibliotecária CRB 9/2162

O588d
2025
	Ongaratto, Bruno
	   Dinâmicas espaciais, morfologia e mobilidade urbanas de Barreiras - BA / Bruno Ongaratto. – 1. ed. – Curitiba: Appris, 2025.
	   239 p. ; 23 cm. – (Coleção Ciências Sociais).
	
	   Inclui referências.
	   ISBN 978-65-250-7483-2
	
	   1. Dinâmicas espaciais. 2. Mobilidade urbana. 3. Morfologia urbana. 4. Barreiras (BA). I. Ongaratto, Bruno. II. Título. III. Série.
	
	   <div align="right">CDD – 343.094</div>

Livro de acordo com a normalização técnica da ABNT

Appris *editorial*

Editora e Livraria Appris Ltda.
Av. Manoel Ribas, 2265 – Mercês
Curitiba/PR – CEP: 80810-002
Tel. (41) 3156 - 4731
www.editoraappris.com.br

Printed in Brazil
Impresso no Brasil

Bruno Ongaratto

DINÂMICAS ESPACIAIS, MORFOLOGIA E MOBILIDADE URBANAS DE BARREIRAS - BA

Appris *editora*

Curitiba, PR
2025

FICHA TÉCNICA

EDITORIAL Augusto Coelho
Sara C. de Andrade Coelho

COMITÊ EDITORIAL E CONSULTORIAS
Ana El Achkar (Universo/RJ)
Andréa Barbosa Gouveia (UFPR)
Antonio Evangelista de Souza Netto (PUC-SP)
Belinda Cunha (UFPB)
Délton Winter de Carvalho (FMP)
Edson da Silva (UFVJM)
Eliete Correia dos Santos (UEPB)
Erineu Foerste (Ufes)
Fabiano Santos (UERJ-IESP)
Francinete Fernandes de Sousa (UEPB)
Francisco Carlos Duarte (PUCPR)
Francisco de Assis (Fiam-Faam-SP-Brasil)
Gláucia Figueiredo (UNIPAMPA/ UDELAR)
Jacques de Lima Ferreira (UNOESC)
Jean Carlos Gonçalves (UFPR)
José Wálter Nunes (UnB)

Junia de Vilhena (PUC-RIO)
Lucas Mesquita (UNILA)
Márcia Gonçalves (Unitau)
Maria Margarida de Andrade (Umack)
Marilda A. Behrens (PUCPR)
Marília Andrade Torales Campos (UFPR)
Marli C. de Andrade
Patrícia L. Torres (PUCPR)
Paula Costa Mosca Macedo (UNIFESP)
Ramon Blanco (UNILA)
Roberta Ecleide Kelly (NEPE)
Roque Ismael da Costa Güllich (UFFS)
Sergio Gomes (UFRJ)
Tiago Gagliano Pinto Alberto (PUCPR)
Toni Reis (UP)
Valdomiro de Oliveira (UFPR)

SUPERVISORA EDITORIAL Renata C. Lopes

PRODUÇÃO EDITORIAL Sabrina Costa

REVISÃO Marcela Vidal Machado

DIAGRAMAÇÃO Andrezza Libel

CAPA Eneo Lage

REVISÃO DE PROVA William Rodrigues

COMITÊ CIENTÍFICO DA COLEÇÃO CIÊNCIAS SOCIAIS

DIREÇÃO CIENTÍFICA Fabiano Santos (UERJ-IESP)

CONSULTORES
Alícia Ferreira Gonçalves (UFPB)
Artur Perrusi (UFPB)
Carlos Xavier de Azevedo Netto (UFPB)
Charles Pessanha (UFRJ)
Flávio Munhoz Sofiati (UFG)
Elisandro Pires Frigo (UFPR-Palotina)
Gabriel Augusto Miranda Setti (UnB)
Helcimara de Souza Telles (UFMG)
Iraneide Soares da Silva (UFC-UFPI)
João Feres Junior (Uerj)

Jordão Horta Nunes (UFG)
José Henrique Artigas de Godoy (UFPB)
Josilene Pinheiro Mariz (UFCG)
Leticia Andrade (UEMS)
Luiz Gonzaga Teixeira (USP)
Marcelo Almeida Peloggio (UFC)
Maurício Novaes Souza (IF Sudeste-MG)
Michelle Sato Frigo (UFPR-Palotina)
Revalino Freitas (UFG)
Simone Wolff (UEL)

À Elis, minha filha, na busca por um lugar melhor para florescer.

À Raquel, minha esposa, pelo apoio incondicional aos meus projetos.

Aos amigos e familiares que torceram por mim, mesmo que em silêncio.

AGRADECIMENTOS

Agradeço ao professor Rubio Ferreira e ao professor Paulo Baqueiro pelo direcionamento e pela orientação do trabalho, abrindo novos caminhos possíveis para a discussão da cidade e sendo impulsionadores do meu crescimento como pessoa e pesquisador.

À professora Anne Gabrielle e à professora Lívia Miranda pelos apontamentos e pelas reflexões na banca, agregando conteúdo e conhecimento à pesquisa, de maneira cordial e afetiva, que possibilitaram a ampliação da minha visão sobre a cidade.

Aos membros do Grupo de Pesquisa Dinâmicas Espaciais e Desenvolvimento Territorial (GRUDET/UFOB) e do Programa de Pós-Graduação em Ciências Humanas e Sociais (PPGCHS/UFOB) pelo apoio, pelas interlocuções e pelo afeto compartilhado.

À Coordenadoria de Projetos e Meio Ambiente (CPMA) da Universidade Federal do Oeste da Bahia (UFOB), na pessoa da coordenadora Michelle, pela possibilidade de me desenvolver e me aprofundar nessa temática, por vezes me ausentando do setor para a construção da pesquisa.

Ao corpo docente da Pós-Graduação em Mobilidade e Cidade Contemporânea da Escola da Cidade, que contribui com o conhecimento que permitiu a elaboração do projeto de pesquisa que resultou nesta publicação.

À minha família, que apoiou esse processo em meio a um período de reconstrução pós-pandemia, dando a força que às vezes me faltava.

Fruto do percurso dos animais, dos homens e de suas caravanas, o caminho organiza o território desde tempos imemoriais – desde os tempos dos pastores e dos nômades, dos primeiros agricultores e dos primeiros conquistadores. O caminho conduz de um ponto a outro, de uma cidade a outra, de uma região a outra, bem como dá acesso, de um lado e de outro, a terrenos, campos, lotes, lugares habitados. O cruzamento, o vau, a parada obrigatória engendram o comércio. Segue-se o sedentarismo. Nasce a cidade.

(Philippe Panerai, Análise Urbana)

PREFÁCIO

A obra que o leitor tem em mãos, realizada por Bruno Ongaratto e para a qual tenho a fortuna de redigir este prefácio, é o resultado da brilhante pesquisa desenvolvida em forma de dissertação de mestrado junto ao Programa de Pós-graduação em Ciências Humanas e Sociais da Universidade Federal do Oeste da Bahia, sob orientação do amigo e colega Prof. Dr. Rubio José Ferreira, em cuja banca de defesa me foi dada a honra de participar.

Realizado a partir da perspectiva de um cientista que é, também, usuário de diferentes meios de transporte da cidade de Barreiras, a obra, intitulada *Dinâmicas espaciais, morfologia e mobilidade urbanas de Barreiras – BA* impõe uma importante reflexão para estudantes e docentes universitários, pesquisadores e planejadores, bem como aos tomadores de decisão ligados ao Poder Público e setor produtivo (serviria, também, aos especuladores de terras?) sobre os descaminhos do crescimento urbano não planejado.

Importa salientar, pois, que, ao debater a complexa dinâmica urbana de Barreiras, Ongaratto inscreve seu livro em um seleto rol de grandes obras que versam sobre a realidade contraditória de uma importante cidade média da Bahia, estabelecendo foco, neste caso, na questão da mobilidade, mormente no que diz respeito à utilização desigual dos meios de transporte disponíveis no espaço intraurbano.

Vale frisar, porém, que o trabalho intelectual socialmente engajado e dotado de absoluto apuro técnico-científico de base interdisciplinar não se resume a uma análise do ir e vir dos cidadãos barreirenses como uma das manifestações da desigual capacidade de apropriação da cidade, algo que já é um legado extremamente importante deste livro. Mais que isso, o autor correlaciona diversos aspectos da produção complementar e contraditória da cidade e do urbano com a mobilidade, oferecendo-nos uma abordagem bastante elucidativa e completa dos distintos aspectos que concorrem na substantivação da complexa realidade a qual os residentes de Barreiras estão submetidos.

Por fim, é preciso evidenciar que este livro é uma contribuição incontestável à visibilização da produção qualificada de pesquisas realizadas no interior do Brasil com forte acento regional e que tratam de espaços historicamente relegados ao esquecimento, mas que, hodiernamente, como resistência e persistência, passam a ser analisadas e reportadas, graças à presença da universidade pública em espaços como os Cerrados Baianos.

Paulo Roberto Baqueiro Brandão
Geógrafo, mestre e doutor em Geografia.
Professor na Universidade Federal do Oeste da Bahia (UFOB).

APRESENTAÇÃO

A cidade é, essencialmente, o território político-administrativo onde a vida ocorre. É o ambiente onde ocorrem as dinâmicas sociais e espaciais, bem como a economia de modo palpável e facilmente perceptível. É onde o encontro inesperado de diferentes pessoas propicia trocas que possibilitam o florescer da criatividade e a evolução do conhecimento humano. Essa característica faz com que o estudo e as ações sobre o espaço urbano impactem diretamente o cotidiano da população, fazendo com que a cidade cause sentimentos conflitantes: esperança e ansiedade, admiração e perturbação, desejo de estar presente e de escapar desse ambiente.

A inquietação como arquiteto, observando as atrocidades que o setor da construção e de loteamentos tem provocado ao espaço urbano, pouco se importando com o bem coletivo, mas sim com o máximo ganho financeiro, aliada à vivência como ciclista urbano, pedestre e, às vezes, skatista, frente às dificuldades enfrentadas para se proteger do fluxo intenso e insano de veículos, foi um dos primeiros aspectos que impactaram a mudança de direção de pensamento e, consequentemente, do direcionamento das intenções pessoais.

A mobilidade urbana é um ponto que vem ganhando bastante visibilidade devido aos impactos facilmente perceptíveis na sociedade moderna, causando a falta de acessibilidade para parte da população devido à renda, à localização de moradia ou ao modo de deslocamento. Os problemas de circulação já não são exclusividade de metrópoles e grandes centros urbanos, pelo contrário, esse fenômeno já vem se expandido e impactando cidades médias e, até mesmo, cidades pequenas. Fatores como a hipermotorização, o baixo nível do transporte coletivo e dos modos ativos de deslocamento, a fragmentação da malha viária urbana e as decisões de produção do espaço são fatores que contribuem para o agravamento da situação. Essas são questões que este livro se propõe a discutir, partindo da cidade de Barreiras, cidade média no oeste da Bahia, como objeto de estudo.

A construção da pesquisa partiu de inquietações como usuário do espaço urbano e como arquiteto e urbanista que observa a cidade de maneira crítica e com questionamentos sobre as soluções adotadas para a produção do espaço. Como forma de entender e contribuir para a cidade, o autor participou de audiências públicas e de eventos como a conferência municipal de Barreiras, porém as discussões se mostravam rasas e sem um embasamento técnico. Assim, o autor buscou estudar a cidade por meio da academia, levando a cidade de Barreiras como objeto de estudo para a especialização em Mobilidade e Cidade Contemporânea da Escola da Cidade de São Paulo, e para o Programa de Pós-graduação em Ciências Humanas e Sociais da Universidade Federal do Oeste da Bahia, em Barreiras, sendo este livro produto da dissertação defendida em abril de 2024.

Durante esse período, traçou-se uma sequência de causa e consequência em que a mobilidade urbana está diretamente ligada à morfologia urbana, que, por sua vez, é produto das dinâmicas espaciais, formada pela tomada de decisões dos agentes modificadores do espaço, buscando a maior renda possível do solo urbano.

Desta forma, optou-se pela divisão da discussão em três partes no livro: na primeira parte são abordadas as dinâmicas espaciais, dando destaque a fenômenos de densidade populacional, fragmentação do tecido urbano, espraiamento e segregação; na segunda parte é abordada a forma da cidade de Barreiras por meio da análise da morfologia urbana, utilizando-se de uma leitura em diferentes escalas, observando questões que impactam os diferentes modos de deslocamentos; por fim, na terceira parte, a mobilidade urbana é discutida de maneira mais direta, com dados e análises tanto de modo geral como por modos de transporte, apresentando, também, pontos que favorecem a hipermotorização dos deslocamentos da cidade como resposta à baixa qualidade e capacidade de se desenvolver outros modos de transporte.

LISTA DE ABREVIATURAS

4º BEC	4º Batalhão de Engenharia de Construção do Exército Brasileiro
AATR	Associação de Advogados de Trabalhadores Rurais
ABNT	Associação Brasileira de Normas Técnicas
BNH	Banco Nacional de Habitação
BRT	*Bus Rapid Transit* – Sistema de ônibus em via segregada
CDL	Câmara dos Dirigentes Lojistas de Barreiras
Codevasf	Companhia de Desenvolvimento dos Vales do São Francisco e do Parnaíba
CRES UFOB	Campus Reitor Edgard Santos – Universidade Federal do Oeste da Bahia
CTB	Código de Trânsito Brasileiro
DNOCS	Departamento Nacional de Obras contra as Secas
EIV	Estudo de Impacto de Vizinhança
EPIV	Estudo Prévio de Impacto de Vizinhança
Fundatec	Fundação Universidade Empresa de Tecnologia e Ciências
HO	Hospital do Oeste – Hospital Regional com sede em Barreiras-BA
IBGE	Instituto Brasileiro de Geografia e Estatística
ICADS	Instituto de Ciências Ambientais e Desenvolvimento Sustentável
IFBA	Instituto Federal de Educação, Ciência e Tecnologia da Bahia
INCH	Expressão do Potencial de Movimento Humano no Espaço Urbano
Inesc	Instituto de Estudos Socioeconômicos
IPI	Imposto sobre Produtos Industrializados
IPTU	Imposto sobre a Propriedade Predial e Territorial Urbana

ITDP Brasil	Instituto de Políticas de Transporte e Desenvolvimento
Matopiba	Região de fronteira agrícola no Nordeste Brasileiro, tendo o nome formado pelo anagrama da sílaba inicial dos estados de Maranhão, Tocantins, Piauí e Bahia
Munic	Pesquisa de Informações Básicas Municipais – IBGE
NACH	*Normalised Angular Choice* – mapa de sintaxe espacial de escolha
Nacto	*Nacional Association of City Transportation Officials*
NAIN	*Normalised Angular Integration* – mapa de sintaxe espacial de integração
PIB	Produto Interno Bruto
Planmob	Plano de Mobilidade Urbana
PNMU	Política Nacional de Mobilidade Urbana
PPGCHS	Programa de Pós-Graduação em Ciências Humanas e Sociais – UFOB
Proceder	Programa de Cooperação Nipo-Brasileiro para o Desenvolvimento dos Cerrados
RMSP	Região Metropolitana de São Paulo
Sudene	Superintendência do Desenvolvimento do Nordeste
UFBA	Universidade Federal da Bahia
UFOB	Universidade Federal do Oeste da Bahia
UNEB	Universidade do Estado da Bahia
VCB	Viação Cidade de Barreiras
VLT	Veículo Leve Sobre Trilhos
WRI Brasil	*World Research Institute* – Brasil

SUMÁRIO

1

INTRODUÇÃO

A mobilidade urbana, ou a falta dela, vem trazendo consequências significativas em diferentes aspectos da vida urbana, desde impactos econômicos até impactos sociais. Essa situação vem sendo observada cada vez mais, também, em cidades médias e pequenas, já que a motorização é incentivada, ou até mesmo é o único modo possível de deslocamento nesses ambientes urbanos. A cidade de Barreiras, no estado da Bahia, em relação ao trânsito e sistema viário, não é exceção. Suas vias vêm apresentando saturação em horários e dias específicos, apontando para o futuro de grandes problemas relacionados com a mobilidade intraurbana.

Barreiras, situada no oeste do estado, como apresentado na Figura 1, é o objeto de estudo da pesquisa, tendo como recorte o espaço urbano. Assim sendo, o objeto pode ser mais bem delimitado como a cidade de Barreiras. O município se caracteriza como de médio porte, com população de 159.743 habitantes, segundo Censo de 2022, tendo mais 90,04% da população vivendo na zona urbana.

Figura 1 – Localização de Barreiras em relação à Bahia

Fonte: elaborada pelo autor, 2023

Barreiras foi elevada a município em 1891, desenvolvendo-se às margens do Rio Grande, já que ele era a principal via de acesso à região até a construção e pavimentação da rodovia BR-242, no final da década de 1960. O traçado da cidade e a mancha urbana acompanhavam o rio, com ruas relativamente estreitas e sem uma rigidez formal, presentes até os dias atuais na cidade.

Muitos dos problemas envolvendo a mobilidade urbana vêm da morfologia urbana, que, por sua vez, está diretamente ligada a como esse espaço foi planejado e produzido e o quanto está atrelado ao modo de produção capitalista, visto que, segundo a visão marxista (aplicada à cidade por Lefebvre e Harvey, entre outros), os interesses do capital definem a urbanização. Herce[1] traz dois aspectos necessários à cidade sustentável: a distribuição dos usos do solo e a oferta de serviços de transporte que garantam as relações entre as atividades, de modo que um está diretamente relacionado com o outro.

Desta forma, a intenção da pesquisa foi buscar na morfologia urbana e na cidade construída os aspectos que impactaram diretamente a mobilidade urbana de Barreiras, abordando questões-chave como o espraiamento e a segregação urbanos e o modo de produção capitalista do espaço urbano. A pesquisa traçou um caminho de causa e consequência que parte da formação e constituição do espaço urbano, dos interesses do capital, por meio da captura de mais-valia do lote urbano e da especulação imobiliária, perpassando pela morfologia urbana resultante dessas ações, chegando aos impactos na mobilidade intraurbana.

Maricato[2] já apontava para a relação da produção do espaço urbano, a partir das políticas de uso e ocupação do solo e da especulação imobiliária, com a mobilidade urbana excludente, como pode ser compreendido na passagem a seguir:

> [...] o impasse da política urbana persiste decorrente especialmente da manutenção persistente do padrão fundiário e da mobilidade excludente. Essas condições estão juntas: o uso e ocupação do solo e a mobilidade. É óbvio. Porque se você tiver um controle do uso e da ocupação do solo, se ele for menos mercadoria, é possível colocar as pessoas mais concentradas. É possível trabalhar com distância dos equipamentos, mas não no reino da especulação.[3]

---

[1] HERCE, M. *Práticas de mobilidade urbana contemporânea: política e projeto*. São Paulo: Editora Escola da Cidade, 2022. p. 167.

[2] MARICATO, E. *Para entender a crise urbana*. São Paulo: Expressão Popular, 2015.

[3] MARICATO, 2015.

A construção do projeto de pesquisa foi acontecendo de maneira invertida ao apresentado, ou seja, surgiram inquietações em relação à mobilidade urbana vivenciada diariamente pelo pesquisador e, a partir dessas inquietações, foi-se investigando o que causavam esses problemas. Na vivência urbana do autor, ainda anterior ao pré-projeto de pesquisa, constatou-se o baixo número de deslocamentos por meios ativos (a pé, bicicleta, skate, patinete etc.) e o alto número de veículos circulando com apenas uma única pessoa. Ao buscar dados da motorização, detectou-se que a cidade possuía um alto número de veículos motorizados dentro das mais diversas categorias, como se pode verificar na Tabela 1. Quando comparado o número total de veículos emplacados na cidade com a população, a alta motorização fica evidenciada – 159.734 habitantes para 98.139 veículos, o que gera uma proporção de 0,614 veículos por habitante. E, se levarmos em consideração somente a população em idade considerada produtiva – 113.356 (15 a 64 anos) –, há uma proporção de 0,866 veículos por habitante.

Tabela 1 – Frota de veículos motorizados por tipo na cidade de Barreiras

Automóvel	36301
Bonde	0
Caminhão	3077
Caminhão trator	1097
Caminhonete	10974
Camioneta	2462
Chassi plataforma	0
Ciclomotor	396
Micro-ônibus	293
Motocicleta	27814
Motoneta	8686
Ônibus	575
Quadriciclo	0
Reboque	3021
Semirreboque	1976
Sidecar	28

Outros	17
Trator esteira	0
Trator rodas	7
Triciclo	30
Utilitário	1385
TOTAL	**98139**

Fonte: elaborado pelo autor, 2023, com dados do Ministério da Fazenda, 2023

Para compreender o porquê dessa ocorrência, buscou-se na experiência do autor como ciclista urbano, pedestre, motorista e observador da vida na cidade as dificuldades de se locomover por esses meios ativos. O mais evidente é a condição das calçadas, que inviabilizam a caminhada (seja pela largura, seja pelo estado de conservação, quando elas existem de fato), sendo necessária a circulação de pedestres pelo leito carroçável em diversas ocasiões (sendo exceção a circulação de pedestres nas calçadas e não a regra para a maior parte da cidade), sem contar as pessoas com mobilidade reduzida, que são impedidas de se locomoverem dadas as condições. As ciclovias e ciclofaixas são em pequena quantidade e desconexas, não permitindo que se atinja um destino urbano utilizando-as. Isso faz com que o ciclista tenha que compartilhar o leito carroçável com os veículos de maior porte, gerando insegurança para o usuário. Ao se analisar, também, o transporte coletivo urbano de Barreiras, foi detectado um baixo nível de serviço, em que os usuários, segundo Santos[4], não têm a confiabilidade no sistema. Podemos acrescentar que o sistema não evolui devido à baixa ocupação das linhas durante grande parte do dia, o que acaba por inviabilizar financeiramente a operação, situação que ocorre, entre outros fatores, pela baixa densidade populacional e pela modalidade de contrato entre prefeitura e empresa prestadora de serviço, já que a quantidade de usuários não consegue suprir a arrecadação necessária para pagar as despesas do sistema e não há subsídios ou incentivos para esse modo de transporte.

Dadas essas condições, acaba que a população da cidade se vê impelida a adquirir um veículo motorizado individual – carro ou moto – para que possa ter uma real mobilidade. Ou seja, a alta taxa de motorização está diretamente ligada à imobilidade e à ineficácia de políticas públicas

---

[4] SANTOS, I. D. da S. A relação rede-território para compreender a organização socioespacial do transporte coletivo urbano de Barreiras (BA). *Revista Formação*, [s. l.], n. 22, v.2, p. 59-78, 2015.

que contemplem os outros modos de transporte. E a imobilidade de outros modos de transporte ocorre devido, entre outros fatores, à morfologia urbana e à cidade construída, que por sua vez é resultado de um processo de produção do espaço urbano com fortes influências neoliberais, cujo objetivo é o máximo lucro sobre o solo urbano, evitando investimentos que não retornem diretamente para o investidor. Essa situação é agravada pela falta de investimentos na qualidade dos deslocamentos urbanos e espaços públicos, já que a área pública não é vendável, tornando quase nulas as ações de construção e qualificação de calçadas, de ciclovias e do transporte coletivo (vias e pontos de ônibus). Essa situação ajuda a sustentar o questionamento de Ermínia Maricato ao afirmar que, na última década, apesar de 50% das viagens no Brasil serem feitas por transporte coletivo, quem recebe maior investimento público é o setor automobilístico de transporte individual, por meio de subsídios e desoneração fiscal[5].

Para uma melhor compreensão da construção da pesquisa, elaborou-se a Figura 2, na qual é apresentado o raciocínio supracitado, partindo dos problemas de mobilidade até as dinâmicas espaciais que geraram o espaço urbano de Barreiras.

Figura 2 – Caminho de construção do projeto de pesquisa

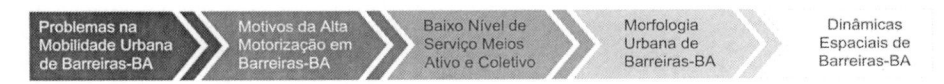

Fonte: elaborada pelo autor, 2023

Desta forma, para a análise da cidade de Barreiras, foram aplicadas teorias já consolidadas para explicar o caminho supracitado. Buscaram-se conceitos e categorias de: dinâmicas espaciais urbanas, fragmentação, segregação, acessibilidade e mobilidade urbana, para criar um arcabouço teórico que ampare a leitura da cidade existente.

Como questão de pesquisa proposta para dar um fio condutor ao trabalho, tem-se: **Como a mobilidade intraurbana é impactada pelas dinâmicas espaciais (expansão, fragmentação, segregação e densidade populacional) na cidade de Barreiras?** As questões intermediárias são: (1) Como os interesses do capital privado, com apoio

---

[5] OLIVEIRA, C. G. dos S.; FONTGALLAND, I. L. *Análise da mobilidade urbana em cidades de porte médio por meio da sintaxe espacial*. Curitiba: Appris, 2021.

do Estado, definem a urbanização de Barreiras e, consequentemente, influenciam e são influenciados pela mobilidade urbana? (2) Como a morfologia urbana de Barreiras impacta os deslocamentos da população e o acesso à cidade formal?

Segundo Severino[6], ao se fazer ciência, o homem parte de uma determinada concepção acerca da natureza do real e acerca do seu modo de conhecer. Essas "verdades" básicas não precisam ser demonstradas nem mesmo conscientemente aceitas pelo cientista, mas elas são pressupostas. Para que o conhecimento produzido pela ciência tenha consistência, é preciso admitir algumas verdades universais, ou seja, a ciência precisa apoiar-se em alguns pressupostos. Assim sendo, foram levantados pressupostos que, enquanto pesquisa científica de mestrado de curta duração, aceitamos como verdadeiras, não necessitando de verificações:

- a população se deslocará pelo meio de transporte mais rápido e confortável que tenha à sua disposição;

- o interesse dos proprietários fundiários e promotores imobiliários é retirar a mais-valia urbana do solo por meio do valor de troca e processos de especulação imobiliária;

- a descontinuidade (fragmentação) da mancha urbana e a baixa densidade populacional favorecem os deslocamentos por modo motorizado individual (carros e motos), não sendo viável uma operação de transporte público;

- a população escolherá morar no local com melhor acessibilidade e área que a sua renda permitir, equalizando o preço, a localização, a área e a qualidade, podendo renunciar a uma variável em detrimento de outra.

O objetivo principal da pesquisa foi o de associar as dinâmicas espaciais, tais como a segregação e densidade populacional, fragmentação do tecido urbano, espraiamento, aos problemas de mobilidade vividos cotidianamente na cidade de Barreiras. A intenção foi sair do empirismo e da discussão rasa e criar um arcabouço que possa subsidiar pesquisas e ações futuras a fim de, realmente, trazer melhorias para a vida da população, em especial aquelas pessoas mais vulneráveis e com menor acesso à cidade. Consciente de que essa é uma "via de duas mãos", onde as dinâmicas

---

[6] SEVERINO, A. J. *Metodologia do trabalho científico*. São Paulo: Cortez, 2016. p. 113.

espaciais influenciam, mas também são influenciadas pela mobilidade e os modos de transporte que coexistem nesse contexto urbano.

Parte da relevância da pesquisa reside no fato de propor aplicar teorias científicas já consolidadas à cidade de Barreiras, localidade ainda pouco estudada por pesquisas científicas em áreas como o Urbanismo e a Geografia Urbana. O crescimento populacional tardio e a ausência de cursos superiores na região nessas áreas do conhecimento até a última década foram fatores determinantes para a pouca produção científica. "Refletir sobre as cidades e seus problemas significa refletir sobre algo a respeito do que muita gente acha que tem 'a' resposta na ponta da língua"[7]. No entanto, é necessária uma análise mais aprofundada das dinâmicas espaciais para tentar compreendê-la. Aqui, buscou-se abordar alguns aspectos das dinâmicas espaciais, do espaço urbano e das relações sociais de Barreiras, no sentido de se aproximar, cada vez mais, dos problemas cotidianamente enfrentados pela população nos seus deslocamentos.

Segundo Oliveira e Fontgalland, tem-se dado cada vez mais atenção às cidades médias devido à grande relevância que apresentam na rede urbana, sendo, especialmente quando distantes das metrópoles e capitais de estado, ponto de convergência, com forte poder gravitacional, convergindo comércios, indústrias e serviços que atuam extrapolando os limites municipais. As cidades médias, apesar de não possuírem protagonismo no sistema econômico do país, vêm se tornando, por meio de um processo de desconcentração espacial de unidades produtivas, referências regionais para o consumo de bens e de serviços especializados[8].

Arroyo complementa que as cidades desse porte conseguem ser ponto de confluência de diversos circuitos produtivos por meio de sua capacidade para criar condições de fluidez e porosidade territorial, destacando encruzilhadas, redes e fluxos como fatores que as fazem crescer ou estancar. Complementa, ainda, que:

> [...] embora essas cidades médias se diferenciem por serem mais dinâmicas e complexas, raramente elas têm um papel de comando. Na realidade, sua área de ação política é reduzida, pois são as metrópoles, com sede das grandes empresas, que exercem um maior controle territorial[9].

7   SOUZA, M. L. de. *ABC do desenvolvimento urbano.* Rio de Janeiro: Bertrand Brasil, 2020. p. 21.

8   OLIVEIRA; FONTGALLAND, 2021, p. 29.

9   ARROYO, M. M. Dinâmica territorial, circulação e cidades médias. *In*: SPOSITO, E. S.; SPOSITO, M. E. B; SOBARZO, O. (org.). *Cidades médias*: produção do espaço urbano e regional. São Paulo: Expressão Popular, 2006. p. 83.

Assim como a ação política é reduzida, o retorno dos benefícios diretos não se traduz necessariamente para a sua população, nem sempre implicando apropriação ou gestão local destes recursos[10].

A obrigatoriedade de municípios acima de 20 mil habitantes desenvolverem planos de mobilidade urbana fez com que o poder público de Barreiras iniciasse a confecção de seu plano, por meio de uma consultoria, obtendo como produto um documento que não ataca a origem dos problemas de mobilidade. Por estarmos chegando a um ponto de colapso na mobilidade urbana nos horários de pico, aliado a um cenário de diversos lançamentos imobiliários que vêm repetindo as dinâmicas espaciais que, possivelmente, causaram a situação atual, é importante este estudo ser feito neste momento, para que com os resultados desta pesquisa sejam alterados parâmetros e legislações que versam sobre a ocupação e a expansão da mancha urbana, evitando, assim, um agravamento no quadro da mobilidade urbana.

Como consequências diretas pretendidas com a presente pesquisa está a geração do conhecimento acerca dos fenômenos que geraram os problemas de mobilidade vivenciados pela população urbana, em especial as mais vulneráveis, baseando-se na teoria, afastando-se, assim, das opiniões empíricas muito comuns nesta área. O conhecimento pode gerar subsídio para a sociedade compreender a problemática e pode criar argumentos para a participação junto às autoridades acerca do planejamento e da gestão do espaço público para que haja melhor acessibilidade; pode criar, também, subsídios para os próprios agentes públicos na elaboração de políticas públicas e legislações que ataquem a origem do problema e não os sintomas, evitando agravar ainda mais o problema, tal como ocorre na demanda induzida ou latente.

Já como consequências indiretas, ao buscar trazer uma leitura parcial do ambiente urbano de Barreiras – BA, a pesquisa poderá servir de base para diversos estudos que tangenciam o tema das dinâmicas espaciais e da mobilidade urbana. Pode, ainda, impactar a legislação e a elaboração de políticas públicas que visem à equidade social e ao direito à cidade, podendo adentrar outras temáticas urbanas, como o perímetro urbano, o uso do solo e o parcelamento do solo. No longo prazo, pretende-se que essa pesquisa preencha uma lacuna de conhecimentos sobre o urbano e a mobilidade urbana de Barreiras, por meio da aproximação e averiguação de teorias à realidade local.

---

[10] ARROYO, 2006.

Por se tratar de uma pesquisa em Ciências Sociais, há sempre uma possibilidade da utilização política das informações produzidas, que podem subsidiar ações positivas que gerem melhorias na qualidade de vida da sociedade, ou negativas, como a criação de políticas públicas ou legislações sem eficácia ou aplicabilidade por meio de distorções das informações produzidas. Desta forma, nesta pesquisa, apresentaremos uma leitura do espaço urbano que não direciona diretamente a uma ação ou intervenção, porém poderá subsidiá-las, trazendo leituras e reflexões acerca do espaço urbano.

Como motivação pessoal do autor, residente na cidade de Barreiras, convivendo diretamente com o problema da mobilidade urbana, vivenciando-a de diferentes maneiras, aprofundar-se na mobilidade urbana é uma forma de contribuir para o coletivo urbano, fazendo com que o conhecimento científico atravesse os muros da universidade e possam contribuir para o desenvolvimento urbano.

Inicialmente, assim como todos os habitantes, o autor vivencia a cidade utilizando as calçadas como pedestre, já que, mesmo por períodos pequenos, todos utilizam esse modo de deslocamento, bem como experencia a cidade por meio do ciclismo urbano, utilizando a bicicleta como meio de transporte em ocasiões específicas, além do skate, vencendo distâncias pequenas com *longboard*. Também é motorista em parte das rotinas diárias, devido ao cenário que a cidade apresenta, em especial as que envolvem a tutoria e cuidados com a filha, já que a exposição ao risco calculado sozinho é diferente da exposição ao risco com um dependente. Por vivenciar as diferentes formas de mobilidade na cidade de Barreiras, o autor se sente motivado a explorar os caminhos que desencadearam a situação de hipermotorização que, em um círculo vicioso, vai tornando as ruas mais hostis, eliminando e privando os pedestres e ciclistas da vida urbana e, consequentemente, tornando o espaço público um espaço de passagem, sendo somente o não construído, e não o espaço social que se almeja e que permita que a vida urbana ocorra.

Para o desenvolvimento, a pesquisa foi dividida em duas etapas, sendo que a primeira consistiu em levantamento, leitura e entendimento dos diferentes referenciais teóricos com a intenção de criar uma base sólida para a posterior análise do objeto – a cidade de Barreiras; a segunda etapa consistiu em verificar os conceitos e a aplicabilidade da teoria na cidade real. Durante a primeira etapa foram feitas associações e descobertas de novos autores e caminhos que fizeram a pesquisa transitar por temas como a produção do espaço urbano, as dinâmicas espaciais e a morfologia urbana, que ganharam corpo e compuseram parte significativa dos capítulos 3 e 4.

A obra ficou dividida em seis capítulos. O primeiro capítulo contempla a introdução e o segundo, a metodologia da pesquisa. Os três capítulos seguintes tratam, de maneira simultânea, da teoria trazida pelo levantamento bibliográfico e da análise do espaço urbano de Barreiras. Por fim, o sexto capítulo traz as considerações finais. Ou seja, optou-se por agrupar em temas, não separando a teoria, a análise e o resultado obtido com a finalidade de possibilitar uma leitura do trabalho mais direta, já aplicando o conceito após ele ser apresentado.

No capítulo 1, além da introdução ao tema e ao trabalho, há a descrição do objeto de estudo do trabalho – a cidade de Barreiras – com dados iniciais a serem aprofundados nos capítulos subsequentes. Apresentam-se, também, as motivações para a pesquisa e a forma de abordagem do tema pelo autor.

No capítulo 2 é apresentada a metodologia utilizada para a pesquisa, citando as diferentes fontes de dados primários e secundários, procedimentos para a elaboração de mapas, tabelas e gráficos que dão subsídio às análises realizadas na pesquisa.

No capítulo 3 é apresentado um panorama histórico da produção do espaço e das dinâmicas espaciais que ajudaram a conformar a mancha urbana de Barreiras. São também apresentadas reflexões do autor sobre a temática e direcionamentos em relação às dinâmicas sociais.

Já no capítulo 4 é apresentado um estudo a respeito da morfologia urbana, sendo uma sequência lógica do capítulo anterior, já que apresenta um panorama "congelado", tal como uma fotografia, da cidade resultante do processo contínuo de formação e crescimento, dividido em quatro escalas de análise como forma de sistematizar a informação e a análise.

Posteriormente, no capítulo 5, adentra-se na mobilidade propriamente dita, analisando os deslocamentos na cidade por meio dos diversos modos de transporte. São apresentadas discussões de mobilidade partindo de questões gerais com pontuações de ocorrências na cidade de Barreiras, mantendo-se o formato de base teórica, análise da teoria e resultados de modo conjunto.

Por fim, no capítulo 6, são apresentadas as considerações finais da pesquisa, verificando qual a abrangência alcançada, quais pontos necessitam de novos estudos para aprofundamento e as limitações que a pesquisa não conseguiu adentrar.

1.1 APROXIMAÇÃO À TEMÁTICA

A pesquisa se originou de inquietações do pesquisador ao experienciar a cidade de Barreiras – BA inicialmente como migrante, com vivências em contextos distintos ao propiciado pelo espaço urbano; em um segundo momento, como morador plenamente adaptado ao cotidiano, com formação de arquiteto urbanista (2011) e especialização em Mobilidade e Cidade Contemporânea (2022), que ajudam a perceber e compreender as dinâmicas espaciais e sociais urbanas. Entre as inquietações, veio à tona a questão das dificuldades de mobilidade urbana que impactam os deslocamentos intraurbanos. Questão que, por meio de um empirismo coletivo, é discutida nos mais diversos grupos sociais, porém sem fundamentos técnicos e carregada de achismos a partir da própria percepção de cidade, gerando opiniões que, caso fossem acatadas, piorariam ainda mais o cenário da mobilidade na cidade de Barreiras.

Como forma de trazer uma contribuição técnica, buscou-se a participação das discussões que ocorriam na Câmara de Vereadores do município em função da elaboração do Plano de Mobilidade Urbana de Barreiras, em setembro de 2021, como ouvinte e proponente de ações em audiências públicas. Nesse momento, foram percebidas fragilidades na elaboração de um documento de caráter técnico a partir de representantes da sociedade civil, dando as costas a questões básicas para que as proposições tivessem o resultado esperado para a população. Ao se questionar as pessoas que conduziam o processo, foram dadas respostas evasivas.

O neoliberalismo e a presença de interesses capitalistas de grupos de empresários se sobrepondo a questões sociais foram nítidos, e a mobilidade dos mais vulneráveis foi, praticamente, ignorada. Teve-se a impressão de que o plano foi elaborado a partir da experiência pessoal dos envolvidos e não de uma leitura precisa de todas as dinâmicas sociais presentes no município de Barreiras. Quando da escrita da versão final, no final de 2023, o pesquisador buscou revisitar por meio das transmissões pelo YouTube desses momentos e verificou-se que todos foram retirados ou indisponibilizados, o que fortalece a percepção em relação à intencionalidade não participativa e social dessa política pública municipal.

Ficou claro, a partir dessa experiência pessoal, que o ambiente para a discussão dos problemas de mobilidade urbana, por meio de participação popular e orientação técnica, não era aquele, mesmo sabendo que ali deveria ser um dos lugares onde as proposições fossem efetivamente implementadas em âmbito municipal. O plano de mobilidade seria discutido e seriam acatadas sugestões, desde que estivessem alinhadas com o que foi premeditado e previamente acordado. Situação que fica evidenciada quando da exclusão de qualquer discussão a respeito do transporte público por vereadores e equipe técnica designada. Pensar em um plano de mobilidade urbana em uma cidade média sem ao menos citar o transporte público não pode ser encarado como um simples erro ou equívoco, mas sim uma ação (ou omissão) carregada de simbolismo e interesses por parte dos proponentes.

Como toda ação, especialmente as que envolvem o governo, pode-se corroborar com a afirmação de Cintra (1982), citada por Severino[11], de que "a escolha de um tema de pesquisa, bem como a sua realização, necessariamente é um ato político. Também, neste âmbito, não existe neutralidade". Toda ação é um posicionamento político, até mesmo a omissão, como nesse caso, é um ato político.

Com as portas (ou ouvidos) fechadas no ambiente político municipal, foi-se atrás de um ambiente plural e aberto para colocar a mobilidade urbana em foco, discutindo os reais problemas que geram os transtornos nos deslocamentos. A Universidade Federal do Oeste da Bahia, por meio do Programa de Pós-Graduação em Ciências Humanas e Sociais (PPGCHS), propiciou um ambiente favorável onde se pode trabalhar essas questões levantadas sem a interferência que os ambientes de disputa (político, econômico etc.) geram.

O arcabouço teórico-conceitual no qual a pesquisa se fundamentou é de caráter explicativo, com um enfoque nas Ciências Humanas e Sociais para fazer a leitura do problema, de modo interdisciplinar, tendo como pano de fundo duas áreas do conhecimento: o Urbanismo e a Geografia Urbana, sem renunciar ao diálogo com outras áreas do conhecimento. O Urbanismo, como parte integrante da formação inicial do pesquisador, e

---

[11] SEVERINO, 2016, p. 228.

a Geografia Urbana, por meio de debates e teorias dialogadas durante a realização da pesquisa e no decorrer do curso, estiveram presentes durante todo o processo de desenvolvimento da pesquisa.

A interdisciplinaridade foi pensada como forma de não se utilizar cegamente uma única teoria para o entendimento do espaço urbano em questão, mesmo que se tenha utilizado como ponto de partida o materialismo histórico-dialético atrelado a uma visão marxista em que se destacam aspectos como a acumulação de capital, as classes sociais, o Estado e a urbanização, não se prendendo aos seus limites para a análise. Permite-se, assim, buscar em diferentes correntes aspectos significativos que possam ajudar na compreensão do problema, tal como descreve Barros:

> Aceitar imposições cegamente é via de regra contraproducente e limitador, mormente quando acabamos de definir "teoria" como um "modo de ver as coisas". Encarar a teoria como doutrina ou dogma, recusar-se a aceitar aportes interessantes que tenham sido originados em outros campos teóricos, rejeitar o contato ou o diálogo com autores que se acredita serem incompatíveis com o "modo de ver" que se escolheu definitivamente e por todo o sempre é algo equivalente a aceitar uma viseira definitiva: a lente que substituirá o verdadeiro olho do pesquisador.[12]

Ao tratarmos de um objeto complexo, tal como a cidade, composto de infinitas construções sociais e culturais, onde a ação de cada cidadão interfere na composição do todo e onde a presença de diversas forças atuantes no processo de construção social e material tende a gerar um cenário de disputas, precisa-se ter ciência de que qualquer abordagem em relação à cidade é parcial, já que há uma impossibilidade de acompanhar todos os processos existentes. A ação de uma única pessoa interfere e modifica as dinâmicas espaciais no ambiente urbano, mesmo que de modo sutil. A cidade, desta forma, é uma construção social coletiva formada por todas as ações individuais sobrepostas. A complexidade do urbano, por não ser entendida ou compreendida plenamente pela população, não o faz como ideal a ser buscado, tendendo à falta de capacidade de proposições coerentes, bem como de controle e estabilidade. Assim, o recorte e a ampliação de alguns aspectos da cidade é essencial no processo de estudo de qualquer espaço urbano. Portanto buscou-se, intencionalmente, subtrair diversos fatores com a intenção de, isolando as temáticas desejadas, tornar possível o estudo da temática proposta.

---

[12] BARROS, J. A. *A construção da teoria nas ciências humanas.* Petrópolis: Vozes, 2018. p. 16.

Buscou-se, em meio a um universo de autores que trabalham o espaço urbano, autores clássicos da Geografia Urbana e do Urbanismo, trazendo prioritariamente aqueles que abordam a teoria do espaço como produto socialmente construído, onde o espaço construído pode ser considerado reflexo das dinâmicas sociais. Aqui entraram autores como Milton Santos[13], David Harvey[14][15], Raquel Rolnik[16] (1994), Ermínia Maricato[17][18], Marcelo Lopes de Souza[19], Flávio Villaça[20], Edward Glaeser[21] e Roberto Lobato Corrêa[22], que buscam explicar como ocorrem a territorialização (e desterritorialização) em decorrência de fatores sociais (e econômicos) que transformam a cidade em um ambiente de disputas, onde a busca pela extração do máximo valor por meio da transformação do solo urbano em mercadorias é definidora do uso e ocupação do solo.

Dada a realidade regional da cidade de Barreiras de pertencer a uma fronteira agrícola e estar sob ação de forças que emergem da zona rural, estendendo-se para as dinâmicas urbanas, foi necessário visitar autores que ajudassem a compreender como a territorialização no solo urbano ocorreu, em determinados casos locais, por meio da desterritorialização de grupos populacionais rurais. Pesquisadores como Denise Elias, Renato Pequeno[23] e Rogério Haesbaert[24] contribuíram para compreender essas dinâmicas de sobreposição do poder econômico e político do agronegócio na zona urbana, bem como a reprodução do capital rural no solo urbano.

Em relação ao tema da mobilidade propriamente dito, foram trazidos autores mais recentes já que o avanço da tecnologia e a alteração do ponto de análise do tema é, relativamente, recente, como Alain Bertaud[25],

---

[13] SANTOS, M. *O Espaço do Cidadão*. São Paulo: Editora da Universidade de São Paulo, 2014.

[14] HARVEY. D. *A produção capitalista do espaço*. São Paulo: Annablume, 2005

[15] HARVEY, D. *Cidades rebeldes*: do direito à cidade à revolução urbana. São Paulo: Martins Fontes, 2014

[16] ROLNIK, R. *O que é cidade?* 3. ed. São Paulo: Editora Brasiliense, 1994. (Coleção Primeiros Passos).

[17] MARICATO, E. *Para entender a crise urbana*. São Paulo: Expressão Popular, 2015.

[18] MARICATO, E. Para entender a crise urbana. *CaderNAU*: Cadernos do núcleo de análises urbanas, Rio Grande, v. 8, n. 1, p. 11-22, 2015.

[19] SOUZA, 2020.

[20] VILLAÇA. F. *O Espaço Intra-Urbano no Brasil*. São Paulo: Studio Nobel; FAPESP; Lincoln Institute, 2001.

[21] GLAESER, E. L. *O Triunfo da Cidade*. São Paulo: BEI Comunicação, 2016.

[22] CORRÊA, R. L. *O Espaço Urbano*. Série Princípios. São Paulo: Ática, 1989.

[23] ELIAS, D.; PEQUENO, R. Desigualdades socioespaciais nas cidades do agronegócio. *Estudos urbanos e regionais*, Belém, v. 9, n. 1, 2007.

[24] HAESBAERT, R. *Des-territorialização e identidade*: a rede "gaúcha" no Nordeste. Niterói: EDUFF, 1997.

[25] BERTAUD, A. *Ordem sem Design*: como os mercados moldam as cidades. Porto Alegre: Bookman, 2023.

Reyner Banham[26], Manuel Herce[27], Cláudio Oliveira, Isabel Fontgalland[28], Jeff Speck[29] e Eduardo Alcântara de Vasconcellos[30]. Sempre houve problemas em relação aos deslocamentos urbanos, porém a discussão ganhou um certo protagonismo desde a criação do Ministério das Cidades e publicação do Estatuto das Cidades e do Plano Nacional de Mobilidade Urbana, tornando tema de estudo recorrente de diversos pesquisadores e instituições.

O estudo partiu de uma pesquisa exploratória a fim de compreender e tornar mais claro o problema de pesquisa. Gil[31] explicita que esse tipo de pesquisa tem como objetivo "proporcionar maior familiaridade com o problema, com vistas a torná-lo mais explícito". A etapa explicativa da pesquisa pauta-se no referencial teórico sobre o urbano e a cidade consultado, para trazer reflexões acerca do espaço urbano de Barreiras mediante os dados coletados e analisados. Foram utilizados, concomitantemente, aspectos de observação sistemática com a finalidade de descobrir como os eventos da mobilidade de fato ocorriam (e ocorrem) no contexto urbano de Barreiras. Situações levantadas e hipóteses criadas a partir de mapas e imagens de satélite (Google Earth) puderam ser verificadas in loco. A observação ocorreu de maneira pública – já que qualquer transeunte poderia verificar o observador, porém, dado o tamanho e a complexidade do objeto, o observador não possuía qualquer poder de interferência no contexto observado; em situações naturais, onde não havia alterações ou tentativas de manipulação no fluxo diário; e de maneira sistemática, por ter sido feita a escolha de dias e horários com a intenção de avaliar o cotidiano da cidade, especialmente nos horários de maior fluxo de veículos.

> Quanto mais público e desestruturado for o campo, mais fácil será assumir um papel que não seja facilmente percebido e que não exerça influências sobre este. Quanto maior a facilidade para se supervisionar um campo, maior será a dificuldade para se participar deste sem se tornar um membro. [...] O objetivo [da observação] é (ao menos, de um modo geral) testar conceitos teóricos para determinados fenômenos com base em sua ocorrência e distribuição.[32]

[26] BANHAM, R. Los Angeles: a arquitetura de quatro ecologias. São Paulo: Martins Fontes, 2013.

[27] HERCE, 2022.

[28] OLIVEIRA; FONTGALLAND, 2021.

[29] SPECK, J. Cidade Caminhável. São Paulo: Perspectiva, 2017.

[30] VASCONCELLOS, E. A. de. Mobilidade urbana e cidadania. São Paulo: Editora Senac, 2018.

[31] GIL, A. C. Como Elaborar Projetos de Pesquisa. São Paulo: Editora Atlas, 2002.

[32] FLICK, U. Introdução à pesquisa qualitativa. Porto Alegre: Artmed, 2009. p. 204-205.

Como procedimento lógico buscou-se a utilização de teorias urbanas aplicando-as aos fatos levantados na realidade cotidiana da cidade em estudo, ou seja, partiu-se de elementos urbanos já teorizados como forma de análise da cidade de Barreiras. A presença de autores clássicos nos estudos urbanos, seja pelo enfoque do urbanismo, seja pelo enfoque da Geografia Urbana, valida a escolha desse procedimento, já que a teoria urbana pode ser adequada ao método indutivo. Para Severino[33], o método dedutivo se baseia em fatos para a criação de leis. Podemos fazer o caminho inverso e aplicar essas leis no espaço urbano para verificar se é compatível com o objeto de estudo.

> O método dedutivo, de acordo com o entendimento clássico, é o método que parte do geral e, a seguir, desce ao particular. A partir de princípios, leis ou teorias consideradas verdadeiras e indiscutíveis, prediz a ocorrência de casos particulares com base na lógica.[34]

Para a compreensão e análise dos elementos urbanos que a bibliografia sugeria, foram necessárias diversas ações, tanto de observação in loco quanto na produção de gráficos e mapas temáticos. Para a compreensão do problema de pesquisa buscou-se fazer incursões na cidade de Barreiras, focando nas localizações de maior conflito no trânsito e na circulação de pedestres e ciclistas, como rótulas, pontes e entroncamentos de vias. Essas incursões ocorreram em horários distintos e, preferencialmente, em dias da semana (terças, quartas e quintas-feiras, para evitar a interferência dos finais de semana) utilizando-se de diferentes modos de transporte – a pé, bicicleta, skate, transporte público e carro particular – com a finalidade de observar e vivenciar a cidade sob diferentes aspectos e pontos de vista. Obviamente, houve distintas percepções. Essas incursões serviram, também, para aprimorar o trabalho de produção de mapas já que colocaram o foco em alguns problemas que poderiam passar despercebidos.

Os mapas foram utilizados, em um primeiro momento, como forma de compreender ainda mais o espaço urbano de Barreiras. Em um segundo momento foi necessária a produção de mapas de sintaxe espacial para compreender como a morfologia urbana, por meio apenas de sua geometria, poderia criar as situações experienciadas na cidade.

---

[33]   SEVERINO, 2016.

[34]   PRODANOV, C. C.; FREITAS, E. C. de. *Metodologia do Trabalho Científico*: Métodos e Técnicas da Pesquisa e do Trabalho Acadêmico. Novo Hamburgo: Feevale, 2013.

Por fim, outros mapas foram produzidos com a intenção de comunicar ao leitor do livro os aspectos que estão sendo discutidos e analisados, complementando a parte textual. Da mesma forma foram produzidos quadros, tabelas e gráficos com a intenção de tornar mais rica a análise realizada durante a pesquisa.

1.2 BARREIRAS – BA

Neste tópico busca-se fazer uma primeira aproximação do leitor ao contexto urbano de Barreiras como forma de delimitar o objeto de pesquisa. Aprofundamentos e análises aparecerão no decorrer da obra quando da abordagem de temas específicos.

Barreiras é a maior cidade das regiões geográficas intermediária e imediata de Barreiras, onde estão situados os principais comércios e serviços do oeste baiano. É considerada polo educacional, com diversas instituições de ensino técnico e superior (incluindo um campus da Universidade do Estado da Bahia – UNEB, um campus do Instituto Federal de Educação, Ciência e Tecnologia da Bahia – IFBA e a sede da Universidade Federal do Oeste da Bahia – UFOB) e de saúde, com o Hospital do Oeste (HO – hospital regional) e a Policlínica Regional como destaques.

O município está situado na confluência do Rio de Ondas com o Rio Grande, ponto onde este último passa a não permitir mais a navegabilidade. Essa situação gerou o desenvolvimento da cidade através de um cais, onde as mercadorias vindas pelo Rio São Francisco eram transferidas para veículos de tração animal para serem distribuídas na região de Goiás e no atual estado do Tocantins. Porém, o desenvolvimento econômico, urbano e o crescimento populacional ocorreram de modo mais acentuado somente a partir da década de 1970, quando da construção e pavimentação de rodovias federais com entroncamento na cidade – BR 242, BR 135 e BR 020 – visando ligar Salvador à nova capital recém-inaugurada, sendo deslocado o 4º Batalhão de Engenharia de Construção (4º BEC) de Sobral – CE para Barreiras, para a execução dessas obras, com a chegada estimada de mil famílias[35].

Na década seguinte, a Superintendência de Desenvolvimento do Nordeste (Sudene) operacionalizou o Programa de Cooperação Nipo-Brasileiro para o Desenvolvimento dos Cerrados (Proceder), criando estímulos para

---

[35] SANTOS, 2015.

a ocupação agrícola no Cerrado baiano, em especial de sulistas, trazendo uma inserção de capital e apropriação política e simbólica, formando latifúndios[36]. A difusão do agronegócio provocou impactos na organização de um novo sistema urbano em que a modernização e a expansão dessas atividades promoveram o processo de urbanização e crescimento de áreas urbanas da região[37]. Santos[38] destaca que essa reestruturação produtiva ocasionou crescimento populacional expressivo em Barreiras, sendo apontada como principal centro urbano do oeste baiano, especialmente em gestão do território, em comércios e em serviços.

Podemos adicionar, ainda, dois eventos que, em um passado mais recente, acarretaram uma nova onda de migração para a cidade: a construção do hospital regional, em 2006, denominado Hospital do Oeste; e a criação do Instituto de Ciências Ambientais e Desenvolvimento Sustentável (ICADS), vinculado à UFBA, em 2006, e posterior desmembramento, em 2013, consolidando-a como UFOB.

> Existe uma tendência de aumento do processo de urbanização nacional nas cidades de porte médio, as quais têm uma função importante no desenvolvimento, pois atenuam o efeito de migração em massa que pressiona as grandes metrópoles, as quais já não conseguem responder, eficientemente, às necessidades de absorção da grande massa de trabalhadores em busca de melhoria de vida.[39]

Esses eventos, aliados à tendência de urbanização e crescimento das cidades de porte médio, como destacado por Oliveira e Fontgalland, ajudaram a produzir o crescimento acentuado demonstrado no Gráfico 1, bem como o surgimento e crescimento de uma classe média composta de profissionais liberais e funcionários públicos atraídos pelas novas instituições.

---

[36] HAESBAERT, 1997.

[37] ELIAS, D. *Agronegócio e reestruturação urbana e regional no Brasil.*. Porto Alegre: Editora da UFRGS, 2016.

[38] SANTOS, 2015.

[39] OLIVEIRA; FONTGALLAND, 2021, p. 121.

Gráfico 1 – Evolução populacional do município de Barreiras

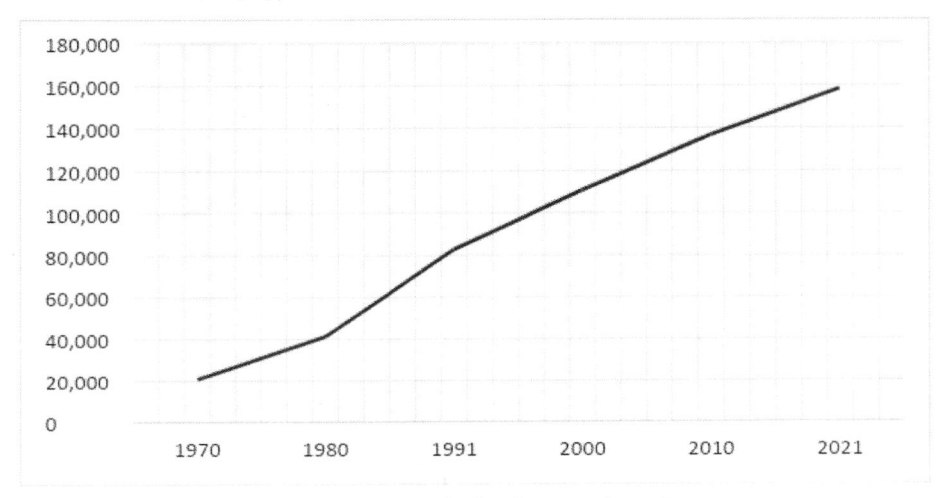

Fonte: elaborado pelo autor, 2022, com dados do IBGE (2022)

A cidade se desenvolveu nas duas margens do Rio Grande, tendo a região central na margem direita (leste) e o bairro de Barreirinhas na margem esquerda (oeste), fazendo com que a barreira que o rio impõe estivesse presente durante, praticamente, toda a história urbana de Barreiras. Com a criação do campus avançado da UFBA (atualmente UFOB) deu-se o início do avanço da mancha urbana para a margem direita do Rio de Ondas, fazendo com que a mancha urbana, que antes estava dividida em duas partes, passasse a estar dividida em três partes, criando mais complexidade na mobilidade e, consequentemente, impactando a acessibilidade da população que necessita utilizar as poucas travessias urbanas dos rios para acessar diferentes pontos da cidade. Como forma de exemplificar essa situação, é apresentada a Figura 3, na qual se destacam os dois rios urbanos em relação à mancha urbana de Barreiras, o Rio de Ondas correndo de oeste a leste e o Rio Grande, de sul a norte.

Figura 3 – Imagem de satélite destacando o Rio Grande e o Rio de Ondas

Fonte: elaborada pelo autor, 2023, com base em Google Earth (2022)

No capítulo 3 serão apresentados aspectos históricos do crescimento urbano, bem como apresentadas situações e ações que ocorreram, e ainda ocorrem, e que impactam direta e indiretamente o tecido urbano resultante.

1.3 CAMINHO DA PESQUISA

Os procedimentos metodológicos da pesquisa englobaram as seguintes ações:

- **levantamento bibliográfico** – foram identificados estudos, livros e textos que abordaram a temática inicial da pesquisa (mobilidade urbana) ou o objeto de pesquisa (a cidade de Barreiras). A busca de textos ocorreu, primeiramente, em livros clássicos da temática urbana, tais como Kevin Lynch[40], Jan Gehl[41] e Jane Jacobs[42], seguindo as indicações e citações bibliográficas como

---

[40] LYNCH, K. *A imagem da cidade*. São Paulo: Martins Fontes, 2011.

[41] GEHL, J. *Cidades para pessoas*. São Paulo: Perspectiva, 2015.

[42] JACOBS, J. *Morte e vida de grandes cidades*. São Paulo: Martins Fontes, 2011.

forma de ampliar a busca. Utilizou-se, também, de pesquisa na internet devido à facilidade em acessar publicações diversas e atuais por meio de busca de palavras-chave. Foram pesquisados termos como "acessibilidade", "mobilidade urbana", "Barreiras-BA", "segregação populacional" e "fragmentação urbana", entre outros, em buscadores e em revistas científicas. Foi feita a catalogação verificando a aderência dos textos com o projeto de pesquisa. Durante esse processo ocorreram reuniões de orientação e direcionamento da pesquisa com o professor orientador, bem como a realização de estágio de docência pelo pesquisador, que abriram uma nova temática que vai contribuir com a pesquisa, levando à busca por autores da Geografia Urbana, encaminhando-se, assim, para uma maior interdisciplinaridade e para um enfoque mais social do espaço urbano e das dinâmicas espaciais. Buscou-se, também, a temática por meio de legislações nas três esferas do governo – municipal, estadual e federal – que versam sobre o tema da pesquisa, sendo os mais relevantes o Plano Nacional de Mobilidade Urbana[43], o Estatuto das Cidades[44], o Plano Diretor Municipal Barreiras 2030[45] (revisão do plano de 2004) e o Plano Municipal de Mobilidade Urbana de Barreiras[46];

- **levantamento de dados secundários** – foram levantados dados e informações de trabalhos de outros pesquisadores, escritores, órgãos públicos e empresas sobre o objeto de pesquisa. Foram feitas buscas na internet, como já mencionado na etapa de levantamento bibliográfico, buscando textos e pesquisas que já abordaram a temática ou o objeto de estudo desta pesquisa. Foram feitas visitas à Biblioteca Municipal Folk Rocha, de Barreiras, com a finalidade de compreender os eventos históricos que geraram

---

[43] BRASIL. Lei nº. 12.587, de 3 de janeiro e 2012. Institui as diretrizes da Política Nacional de Mobilidade Urbana; revoga dispositivos dos Decretos-Leis nºs 3.326, de 3 de junho de 1941, e 5.405, de 13 de abril de 1943, da Consolidação das Leis do Trabalho (CLT), aprovada pelo Decreto-Lei nº 5.452, de 1º de maio de 1943, e das Leis nºs 5.917, de 10 de setembro de 1973, e 6.261, de 14 de novembro de 1975; e dá outras providências. *Diário Oficial da União*: seção 1, Brasília, DF, p. 1, 4 jan. 2012. Disponível em: https://www.planalto.gov.br/ccivil_03/_ato2011-2014/2012/lei/l12587.htm. Acesso em: 28 out. 2024.

[44] BRASIL. *Estatuto da Cidade*. Brasília: Senado Federal; Subsecretaria de Edições Técnicas, 2008.

[45] BARREIRAS, Prefeitura Municipal. *Relatório plano diretor planejamento participativo Barreiras 2030*. Barreiras, 2016.

[46] PLANO de mobilidade urbana de Barreiras – BA: audiência pública realizada em setembro de 2021. [*S. l.: s. n.*], 2021. 1 vídeo (264 min). Publicado pelo canal FUNDATEC. Disponível em: https://www.youtube.com/watch?v=bcgcbD66l_8. Acesso em: 8 nov. 2021.

os processos de urbanização e crescimento da mancha urbana da cidade. A coleta de dados ocorreu, também, por meio de consulta, via internet, a órgãos públicos e privados com produção de dados sistematizados, bem como informações já sistematizadas pela Prefeitura Municipal de Barreiras e disponibilizadas por meio de publicações oficiais como o Diário Oficial do Município, Plano Diretor Municipal (2004 e posterior revisão), Plano Municipal de Mobilidade Urbana, Código de Obras e Código de Posturas do Município. Ainda, como dados secundários, foram feitas coletas de dados, com a finalidade de caracterização da população residente na cidade de Barreiras, no Instituto Brasileiro de Geografia e Estatística (IBGE), com enfoque na população residente, taxa da população do município que reside na zona urbana, residente por faixa etária, faixa de renda, gênero etc., por meio dos Censo 2010 e 2022, Pesquisa de Informações Básicas Municipais (Munic) e do Portal IBGE Cidades;

- **levantamento de dados primários** – foram levantadas informações novas ou complementares sobre o objeto de estudo a partir de visitas, observação direta, percepção do ambiente pelo pesquisador e registros fotográficos. As incursões ao ambiente urbano se deram em horários diversos para verificar conflitos e situações diversas que ocorrem no trânsito de veículos (bicicletas, carros, motos, caminhões etc.) e pessoas, preferencialmente em dias do meio da semana – terças, quartas e quintas-feiras – com a intenção de compreender as dinâmicas cotidianas da cidade sem a influência do final de semana, ou seja, são os dias em que a cidade apresenta "pleno funcionamento". Essas incursões se deram por meio de diferentes modos de transporte para compreender e vivenciar ativamente ("sentir na pele") o ambiente urbano. Houve situações vivenciadas como pedestre, ciclista, usuário do transporte público urbano (ônibus), skatista e motorista de automóvel. Outra fonte de dados primários foi o Detran-BA, que disponibiliza a frota de veículos no estado da Bahia, separado por município e tipo de veículo, mensalmente;

- **catalogação dos dados levantados** – foi criada uma pasta na nuvem do Microsoft OneDrive como repositório de todas as informações e dos dados levantados da pesquisa. Como forma de compreender alguns conceitos, foi feito o fichamento de parte da literatura inicial da pesquisa por meio de planilhas do Microsoft Excel. Também foram feitas transcrições de dados oficiais para planilhas criadas pelo autor como forma de isolar as variáveis de interesse para a pesquisa em meio à grande quantidade de dados encontrados;

- **análise qualitativa** – foi feita durante e após a catalogação dos dados coletados, já que, à medida que se avançava nas consultas e descobertas, gráficos, tabelas, quadros e mapas se faziam necessários para a compreensão das dinâmicas espaciais do espaço urbano de Barreiras. Como suporte à elaboração de mapas utilizou-se o software livre QGis 3.28.10 sobre bases do Google Earth e do Open Street Map, com o apoio de bases de dados especializadas elaborada pelo IBGE e mapas presentes nas legislações municipais (Plano Diretor Municipal e Plano de Mobilidade Urbana). Para os mapas de sintaxe espacial foi utilizado o software DethMapX 3.0, para a produção com visualização e interação de dados por meio da interface do plugin Space Sintax Toolkit para QGis. Utilizou-se, também, mapas do aplicativo Waze como forma de verificar dados de utilização da malha viária urbana. Durante o desenvolvimento dos mapas temáticos já eram realizadas análises e verificações de situações espaciais de Barreiras;

- **interpretação dos resultados e discussões** – durante e após a análise foram feitas interpretações dos dados e materiais levantados durante o processo de pesquisa, aplicando-se teorias trabalhadas no levantamento bibliográfico com a finalidade de compreender as dinâmicas espaciais que ocorrem no espaço urbano de Barreiras e as suas consequências na mobilidade urbana e na acessibilidade. Optou-se por trazer os resultados, bem como suas discussões e interpretações logo após a apresentação da teoria e da análise qualitativa como forma de obter uma maior fluidez na leitura do texto final.

No capítulo 2, foram abordados os aspectos metodológicos que deram subsídio para que a pesquisa fosse realizada. Os processos foram ocorrendo de maneira sobreposta, ou seja, não era feito o fechamento de uma etapa para dar seguimento à etapa seguinte, sendo feitas descobertas, durante a pesquisa, com necessários retornos a temas já analisados para refiná-los.

No capítulo subsequente são abordados temas que compõem as dinâmicas espaciais às quais o espaço urbano de Barreiras foi submetido ao longo do tempo por meio de diferentes processos de transformação e crescimento urbanos.

FORMAÇÃO E EXPANSÃO DA MANCHA URBANA DE BARREIRAS

2.1 A CONSTITUIÇÃO "COLCHA DE RETALHOS" COMO FORMA URBANA

Para compreender a dinâmica do espaço urbano é necessário trazer alguns aspectos históricos. A cidade, que inicialmente se desenvolveu ao redor de um cais, passou por uma transformação evidente com a nova acessibilidade regional que as novas rodovias possibilitaram. Percebe-se que o modo de transporte inter-regional prioritário é modificado do aqua-viário, via Rio São Francisco – Rio Grande para o rodoviário, fazendo com que a mancha urbana perca aderência ao rio e se desenvolva ao redor das rodovias[47]. Pode-se afirmar, assim, que o espaço urbano define e é definido pela acessibilidade e, consequentemente, pela mobilidade. Daí a importância de atrelar as dinâmicas espaciais e sociais à mobilidade urbana.

Na Figura 4 é apresentada uma publicidade veiculada em um jornal de 1929, na qual se destacavam os navios que faziam a ligação entre diversas cidades, inclusive Barreiras, por meio do Rio São Francisco e Rio Grande, demonstrando a importância do cais como ponto de acesso à cidade, determinando, assim, a principal centralidade.

---

[47] PINTO, S. *Simplesmente Barreiras*. Barreiras: Independente, 1979. p. 68 e 69.

Figura 4 – Publicidade em jornal de 1929 do transporte via Rio São Francisco e Rio Grande

Fonte: Instagram Barreiras em Desenvolvimento, 2024

Para compreender e melhor visualizar a modificação à qual foi sub-metida a mancha urbana, são apresentadas duas figuras, sendo a primeira (Figura 5) com a mancha urbana em 1970, com contato direto com o Rio Grande, tendo demarcada as futuras rodovias em vermelho e, na segunda (Figura 6), a mancha urbana em 2020 ocupando, prioritariamente, as margens das rodovias.

Figura 5 – Mancha urbana de Barreiras na década de 1970

Fonte: elaborada pelo autor, com dados de Barreiras, 2016

Figura 6 – Mancha urbana de Barreiras na década de 2020

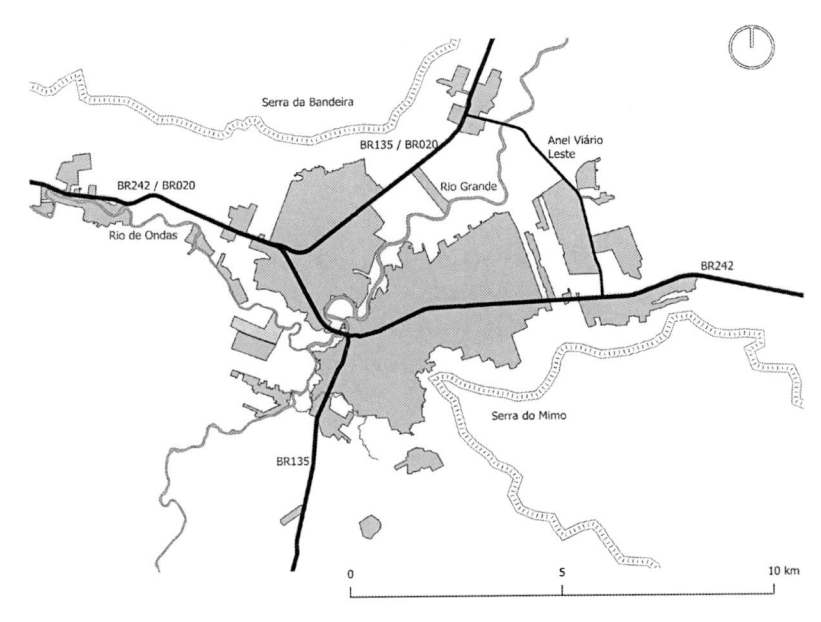

Fonte: elaborada pelo autor, com dados de Barreiras, 2016

Segundo análise apresentada no Plano Diretor Barreiras 2030[48], entre os anos 1960 e 1970, ocorreram os primeiros sinais de crescimento periférico, expandindo-se para Barreirinhas (lado oposto do Rio Grande) e Vila Brasil (adjacente ao centro histórico), situação apresentada no mapa da Figura 5. Logo após, ocorreu uma proliferação de loteamentos, ofertando mais de 20.000 lotes, quantidade suficiente para abrigar mais de 100.000 habitantes, porém 60% desses lotes não foram ocupados. Sendo assim, "[...] a cidade passou a ter um padrão de ocupação menos compacto e mais entremeado de vazios urbanos, com processo de crescimento periférico, uma vez que os loteamentos estendem o traçado urbano além da real demanda da população"[49].

Como forma de compreender a complexidade da cidade de Barreiras, deve-se levar a atenção, também, para o espaço rural, tendo em vista que a ocupação urbana densificada dessa cidade se dá, em parte, devido às atividades agropecuárias. Dessa forma, pode-se aceitar que a cidade, como proposto por Elias e Pequeno[50], pertence a um grupo denominado "Cidades do Agro", onde as dinâmicas intraurbanas sofrem influências significativas dessas atividades[51].

Haesbaert[52] destaca o caráter excludente e desterritorializador do processo de ocupação dos cerrados baianos pelo agronegócio, onde fenômenos como a grilagem foram (e continuam sendo) perversos, onde a atração de expropriados de outras partes do interior nordestino, iludidos com o emprego fácil no "Eldorado da Soja", gerou uma massa de excluídos na periferia de cidades como Barreiras, impactando o rápido crescimento populacional apontado.

Uma cidade como Barreiras, que praticamente explodiu na última década, aumentando de maneira assustadora as desigualdades sociais, exibe de forma modelar os extremos a que pode chegar a desterritorialização no entrecruzamento confuso de múltiplos territórios e redes e nos aglomerados humanos de exclusão, com o surgimento de uma verdadeira cidade clandestina e excluída ou imersa em redes e terri-

48 BARREIRAS, 2016.
49 BARREIRAS, 2016.
50 ELIAS; PEQUENO, 2007.
51 Apesar de Barreiras estar apontada como pertencente ao grupo "cidades do agro" por Elias e Pequeno (2007), ocorreu uma diversificação de atividades de comércios e serviços que permitiu à cidade tornar-se referência em outras áreas, como a educação, saúde e comércio varejista, na região.
52 HAESBAERT, 1997, p. 142-143.

tórios ilegais de sobrevivência. Jornais locais, numa visão não apenas sensacionalista, já denominaram Barreiras "a Baixada Fluminense do oeste baiano", a "capital dos crimes insolúveis".

Em relação às classes subalternas, essa periferização envolve a reprodução social em grandes conjuntos habitacionais financiados pelo Estado. Trata-se aqui, como é bem conhecido, de uma tentativa de reterritorializar uma força de trabalho "instável", fixando-a – ainda que sob condições muito precárias, e inserindo-a nos circuitos da urbanização formal (redes de luz e água, cobrança de impostos). Criados no início dos anos 90, os conjuntos Barreiras I, Rio Grande e Buritis I perfazem um total de 1826 domicílios. No caso do conjunto Buritis I, localizado a cerca de 8 quilômetros do centro, um dos objetivos da construção foi claramente o de forçar o crescimento da cidade na direção leste, valorizando assim áreas desocupadas entre o conjunto residencial e a cidade.[53]

Outra localidade destacada pelo estudo de Haesbaert[54] foi a antiga Vila Invasão, hoje já incorporada à urbanização da cidade com a denominação de Vila Nova, resultado de um processo de ocupação de terras urbanas organizadas a partir de movimentos de sem-teto como alternativa para a subsistência. No entanto, já em 1997 (seis anos após a apropriação da terra), apontava-se que nem 30% dos residentes da localidade pertenciam ao grupo original, já que, após a consolidação da ocupação, muitos acabaram não suportando a permanência ali, sem emprego, e agora com encargos públicos e valorização impactando a terra.

---

[53] HAESBAERT, 1997, p. 145-146.

[54] HAESBAERT, 1997, p. 147.

Figura 7 – Expansão da mancha urbana de Barreiras

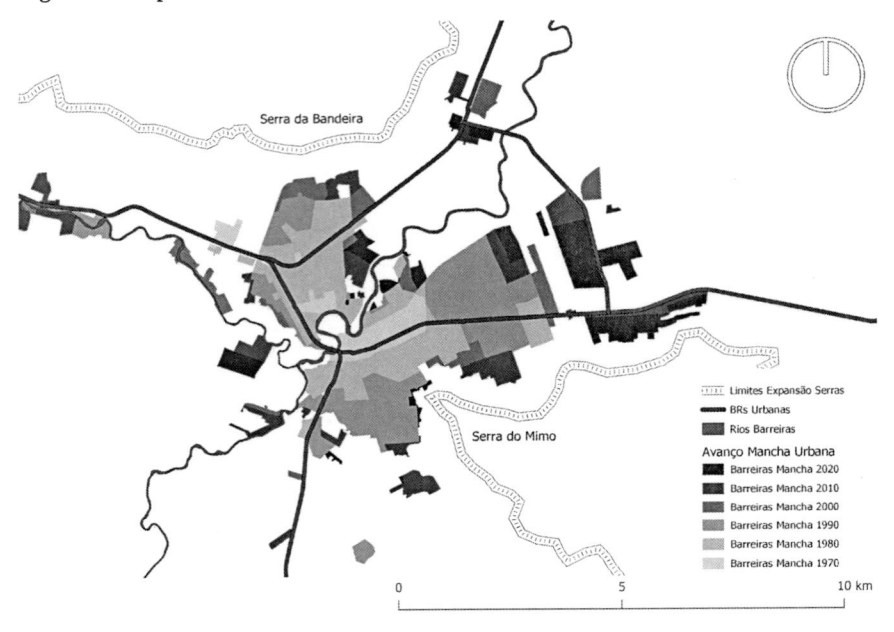

Fonte: Barreiras, 2016

Nascimento[55] aponta para duas vertentes na apropriação de terrenos não construídos da cidade de Barreiras: a cidade legal, antecedida por um planejamento urbano e acompanhamento de seu desenvolvimento, em oposição à cidade real, produzida pela informalidade territorial, por meio da ocupação de áreas de risco (encostas e áreas inundáveis). A autora indica que o fator determinante para esse processo de ocupação de áreas sem estrutura ou de risco pode ser associado ao alto valor da terra urbana oriundo da priorização do valor de troca vinculada ao mercado imobiliário.

Nascimento[56] já destacava o crescimento horizontal da mancha urbana nos vetores de expansão mais acentuados para a porção leste, em consonância com a priorização para expansão e adensamento urbano estabelecida pelo Plano Diretor Urbano de Barreiras de 2004, situação que pode ser verificada na Figura 3 pelas regiões mais escuras que apontam a ocupação pós-década de 2000.

---

[55] NASCIMENTO, P. de S. O Atual Movimento de Expansão Urbana na Cidade de Barreiras (BA). *Revista de Geografia*, Juiz de Fora, p.209-217, 2016.

[56] NASCIMENTO, 2016.

Glaeser[57] afirma que as tecnologias de transporte sempre foram determinantes para a forma urbana de qualquer cidade e o carro permitiu um salto quantitativo das áreas de terreno que as pessoas poderiam ocupar. Essa situação pode ser verificada e comprovada pelo mapa da Figura 7, que mostra a mancha urbana margeando o Rio Grande até a década de 1970, quando o rio era fundamental para os deslocamentos regionais. Após esse período, com a construção do sistema de rodovias federais (BR 020, 135 e 242), a cidade perdeu a aderência ao rio e passou a desenvolver-se às margens das novas vias, alterando completamente a forma urbana, virando as costas para o Rio Grande.

O crescimento para o oeste, em direção a Luís Eduardo Magalhães, é interrompido pela grande porção de terras ocupadas pelo 4º BEC. Ao norte tem-se a Serra da Bandeira e a sul a Serra do Mimo, ambas com aclives que dificultam o avanço da mancha urbana. Ainda ao sul, sentido São Desidério, há o vale irrigado, projeto destinado à agricultura familiar como limite à urbanização, apesar de já sobreposta parcialmente pela mancha urbana. Tendo como opções de expansão a porção leste, as terras pós Rio Grande e Rio de Ondas a oeste e a ocupação de vazios urbanos, além, claro, do adensamento dos territórios já ocupados pela cidade.

Esse crescimento exponencial acabou trazendo diversos problemas de urbanização em um curto tempo. Processos de transformação que, em outras regiões ou países, costumam ocorrer de maneira mais escalonada, ocorreram repentinamente, com forte influência dos imigrantes que vieram em busca dos estímulos propostos. Milton Santos[58] destaca que, no Brasil, diferentemente de países do norte, ocorreram vários eventos concomitantemente que deram origem ao que ele denomina "não cidadão". Em cidades de rápido crescimento, como Barreiras, pode ser verificada, na prática, essa situação por meio da baixa participação social no planejamento urbano, no qual o "cidadão" tem seu valor pelo seu potencial de consumo.

> Em nenhum outro país foram assim contemporâneos e concomitantes os processos como desruralização, as migrações brutais desenraizadoras, a urbanização galopante e concentradora, a expansão do consumo de massa, o crescimento econômico delirante, a concentração da mídia escrita, falada e televisionada, a degradação das escolas, a instalação de um regime repressivo, com a supressão dos

---

[57] GLAESER, 2016.
[58] SANTOS, 2014.

direitos elementares dos indivíduos, a substituição rápida e brutal, o triunfo, ainda que superficial, de uma filosofia de vida que privilegia os meios materiais e se despreocupa com os aspectos finalistas da existência e entroniza o egoísmo como lei superior, porque é o instrumento da busca da ascensão social. Em lugar do cidadão, formou-se um consumidor, que aceita ser chamado de usuário.[59]

O município possui PIB per capita de R$ 30.842,20. Porém, a distribuição de renda é desigual, com 38,2% da população barreirense com rendimento nominal de até ½ salário-mínimo[60], situação comprovada pelo índice de Gini de 0,5704 (dado de 2010), acima das médias nacional e estadual[61].

Figura 8 – Barreiras: densidade populacional por setor censitário

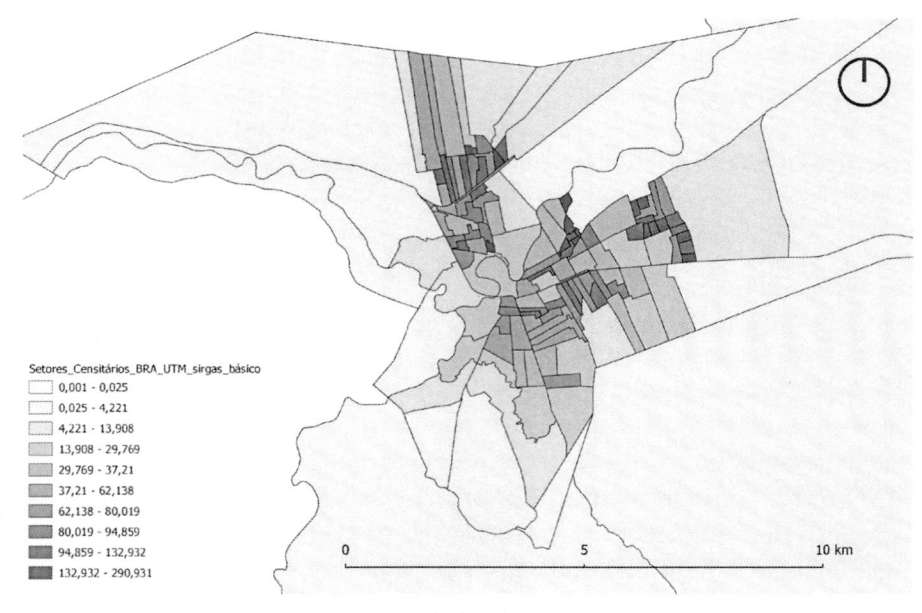

Fonte: elaborada pelo autor, 2022, com dados do IBGE, 2012

Consequentemente, o acesso à cidade também se dá de modo desigual. A produção do espaço urbano capitalista aliada à busca da captura do valor de troca vem empurrando a população de menor renda para

---

[59] SANTOS, 2014, p. 25.

[60] IBGE. *Censo Brasileiro de 2010*. Rio de Janeiro: IBGE, 2012.

[61] Bahia 0,523 –Brasil 0,508 (IBGE, 2011).

distâncias cada vez maiores em relação ao centro histórico e centro expandido, como pode ser verificado pela Figura 8, na qual são destacadas as densidades populacionais por setor censitário. Esse fato já foi observado por Panerai[62] por meio da citação a seguir, adicionando ainda a tendência ao espraiamento urbano gerado pelos modos de vida.

> Ao longo do século XX, constata-se nas cidades uma inversão da relação entre o centro antigo e sua periferia, esta última passando a representar, em superfície e população, a parcela maior da aglomeração. Tal inversão ocorre não apenas nas grandes metrópoles e nas capitais, mas alcança também cidades menores. [...] O espraiamento vem acompanhado por uma esgarçadura do tecido urbano. A evolução dos modos de vida urbana engendra um consumo expressivo de espaços. E a cidade, outrora compacta, inclui hoje grandes zonas não construídas: áreas naturais, plataformas logísticas, setores de estocagem, terrenos baldios.[63]

A expansão urbana pode ocorrer de duas formas, segundo Bertaud[64]. Uma é por meio da ocupação de mais solo, avançando por áreas ainda não povoadas, normalmente transformando terras rurais em terras urbanas, assim aumentando consideravelmente o valor de troca do solo. A outra forma de expansão ocorre de modo "vertical", onde há uma densificação das áreas já ocupadas devido à elevação do preço do solo urbano em localizações privilegiadas.

Bertaud[65] defende que o mercado é quem define a ocupação e a densidade do solo, porém podem ocorrer intervenções de design (projeto, normalmente governamental) que, artificialmente, interferem na regulação do mercado. O que se tem verificado é que em Barreiras (e talvez na realidade das cidades médias do interior brasileiro) ocorre a verticalização sem densificação, ou seja, em uma primeira vista, a verticalização pode se tornar uma grande aliada para diminuir as distâncias a serem percorridas e densificar a cidade. Porém, não é o que ocorre em Barreiras, pois os produtos imobiliários lançados são constituídos de apartamentos de grande metragem quadrada, ocupando terrenos de grandes dimensões

---

[62] PANERAI, P. *Análise urbana*. Brasília: Editora Universidade de Brasília, 2006.

[63] PANERAI, 2006, p. 13.

[64] BERTAUD, 2023.

[65] BERTAUD, 2023.

para abrigar grandes áreas de lazer e estacionamentos ainda maiores (entre duas e quatro vagas por apartamento), portanto, de altos valores monetários para a região[66].

Como resultado desse processo, há uma valorização artificial da terra ao redor de empreendimentos imobiliários, empurrando para as bordas os antigos moradores do bairro, caracterizando um processo de gentrificação. A especulação gerada pelos agentes imobiliários e proprietários fundiários a fim do máximo ganho de capital não é uma resposta direta ao mercado, mas uma forma de "criar" um novo mercado sem medir as consequências a médio e longo prazo para a cidade e seus citadinos.

Este fenômeno acaba gerando o pior da verticalização – a verticalização de baixa densidade –, onde grandes áreas de terreno são ocupadas por poucos apartamentos e muitas garagens, ocasiona a construção de muros e fachadas cegas ao nível da calçada e, o principal, o esvaziamento da vizinhança e da vida no bairro. Se considerarmos a hipótese de que, por se tratar de uma região muito forte do agronegócio, boa parte desses imóveis, devido ao seu valor venal, é de proprietários de terras rurais (como imóvel urbano eventual), o cenário de esvaziamento é visto de maneira mais acentuada. Cabe acrescentar que a verticalização é concentrada em pontos e bairros específicos, não caracterizando uma densificação da cidade como um todo, inclusive sendo destinada a uma faixa populacional de alta renda, ou seja, não gerando moradia bem localizada, com menor necessidade de deslocamento, para a classe trabalhadora.

> [...] ao mesmo tempo em que o senso comum costuma crer que o grande problema das cidades brasileiras é a falta de planejamento, os grupos dominantes costumam boicotar tentativas de se regularem o crescimento urbano e o uso do solo, tentando crer que o planejamento, mesmo quando é até relativamente tímido em matéria de combate à especulação imobiliária e ao superadensamento, pode ser nocivo.[67]

Maricato[68] lembra que o lote urbano ou um pedaço de cidade tem a condição de monopólio, não havendo outro terreno ou trecho de cidade em igualdade de condições, fazendo com que a cidade seja um grande negócio e a renda imobiliária, seu motor central. Esse monopólio acaba

---

[66] Com precificação acima dos R$ 8.000,00 por metro quadrado, segundo informações levantadas com imobiliárias da cidade (A3 Imóveis, Sávio Imóveis e Remax West) no período de maio e junho de 2023.

[67] SOUZA, 2020, p. 134.

[68] MARICATO, 2015.

se diluindo em terrenos periféricos, já que um terreno não é igual, mas, pela proximidade e característica, tende à igualdade. Já lotes urbanos próximos às centralidades e aos novos vetores de verticalização apresentam um monopólio que se baseia no espaço construído. É nesse contexto das dinâmicas espaciais de Barreiras que se suscitam questões relacionadas à espacialidade e à temporalidade. Quantos anos e atores envolvidos (camadas sobrepostas) serão necessários para criar um "ponto" com características significativas para a valorização da terra urbana?

A verticalização não ocorre somente como uma resposta de mercado para ajustar oferta e demanda. Podem ocorrer decisões de projeto a fim de produzir argumento de venda ou vantagem competitiva no mercado imobiliário. Ou seja, edificações mais altas podem não ter uma justificativa econômica, e sim a intenção de criar visuais para amenidades naturais, como praias, montanhas ou lagos. Quando ocorre essa situação o resultado urbano tende a ser um ambiente com variações de tipologias, já que edificações multifamiliares são alocadas lado a lado de residências unifamiliares.

Em Lemes (1986) *apud* Santos[69] é apontada a construção de casas para as populações mais pobres como uma forma de viabilizar a cidade corporativa. Ocorre a construção do que Lemes chama de "extensores" urbanos, com as economias obtidas na construção de casas populares de programas habitacionais situadas em locais com preço da terra mais barato, tal como foi o Banco Nacional de Habitação (BNH). Segundo o autor, a cidade se expande horizontalmente por meio dos programas de habitação popular e dos "extensores", aumentando desmesuradamente as superfícies ocupadas, tornando-se um ambiente fértil para a especulação imobiliária.

2.2 DENSIDADE POPULACIONAL E ORGANIZAÇÃO DA CIDADE

Villaça[70] apresenta dois produtos do trabalho social que produzem os espaços urbanos. O primeiro é o produto do próprio trabalho, dando origem a ruas, espaços públicos e infraestruturas. O segundo é o valor produzido pela aglomeração, onde o valor é atribuído a partir de uma localização específica em relação ao todo, se colocando, assim, como um valor de uso, que no mercado é traduzido em preço da terra. "Tal como

---

[69] SANTOS, 2014, p. 62-63.
[70] VILLAÇA, 2001.

qualquer valor, o da localização também é dado pelo tempo de trabalho socialmente necessário para produzi-la, ou seja, para produzir a cidade inteira da qual a localização é parte".[71]

Nesse aspecto supracitado é que faz sentido a densificação de certos setores das cidades. Tomemos uma região da cidade que possui várias camadas de trabalho social para ser produzida, que possui uma precificação do solo que condiz com essa construção social, com amenidades urbanas e uma boa acessibilidade. A densificação possibilitará a diluição do alto valor do solo urbano, permitindo que moradores com rendas menores possam viver em habitações da região em questão, renunciando a uma maior área construída para ter uma localização mais favorável. Da mesma forma, comércios podem se situar em pontos mais estratégicos com essa diluição do preço da terra. Lembrando que o solo é a matéria-prima para a produção do espaço urbano.

Gehl e Svarre[72] deixam claro que, desde os anos 1960, a apropriação do espaço público e a vida na cidade foram fortemente influenciadas por condições de densidade populacional. A densidade urbana, com a diversificação de usos e fachadas ativas, promove espaços atrativos para serem ocupados. O esvaziamento do centro das cidades priva a população de trocas entre diferentes classes sociais, criando barreiras para a ascensão social.

Outro autor que defende explicitamente a densificação das cidades é Montaner, quando a coloca como elemento atenuador de diversas questões ou injustiças sociais produzidas no ambiente urbano, como podemos identificar pela passagem a seguir.

> As relações sociais, a igualdade de gênero, a qualidade de vida, o bem-estar e a felicidade: tudo isso é mais fácil de ser desenvolvido a partir dos princípios da centralidade e da proximidade, em uma cidade densa e equilibrada, aumentando o valor da "cultura urbana". Em face de uma urbanização espraiada, a cidade compacta é a chave para enfrentar os problemas ecológicos. Isso implica o aproveitamento da cidade existente, sua remodelação e densificação, priorizando a reabilitação em detrimento da demolição ou da obra nova, reduzindo a dependência do automóvel e potencializando os sistemas de transporte público sustentáveis.[73]

---

[71] VILLAÇA, 2001, p. 72.

[72] GEHL, J.; SVARRE, B. *A vida na cidade*: como estudar. São Paulo: Perspectiva, 2018.

[73] MONTANER, 2021, p. 233.

Glaeser[74] traz uma abordagem consistente em defesa das cidades e, em especial, das maiores densidades urbanas. Ele argumenta que o desenvolvimento (econômico, humano e social) e o fluxo de conhecimento se beneficiam com a proximidade entre pessoas. Cidades densas propiciam um ambiente favorável para as interações humanas, gerando oportunidades de encontros e trocas de experiências entre pessoas instruídas. "Cidades significam falta de espaço físico entre pessoas e empresas. Elas representam proximidade, densidade, intimidade. Elas nos permitem trabalhar e jogar juntos, e seu sucesso depende da demanda por conexão física"[75]. Barreiras, com a densidade maior ocorrendo nas bordas da cidade e possuindo uma fragmentação espacial e segregação populacional evidentes, faz com que não ocorra de maneira muito clara esse fluxo de conhecimento. Como hipótese, podemos trazer a falta de conexão, que ocorre quando grande parte da população se desloca diariamente dentro de seu veículo particular diretamente de casa ao trabalho ou estabelecimento de ensino, como forma de alimentar o isolamento físico, fazendo com que se conviva somente com pessoas dentro dos mesmos círculos sociais, sem chance para o imprevisto e o inesperado.

Herce[76] afirma que a construção de infraestruturas, incluindo as infraestruturas viárias, é um dos principais responsáveis pela ruptura da cidade compacta e de seus efeitos no cotidiano da população. Ou seja, quanto mais espaço destinado para a circulação e distribuição de serviços e pessoas, menor o espaço destinado à permanência, sejam espaços de moradia, trabalho, ou, até mesmo, espaços públicos como praças e parques. A tentativa de resolver o problema da mobilidade e da distribuição de serviços básicos à população gera espraiamento, baixando a densidade populacional, gerando um círculo vicioso. Barreiras, em sua parte central, abriga um grande eixo de circulação formado pela BR-242 e suas vias marginais, que ajudam essa zona a ter uma baixa densidade populacional, como destacado na Figura 8.

Glaeser[77] reconhece, ainda, que o custo para construir para cima (aumentar a densidade) costuma ser maior do que construir para fora (aumentar a mancha urbana), ocasionando crescimento acentuado das zonas urbanas, afetando de modo mais expressivo as cidades com mer-

---

[74] GLAESER, 2016.

[75] GLAESER, 2016, p. 6.

[76] HERCE, 2022, p. 27.

[77] GLAESER, 2016.

cados menores e, consequentemente, população com menor renda. Cidades menores (pequenas e médias) tendem a possuir menor densidade populacional já que os custos da terra são mais atraentes para novas moradias unifamiliares do que a verticalização, ocorrendo um fenômeno de construção de prédios como símbolo de progresso e não por fatores econômicos diretos. Esse tipo de situação ocorreu com frequência nas "cidades do agro", assim definidas e explicitadas por Elias e Pequeno[78], como Barreiras e a vizinha, Luís Eduardo Magalhães. A reprodução do capital do agronegócio nas cidades tende a produzir edificações, condomínios e loteamentos que descolam da realidade social cotidiana, gerando, inclusive, uma inflação da precificação de lotes e produtos imobiliários, fazendo com que a expansão da mancha urbana seja a única forma de permitir que moradores com menor renda acessem produtos imobiliários.

Figura 9 – BR-242 e a parte central de Barreiras

Fonte: Instagram Barreiras em desenvolvimento, 2023

---

[78] ELIAS; PEQUENO, 2007.

Como todo defensor do adensamento, Glaeser[79] defende que os subúrbios e a constante expansão da mancha urbana são agravantes da crise climática e do carregamento nas ruas e estradas. O gasto de energia para viver e para se deslocar aumentam exponencialmente quando a residência de uma família se afasta do centro da cidade. Deslocamentos que, no centro de uma cidade, poderiam ser feitos a pé ou por bicicletas, em um bairro mais afastado precisarão ser feitos de maneira motorizada, seja em um modo particular ou transporte público. Em geral, bairros afastados não possuem viabilidade financeira para operação de uma linha de ônibus, por terem uma densidade populacional baixa, restando, assim, somente o transporte motorizado individual como opção para esses deslocamentos.

Glaeser[80] afirma que todos os meios de locomoção envolvem dois tipos de custo: tempo e dinheiro. O custo monetário é o mesmo para pobres e ricos, porém as pessoas com maiores salários perdem mais renda quando gastam muito tempo nos deslocamentos, já que mais tempo de deslocamento significa menos tempo de trabalho. Desta forma, os ricos estão mais dispostos a pagar mais por viagens mais rápidas até o trabalho. Isso significa não somente se deslocar de modo mais rápido até o trabalho, mas também a escolha do local de moradia para que os deslocamentos sejam mais rápidos, mantendo a premissa de que a população irá optar por morar no local com melhor conforto, acessibilidade e espaço disponível que a sua renda permitir, seja optando por estar próximo ao emprego, seja estando em uma área com maiores dimensões mais afastada, tal como chácaras e sítios. Situação essa que, claramente, reforça o cenário de desigualdades observado na cidade de Barreiras, já que as pessoas com menor renda precisam despender mais tempo, e muitas vezes mais recursos financeiros, para atingirem a região da cidade que dispõe de maior número de empregos e oportunidades profissionais, enquanto pessoas mais abastadas podem escolher a localização de moradia que melhor os favoreça.

Bertaud[81] observou padrões de como as cidades eram espontaneamente organizadas, tendo os preços da terra diminuído quanto mais distantes ficavam do centro da cidade. Quando os preços eram altos, empresas e moradias consumiam menos terreno, aumentando a densidade populacional. Situação que ocorre de maneira oposta em Barreiras,

---

[79] GLAESER, 2016.

[80] GLAESER, 2016, p. 85.

[81] BERTAUD, 2023, p. 8.

já que os agentes produtores do espaço urbano buscam o máximo rendimento possível do solo e fazem a divisão de terrenos, em dois ou até quatro, em loteamentos mais afastados para a produção de moradias para as camadas de menor poder aquisitivo, gerando as já citadas altas densidades populacionais nas periferias. Podemos levantar a hipótese de que esse fenômeno ocorra devido a uma população dividida entre os dois extremos de renda, não tendo uma classe média volumosa para que a teoria de Bertaud seja verdadeira em Barreiras.

Herce traz a passagem a seguir, que apresenta um ponto de vista sobre a intencionalidade e a realidade no desenvolvimento das cidades, onde o modelo de produção capitalista ainda é onipresente.

> [...] uma coisa são as declarações de intenção e outra é a realidade. As tendências de desenvolvimento de nossas cidades seguem mais em direção ao modelo refutado do que ao defendido, porque são sustentadas por um tipo de crescimento econômico associado à lógica da produção imobiliária, o que explica a geração de nova mais-valia urbana. É verdade que existe certo ceticismo quanto à possibilidade de introduzir grandes mudanças em um modelo de desenvolvimento urbano, inerente ao modelo de produção capitalista que provocou a cidade industrial e contemporânea. Apesar de tudo, a história do planejamento urbano moderno, ou grande parte dela, consiste uma tentativa de introduzir compacidade na tendência de dispersão, criar uma ordem aparente no caos organizacional do crescimento urbano e estabelecer, na cidade consolidada, mecanismos para reversão de parte da mais-valia gerada por esse crescimento.[82]

Os imóveis de Barreiras são casas de diversos padrões que abrigam grande parte da população urbana e edifícios de alto e de baixo padrão (não existem muitos exemplares de padrão intermediário). As edificações de alto padrão são inacessíveis para quase toda a população. As edificações de padrão mais baixo, em geral, não possuem a qualidade construtiva mínima. A construção de edifícios de padrão médio para aumentar a oferta em localizações mais centrais da cidade tiraria a pressão sobre os demais imóveis da cidade, gerando uma atenuação nos preços graças às novas construções. Glaeser diz que "O crescimento, e não as restrições de altura, junto com um estoque fixo de imóveis, mantém o espaço acessível

---

[82]   HERCE, 2022, p. 168.

e assegura que as pessoas mais pobres e as empresas menos lucrativas possam ficar nas cidades [...]"[83]. Desta forma, mais imóveis tornam a cidade mais acessível, ainda mais em uma realidade brasileira na qual há um enorme déficit habitacional – 5,8 milhões de moradias em 2019 segundo a Fundação João Pinheiro entre habitação precária, coabitação e ônus excessivo com aluguel[84] – fazendo que o morar seja um privilégio. Nesse contexto, a fragmentação e a segregação urbana tornam-se cada vez mais reais.

2.3 ESPRAIAMENTO, FRAGMENTAÇÃO E SEGREGAÇÃO

Corrêa[85] traz a composição do espaço urbano como diferentes usos de terra justapostos, de maneira fragmentada e articulada. O autor ainda dá destaque para a expressão espacial dos processos sociais, ou seja, as diferentes classes sociais ocupam de modo diferente o espaço, seja por vontade própria imposta pela posição de poder (político ou econômico), seja contra a vontade, por não restar alternativa a não ser sucumbir à pressão exercida. No contexto capitalista, ao qual estamos todos submetidos, há um espaço fortemente dividido em áreas residenciais segregadas refletindo o poder aquisitivo e social no território, sendo de fácil leitura onde estão concentradas as moradias dos detentores do poder e onde estão as moradias da classe trabalhadora.

Podemos elencar dois fenômenos que fortalecem essa segregação descrita por Corrêa[86]. O primeiro é o próprio mercado de terras, que, em teoria, se autorregula, onde a presença de maior acessibilidade e de maior número de amenidades urbanas faz com que o valor da terra se eleve; já o segundo fenômeno está ligado à intencionalidade de projeto (design) dos loteamentos que formam uma cidade, podendo ser definida a partir da precificação ou de outras exigências, e à qual classe se destina. Por exemplo, na construção de loteamento de alto padrão que vincula a venda do terreno a uma associação de moradores ou um condomínio que exija área construída mínima em seu regimento interno são questões que explicitamente mostram quem é bem-vindo e quem não é bem-vindo. Da mesma forma, o inverso também pode ocorrer, uma região (no plano

---

[83] GLAESER, 2016, p. 146.

[84] Fundação João Pinheiro – Relatório disponibilizado em: https://fjp.mg.gov.br/deficit-habitacional-no-brasil/.

[85] CORRÊA, 1989.

[86] CORRÊA, 1989.

diretor) ou loteamento destinado à produção de edificações voltadas a programas sociais, onde não há a presença de lotes urbanos para que outros interessados, que não se encaixam no público-alvo, possam acessar.

Montaner[87] reflete que o espaço na política só tem sentido se estiver habitado, ou seja, o espaço só faz sentido quando propicia qualidade de vida, provoca o acesso às memórias e supre necessidades, estando os espaços entre fragmentos de cidade denominados como não lugares, sendo espaços de transição que nada têm a oferecer para a população. O autor afirma, ainda, que a "repetição de ações cotidianas em determinados espaços e tempos, esse apego ao bairro são a própria essência da vida urbana, já que constroem as redes de conhecimento compartilhado sobre as quais se constitui uma sociedade".[88] Por fim, ele traz uma citação de Aldo Rossi que evidencia que a imagem da cidade é, também, fruto de sua atividade política.

De fato, a política constitui aqui o problema das opções. Quem, em última instância, escolhe a imagem de uma cidade? A própria cidade, mas sempre e somente através das suas instituições políticas. Pode-se afirmar que essa opção é indiferente, mas seria simplificar banalmente a questão. Ela não é indiferente: Atenas, Roma, Paris também são a forma de sua política, os signos de uma vontade.[89]

Então pode-se concordar com a afirmação de Corrêa (1989), que diz que o espaço urbano é, ao mesmo tempo, reflexo e condicionante social. O espaço é determinado pelos processos sociais, assim como determina os processos sociais, influenciando de maneira efetiva e não somente como pano de fundo. Ana Fani Carlos concorda com Corrêa, dizendo que "a cidade pode ser entendida, dialeticamente, enquanto produto, condição e meio para a reprodução das relações sociais".[90]

Villaça[91] traz a reflexão acerca do aumento da acessibilidade ao centro da cidade, com a criação e o melhoramento de vias, que interferem na dinâmica das terras, especialmente no limite do perímetro urbano da cidade. Proprietários fundiários tendem a especular essa terra rural adjacente ao perímetro urbano para que atinjam um estágio potencialmente

87 MONTANER, 2021.
88 MONTANER, 2021, p. 35.
89 MONTANER, 2021, p. 35.
90 CARLOS, A. F. A. O Espaço Urbano: Novos Escritos sobre a Cidade. São Paulo: FFLCH, 2007. p. 21.
91 VILLAÇA, 2001, p. 80.

urbano antes de sua efetiva ocupação por atividades urbanas. Essa ação, segundo Bertaud[92], seria de design (projeto), tentando definir direcionamentos para a expansão urbana, ignorando as ações naturais de mercado (que tendem ao equilíbrio) já que a modificação de perímetro urbano permite loteamentos que, muitas vezes, não estão associados à malha viária existente e, até mesmo, descolados da mancha urbana. Essa situação cria fragmentos de cidade desconexos, a fim da retirada de mais-valia do solo urbano e gera, inerentemente, um cenário de especulação imobiliária nos vazios urbanos criados.

Herce[93] afirma que as redes de trens ou rodovias geram uma espécie de "efeito túnel" no território, destacando alguns lugares como estações, terminais ou centralidades que se abririam para o território, deixando quase abandonados os espaços intermediários, com poucas conexões ou dependentes de resíduos de conectividade por velhos caminhos e estradas. Ou seja, a cidade vai se desenvolvendo por meio de sua infraestrutura, deixando vazios urbanos de baixa conectividade por rodovias, porém com localizações atraentes. O autor destaca o processo de urbanização de novas terras, feito a partir de um discurso desenvolvimentista, como forma de extensão da mais-valia da terra urbana.

> A abordagem de demanda no planejamento das infraestruturas de transporte foi erigida em consonância com um planejamento urbano focado apenas na urbanização de novas terras para satisfazer, em teoria, às necessidades de desenvolvimento de uma cidade e sua economia. Por sua vez, a extensão da cidade esteve baseada na construção e ampliação de redes que marcaram uma espiral de crescimento, na qual o que aparentemente seria a causa (a demanda por crescimento), na realidade, era o produto obtido por um processo de que, a rigor, o que se buscava era a extensão da mais-valia urbana.[94]

Normalmente, a situação de loteamentos urbanos desconectados da mancha urbana ocorre junto às vias intermunicipais e regionais. Como já se tem uma conexão ao centro da cidade por uma via com capacidade alta de tráfego e o modo de transporte individual superdifundido na população (carro, moto e, até mesmo, bicicletas), são regiões onde os proprietários

---

[92] BERTAUD, 2023.

[93] HERCE, 2022, p. 73.

[94] HERCE, 2022, p. 111.

fundiários aguardam somente a alteração da legislação do perímetro urbano para efetuar o parcelamento do solo. Inclusive Villaça destaca essa situação: "As vias regionais de transportes constituem o mais poderoso elemento na atração da expansão urbana".[95] Da mesma forma, ele salienta que os obstáculos naturais, como serras, áreas de proteção permanente, corpos d'água etc., são os elementos que mais barram a expansão urbana, excetuando, aqui, a presença de praias, que são vetores de adensamento sendo povoadas, inclusive, na ausência de infraestrutura básica, inclusive no sistema de transporte regional ou local.[96]

O espraiamento urbano é incentivado pelo Plano Diretor Municipal, assim como na maior parte dos municípios de pequeno e médio porte no Brasil, que vislumbram um futuro de maneira míope e pouco realista. Apresentando uma proposta de zoneamento onde se tem a impressão de que as pessoas que habitam os espaços foram deixadas de fora do planejamento, aparecem índices, taxas de ocupação e alturas permitidas, porém nada é dito em relação à população, nem mesmo acerca da densidade.

O Estatuto das Cidades propôs ferramentas para o cumprimento da função social da terra (como IPTU progressivo em zonas de incentivo à ocupação) e até mesmo teve o texto copiado em vários planos diretores municipais, o que na prática não é aplicado, possuindo raras exceções no Brasil, muito devido ao interesse dos donos de terras urbanas no valor de troca na terra e não no seu valor de uso, influenciando a expansão da mancha urbana a partir da valorização da terra.[97]

Essa realidade não se dá somente com grandes proprietários. É um pensamento comum da sociedade brasileira, que por ter passado por diversas turbulências econômicas na sua história recente vê a aquisição e especulação como uma atividade econômica relativamente segura. Assim, pessoas comuns acabam defendendo essa prática pelo fato de possuírem interesses particulares, apesar de serem os promotores imobiliários ou incorporadores os grandes transformadores do espaço e, consequentemente, (re)produtores da segregação social, por meio da especulação e priorização de áreas em detrimento de outras.[98]

---

[95] VILLAÇA, 2001, p. 85.

[96] VILLAÇA, 2001, p. 107.

[97] NASCIMENTO, P. de S.; BRANDÃO, P. R. B.; FERREIRA, R. J. A produção do espaço urbano de Barreiras (BA): reflexões sobre as implicações ambientais em áreas de expansão urbana. *In*: SIMPÓSIO CIDADES MÉDIAS E PEQUENAS DA BAHIA, 6. *Anais* [...]. Santo Antônio de Jesus, 2018.

[98] NASCIMENTO; BRANDÃO; FERREIRA, 2018.

Essa segregação induzida por esses agentes gera uma gentrificação, onde os lotes urbanos pertencentes à parcela da população de baixa renda são inflacionados devido ao surgimento de novas edificações, fazendo com que o valor do lote corresponda ao seu potencial construtivo, aliado à centralidade do ponto. Marcelo Lopes de Souza[99] inclui o Estado, também, como um promotor de segregação residencial (junto ou apoiado pelo capital imobiliário), seja ao investir diferencialmente nas áreas residenciais da cidade, seja ao estabelecer estímulos, zoneamentos e outras normas de ocupação do espaço que consolidam a segregação.

Herce afirma que "cada vez que se constrói uma nova estrada na periferia, se produz, em seu entorno, uma mudança de valor da terra, que expande seus efeitos como se partissem de uma bolha, criando uma onda de valor, a qual se estende até o próprio centro".[100] Essa onda de valorização citada pode ter origem em outras melhorias diversas, como novos parques, novas praças, implantação de infraestruturas etc.

Flávio Villaça[101] apresenta duas formas de produção da segregação residencial, sendo a primeira a segregação voluntária, quando o indivíduo, por sua própria iniciativa, busca viver com outras pessoas de sua classe. Normalmente, ocorre na ocupação de condomínios com vigilância para se proteger dos "perigos" da cidade. Já a segregação involuntária ocorre quando o "indivíduo ou uma família" se veem obrigados, pelas mais variadas forças, a morar num setor ou deixar de morar num setor ou bairro da cidade. Esta última caracterizada, em geral, pela gentrificação, já que o aumento dos custos acarreta zonas de melhor acessibilidade[102]. Ele ainda acrescenta que "a segregação é um processo dialético, em que a segregação de uns provoca, ao mesmo tempo e pelo mesmo processo, a segregação de outros".[103]

Em Barreiras, ocorre a segregação derivada da locação de conjuntos habitacionais oriundos de programas sociais subsidiados pelo governo. Os poucos conjuntos edificados no município com essas características estão situados em lotes (ou glebas) distantes do centro comercial da cidade, forçando os beneficiários a grandes deslocamentos diários para acessar

---

[99] SOUZA, 2020.

[100] HERCE, 2022, p. 31.

[101] VILLAÇA, 2001.

[102] O termo "acessibilidade" é entendido como a facilidade em atingir edificações e equipamentos urbanos, sendo impactado pelos modos de transporte e pela malha viária.

[103] VILLAÇA, 2001, p. 148.

emprego, serviços e tudo que a cidade formal pode propiciar. A busca pelo maior lucro possível para as empreiteiras e construtoras faz com que áreas distantes, com menor valor venal e maiores dimensões, sejam as mais interessantes para seus interesses. Caberia, aqui, uma intervenção ou um planejamento do poder público municipal com a intenção de impedir esse adensamento na borda de maneira fragmentada, até porque, em um curto espaço de tempo, a própria administração municipal precisará levar os serviços básicos até a proximidade da população, como Unidades Básicas de Saúde, creches e escolas. Na Figura 10 é apresentada a localização desses conjuntos em relação à mancha urbana da cidade.

Figura 10 – Conjuntos habitacionais de programas sociais em Barreiras

Fonte: elaborada pelo autor sobre imagens do Google Earth, 2022

Um outro ponto importante a se destacar, ainda dentro da produção do espaço fragmentado, é o perímetro urbano. A lei delimita uma área com dimensões desproporcionais em relação à mancha urbana, o que é demonstrado na Figura 11. Essa grande área, que faz a transição para o meio rural, traz um zoneamento que pode ser nocivo para a produção do espaço urbano, já que permite que ocorram implantações de loteamentos distantes da mancha urbana, agravando a fragmentação e induzindo o espraiamento urbano, situação que já foi vivenciada na década de 1970, como já citado anteriormente. Após o Plano Diretor de 2004, gerou-se a produção de loteamentos distantes, em especial na saída para Salvador, bem como os conjuntos habitacionais de baixa renda (de programas sociais) já supracitados, localizados nas saídas para o município de São Desidério e para o estado do Piauí.

Figura 11 – Perímetro urbano de Barreiras

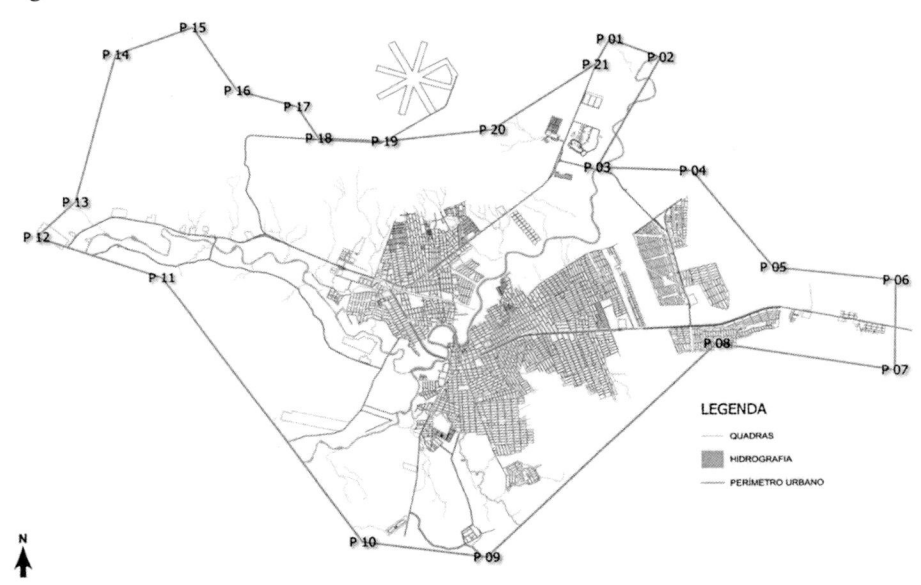

Fonte: Barreiras, 2016

Ações de segregação residencial, fragmentação e espraiamento urbano podem se tornar cada vez mais evidentes, não havendo regras que impeçam a proliferação de autossegregação e segregação induzida de modo claro e aplicável. É um terreno fértil para a especulação imobiliária, cuja atuação dos atores envolvidos é, indiretamente, e às vezes até diretamente, incentivada. O governo municipal, que defende, por meio do Plano Barreiras 2030, em diversos pontos do documento, a inserção cada vez maior do setor privado na administração pública, com uma clara tendência neoliberal, favorece os interesses do mercado na captura da mais-valia urbana, por meio da terra como valor de troca, em detrimento de um estado de bem-estar social e de combate às desigualdades.

Marques[104] entende existirem três processos distintos, em termos socioespaciais, de produção de segregação. O primeiro, e mais radical, estaria associado à ideia de guetos e cidadelas, havendo barreiras físicas a serem transpostas para sair do gueto ou para entrar na cidadela, podendo, ainda, haver estabelecimentos legais limitando a circulação e o acesso. Ele acrescenta que esse tipo de segregação é praticamente inexistente em uma realidade brasileira, mesmo existindo graus de separação muito elevados. O segundo sentido para a segregação é a desigualdade de acesso, podendo ser interpretada em várias acepções, como o acesso às políticas públicas ou condições de vida de um modo mais geral. Já no terceiro sentido, o autor aponta para a segregação como separação entre a homogeneidade (interna) e heterogeneidade (externa) na distribuição espacial de grupos, existindo padrões de semelhança e diferenças na distribuição dos grupos sociais considerando alguma clivagem, como renda, escolaridade, raça etc. Em geral os dois últimos processos são afins, ocorrendo concomitantemente.

Na cidade de Barreiras são percebidos os três processos supracitados: a cidadela, composta de condomínios fechados com barreiras físicas e legais; a desigualdade de acesso, quando da exclusão da vida urbana e da economia formal de parcela da população; e a homogeneidade excludente, presente em áreas específicas da cidade que acabam por expulsar pessoas que diferem do padrão preestabelecido.

A segregação urbana em Barreiras pode ser percebida por diferentes motivações. Temos a segregação nordestinos X sulistas, tal como descreve Haesbaert[105], na qual os migrantes das regiões do Rio Grande do Sul, Santa Catarina e Paraná, autodeterminados sulistas, formam comunidades e bairros com os seus iguais. Obviamente esse tipo de segregação acaba expulsando os "diferentes", seja pela valorização do terreno, seja pela imposição de força (econômica, social e política). Podemos destacar bairros, em sua origem, com forte presença de sulistas – vetores centro-sul e oeste, com Vila Regina, Aratu, Loteamento São Paulo e Morada Nobre –, outros com a origem de migrantes cearenses que vieram e se instalaram em virtude da transferência do 4º BEC de Crateús – CE para Barreiras – vetor norte, contendo a Vila Rica, Vila dos Funcionários e Vila Amorim – e, ainda, bairros mais tradicionais onde

---

[104] MARQUES, E. C. *Elementos conceituais da segregação, da pobreza urbana e da ação do Estado*. São Paulo: Editora do Senac, 2005. p. 11-13.
[105] HAESBAERT, 1997.

vive uma população mais antiga da cidade, composta, inicialmente, de pessoas oriundas do próprio oeste baiano – Barreirinhas, São Pedro, São Miguel e Vila Brasil.

Uma segunda forma de segregação urbana se dá pela distinção de bairros (vizinhança) de "pobres" X bairros (vizinhança) de "ricos"[106]. Essa é uma forma bem mais difundida pelo território nacional. A autossegregação dos detentores do capital frente às externalidades que o adensamento urbano traz gera a produção de condomínios verticais e horizontais onde existem regras de convívio diferentes da legislação extramuros. São dotados de segurança privada, com controle de acesso, fechando-se em si mesmos, evitando e renegando o espaço urbano, já que este é visto como uma fonte de insegurança. As trocas desses lugares com o mundo exterior possuem um controle minucioso, já que do ponto de vista burguês de morar, "casa" e "rua" são termos opostos, sendo a rua terra de ninguém, perigosa e que mistura classes, sexos, idades, funções e posições hierárquicas e a casa, o território do íntimo e do exclusivo.[107] O paradoxo é que a insegurança da qual as pessoas tentam se proteger é gerada e potencializada com a tipologia de condomínios, com muros fechados, sem os "olhos da rua", como já diagnosticava Jane Jacobs.

Rolnik[108] apresenta, ainda, uma outra forma de segregação que se expressa pela separação dos locais de trabalho em relação aos locais de moradia. Cita o exemplo de grande número de pessoas se deslocando diariamente, seja via transporte público, ou seja, em seus veículos particulares, percorrendo distâncias e desperdiçando horas preciosas de vida para ir trabalhar ou estudar. Esse fenômeno gera bairros inteiros vazios na periferia durante o dia – bairros-dormitórios – e um centro comercial com pouca vida à noite. Fenômeno esse que já pode ser identificado em alguns pontos mais distantes dos principais eixos de comércio, serviço e transporte na cidade de Barreiras – Jardins, Serra do Mimo e Morada da Lua são alguns exemplos de bairros-dormitórios.

Podemos verificar, a partir do supracitado, que a cidade de Barreiras teve um crescimento abrupto e, com esse crescimento, surgiram situações favoráveis para a renda por meio da especulação do solo urbano. A característica de receber muitos migrantes nessa rápida escalada populacional

---

[106] Secchi (2019, p. 34-35), aponta para ricos e pobres em relação à vivência da população em "lugares da cidade e do território dotados de requisitos que facilitam a inclusão na vida social, cultural, profissional e política."

[107] ROLNIK, 1994, p. 35.

[108] ROLNIK, 1994, p. 29.

expôs uma situação ímpar, na qual os detentores do capital, em geral, vinham de fora da sede do município e não pretendiam se territorializar na cidade, mas, sim, explorar e retirar o máximo da renda do solo. Tendo o valor de troca como premissa para gerar um processo de especulação imobiliária, causando um distanciamento entre a classe trabalhadora e os detentores do capital, sufocando, por um período, a existência de uma classe média.

No próximo capítulo é apresentada uma leitura da morfologia urbana, em diversas escalas, com o propósito de identificar o resultado dos processos de produção do espaço e da sociedade, analisados neste capítulo, na cidade construída, levantando como esse espaço resultante pode potencializar os processos de segregação populacional.

3

MORFOLOGIA URBANA DE BARREIRAS: ANÁLISE EM QUATRO ESCALAS

Ao trazer à tona a morfologia urbana presente na cidade de Barreiras, faz-se necessário uma abordagem da evolução histórica do uso e ocupação do solo, aliado a processos socioespaciais, que fizeram com que a cidade seja da certa forma e não de outra. O espaço construído, e o não construído, nos apresentam elementos para uma compreensão do que ocorre cotidianamente. A cidade pode ser considerada um registro da sociedade, já que a modificação do espaço urbano ocorre para acompanhar as demandas e o estilo de vida em constante transformação, tendo como resultado material a própria cidade.

Corrêa[109] afirma que a cidade pode ser lida como a expressão espacial de processos sociais, sendo um reflexo do que ocorre e do que ocorreu. Assim, pode-se entender que a cidade é composta de diversas camadas de vida ou camadas sobrepostas, ou seja, a agregação da ação de diferentes agentes desde a ocupação do espaço até o momento presente é que resultaram no espaço urbano que se apresenta hoje. Já Panerai[110] afirma que o parcelamento conserva a memória de estados anteriores do território, a marca de antigos usos do solo e de determinados limites.

Desta forma, neste capítulo serão apresentadas análises sobre o espaço urbano de Barreiras, ou, como Sim[111] define, sobre o hardware da cidade e elementos duráveis que sempre são construídos a partir de um planejamento e com uma intencionalidade. Salienta-se que toda a intervenção humana no ambiente natural ou artificial precede de uma intencionalidade e toda intencionalidade gera um planejamento (ou projeto), por mais simples ou eficiente que seja. Tendo a terminologia utilizada pelo marketing imobiliário, bairro ou loteamento planejado, como um eufemismo, então, quando se fala em analisar o espaço urbano, automaticamente busca-se analisar a intencionalidade depositada em cada ação de modificação na cidade, transpondo o limite do físico.

---

[109] CORRÊA, 1989.

[110] PANERAI, 2006.

[111] SIM, D. *Cidade Suave*: densidade, diversidade e proximidade na vida cotidiana. Brasília: Editora Vicinitas, 2022.

Panerai[112] apresenta uma definição de tecido urbano que ele considera simples e eficiente, sendo constituído pela superposição ou imbricação de três conjuntos: 1) a rede de vias; 2) os parcelamentos fundiários; 3) as edificações. Essa forma de dividir ou isolar momentaneamente o tecido urbano permite análises diversas, porém pelo tamanho do objeto da pesquisa – a cidade de Barreiras em sua totalidade – é necessária uma divisão, também, em escalas como forma de sistematizar a leitura, partindo do contexto regional e chegando até o lote urbano.

Silva[113] propõe a leitura do espaço em, no mínimo, quatro escalas: Escala da Região, onde aparecem as articulações viárias e suas intensidades, relações de conexão (individuais e coletivas), interrelações com os contextos geográficos, entre outros; Escala da Cidade, delimitando áreas de correlações urbanas entre contextos de habitação, incluindo bairros e compartimentos urbanos definidos por sub-regiões e recortes históricos, aparecendo, também, as vias de transporte e infraestrutura que dão suporte aos deslocamentos e ocupações urbanas; Escala da Vizinhança, em que se aproxima a escala para as interfaces entre elementos ou bairros distintos, podendo ampliar situações de conflito para uma melhor leitura espacial; Escala da Moradia, sendo a menor escala de análise urbana, na qual se busca, por meio do objeto arquitetônico construído, verificar o impacto na vida urbana[114], já que cada nova edificação modifica, mesmo que minimamente, a dinâmica urbana e social.

3.1 ESCALA DA REGIÃO

Partindo da **Escala da Região**, é necessário situar a cidade de Barreiras em dois contextos. O primeiro é o de ser a cidade mais populosa do oeste da Bahia, estando a, aproximadamente, 870 km da capital do estado, Salvador, fazendo o papel de "capital" da região. O segundo contexto é o de pertencer à região denominada como Matopiba.

> A região que compreende o Oeste da Bahia, está sendo comumente tratada pela imprensa e por setores ruralistas ligados ao agronegócio como a última fronteira agrícola do mundo, também incluída na região agrícola do MATOPIBA, um acrônimo formado com as iniciais dos estados de Maranhão, Tocantins, Piauí e Bahia.

---

[112] PANERAI, 2006, p. 77-78.

[113] SILVA, J. M. P. de. *Desenho como questionamento*: distintas dimensões de planos e projetos urbanos. Rio de Janeiro: Rio Books, 2019.

[114] SILVA, 2019, p. 80-84.

> [...] A reestruturação produtiva da agricultura no Oeste Baiano, acelerada a partir de 1990, corroborou, portanto, para a formação e consolidação desta RPA [Regiões Produtivas Agrícolas], o que, para Elias (2012), trata-se de um território produtivo palco de circuitos superiores do agronegócio globalizado.[115]

Na Figura 12, a seguir, é apresentada a região denominada Matopiba, bem como as mesorregiões que a compõem. Nota-se a grande extensão do território e a grande abrangência de municípios – 337 estão distribuídos nas 10 mesorregiões. Segundo os dados apresentados na *Revista de Política Agrícola em* 2016, a região do extremo oeste baiano representa 11.703.249 hectares, o que corresponde a aproximadamente 16% do Matopiba, porém ao serem analisadas as áreas plantadas, o oeste da Bahia, o sul do Piauí e o sul do Maranhão despontam como polos agrícolas regionais. A região possuía, em 2017, em torno de 6 milhões de habitantes, com 2 milhões residindo na zona rural.[116]

Por pertencer a uma fronteira agrícola e possuir alta tecnologia aplicada ao campo, há uma conexão muito forte com cidades maiores e, até mesmo, no exterior, já que grande parte da produção tem destinação ao mercado externo. Assim sendo, podemos tomar emprestado o conceito de horizontalidades e verticalidades, apresentado por Santos[117], formando um jogo de forças centrípetas e centrífugas, de convergência e de desagregação.

A relação de horizontalidade está presente, entre outros fatores, na relação com a rede de cidades que são influenciadas e tem, em Barreiras, o destino dos deslocamentos periódicos da população. Já a verticalidade se apresenta na conexão e nos fluxos externos à rede urbana do oeste baiano, presente na influência que o mercado de capitais, hegemônicos, em âmbito global, têm sobre a economia e as dinâmicas sociais locais. Essa verticalidade, de modo geral, responde ao interesse de reprodução do capital de maneira destrutiva, já que o agente não está fisicamente presente no território que está explorando, não tendo muita preocupação com o rastro de devastação ou fragmentação que sua ação está produzindo.

Harvey traz, também, esse questionamento quando trata do empreendedorismo urbano, que tem como objetivo estimular ou atrair a iniciativa privada, criando condições prévias para o investimento rentável,

[115] BRANDÃO, R. J. A. *A última fronteira no bioma Cerrado*: análise da natureza da expansão do agronegócio no Oeste da Bahia. Dissertação (Mestrado em Desenvolvimento e Meio Ambiente) – UFPE, Recife, 2017.

[116] BOLFE, E. L.; VICTORIA, D. de C.; CONTINI, E.; BAYMA-SILVA, G.; ARAUJO, L. S.; GOMES, D. *MATOPIBA*: análise do uso da terra e a produção agrícola. Santos: INPE, 2017.

[117] SANTOS, M. *A natureza do espaço*: Técnica e tempo. Razão e emoção. São Paulo: Editora da Universidade de São Paulo, 2006.

estando o governo local a sustentar a iniciativa privada, "assumindo parte do ônus dos custos de produção".[118] Ele reflete que com a mobilidade do capital presente nos tempos atuais os subsídios ao capital aumentarão, frente a uma diminuição da provisão local para os desprivilegiados, criando e aumentando a polarização na distribuição social de renda.

Figura 12 – Mapa das mesorregiões do Matopiba

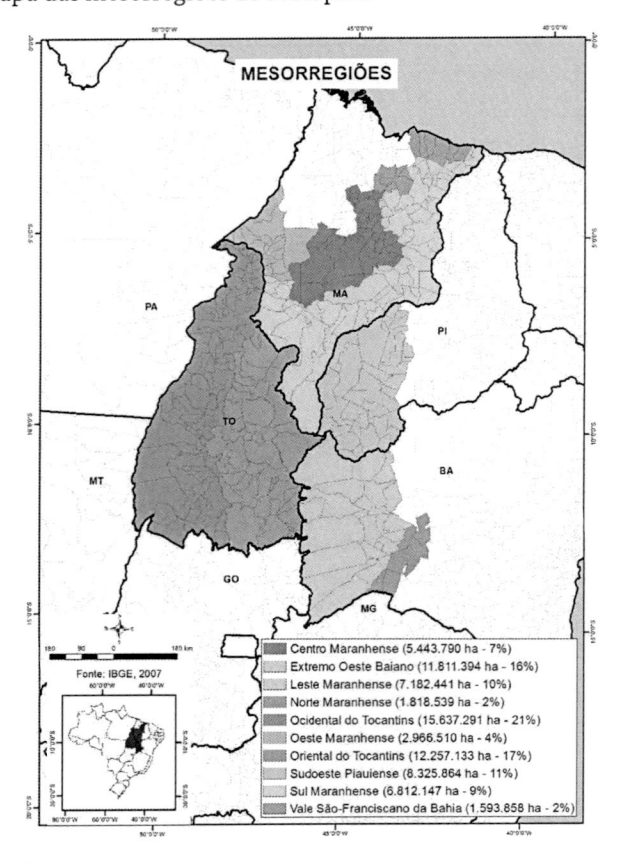

Fonte: Bolfe *et al.*, 2017

O orçamento público é destinado (ou, em caso de subsídios, não é sequer arrecadado) para a parcela mais privilegiada de recursos que, evidentemente, estão localizados em certas partes do território urbano cuja infraestrutura tende a ser melhor do que a média da cidade, tendo um retorno dobrado

---

[118] HARVEY, 2005, p. 108.

sobre a arrecadação do governo local, já que recebe o subsídio e recebe pela urbanização do espaço no qual está inserido. Como resultado ocorre a polarização da distribuição social da renda, conforme Harvey[119] cita, também de maneira especializada, tendo dentro do mesmo espaço urbano a "cidade dos ricos" e a "cidade dos pobres", estando por vezes situadas lado a lado com apenas uma barreira física ou, até mesmo, psicológica.

Rolnik[120] traz que o Estado vem passando por um projeto de reforma (de caráter neoliberal) no sentido de reduzi-lo a um indutor de negócios privados, buscando-se a conversão de espaços, equipamentos e infraestrutura em fontes de extração de renda privada, bem como novos modelos de reconfiguração da vida urbana ditados pelo complexo imobiliário financeiro e pela indústria securitária.[121]

Em se tratando de uma região com a presença de inúmeras empresas de atuação nacional e multinacional, há ainda a fuga de capital que ocorre ao se explorar o solo sem uma identificação com a região. Há a presença de empresas que estão na região para explorar e retirar o máximo de valor possível e, quando as terras não puderem mais oferecer os resultados almejados, essas empresas são remanejadas para outra região produtiva ou na próxima fronteira agrícola a ser descoberta (ou aberta). Não há uma apropriação ou uma territorialização da região, já que, ao encerrar a fase produtiva da vida, a população que se deslocou para a região a abandonará.

Sobarzo salienta que esse processo tende a produzir ações aceleradas respondendo aos interesses do capital em certas localidades, deixando outras partes da cidade à margem ou desconectadas, acarretando mais fragmentação da mancha urbana e acentuando a polarização social, a pobreza e a exclusão.[122]

> Assim, a intermediação local / global que a cidade média realiza e que acaba redefinindo-a, remete, em última instância, ao processo de reprodução capitalista que encontra no campo modernizado e em suas cidades médias tributárias espaços propícios para continuar a sua expansão, significando, muitas vezes, alianças entre capitais externos, capitais locais e poder público.
> [...] Podemos contextualizar as influências que mercados e consumidores distantes têm nas decisões sobre a produção e o consumo da própria cidade média e seu entorno agrícola

[119] HARVEY, 2005.
[120] ROLNIK, 2022
[121] ROLNIK, 2022, p. 83.
[122] SOBARZO, O. *As cidades médias e a urbanização contemporânea.* Chapecó: UFFS, 2008.

ou na maneira de produzir a cidade, com novos produtos imobiliários que se impõem como as formas de moradia, consumo e lazer que vão se repetindo nas cidades médias.[123]

A Associação de Advogados de Trabalhadores Rurais (AATR), elaborou uma publicação compilando anos de pesquisas sobre a região do Matopiba intitulada *Na Fronteira da (I)Legalidade: desmatamento e grilagem no Matopiba*. A obra aponta, como o próprio título já antecipa, diversas ilegalidades e irregularidades na ocupação dos cerrados do Matopiba, tornando evidente o cenário de conflitos e tensões de poder entre diferentes atores sociais, tendo como pano de fundo o poder do capital, tanto nacional quanto estrangeiro. O Matopiba é um território envolto em disputas e essas disputas se estendem até as zonas urbanas, podendo ser constatada no texto de Haesbaert[124], quando cita a desterritorialização por meio da expulsão de comunidades rurais e suas ocupações na zona urbana. A publicação da AATR afirma que "O Cerrado do Matopiba perdeu mais vegetação nativa nos últimos 20 anos do que nos 500 anos anteriores, tendo como principal vetor a expansão da fronteira agrícola"[125].

Em relação à rede urbana, podemos perceber, por meio da Figura 13, a seguir, a centralidade que Barreiras desempenha no oeste baiano e, consequentemente, na porção leste do Matopiba. Há uma confluência de rodovias que tornam a cidade acessível para o maior número de municípios, situação que favoreceu o desenvolvimento da cidade e a concentração de serviços públicos e privados com abrangência regional. A cidade de Luís Eduardo Magalhães, que apresentou crescimento acelerado desde a emancipação em 2000, vem ganhando importância cada vez maior na rede por centralizar as atividades de apoio ao agronegócio, retirando, parcialmente, atividades antes localizadas em Barreiras. Porém, nas demais áreas – saúde, educação, órgãos públicos, comércio – a cidade de Barreiras mantém o seu protagonismo.

Ainda na imagem podemos destacar cidades que possuem centralidades importantes na rede, porém com menos poder de atração que as já citadas. A cidade de Barra apresenta-se como um expoente, principalmente após a conclusão da ponte sobre o Rio São Francisco, que a conecta com as regiões de Xique-Xique e Irecê e a chegada da UFOB. Da mesma forma, Bom Jesus da Lapa é um ponto de atração na rede, seja pelo turismo religioso, seja pelo desenvolvimento industrial que vem recebendo. Ambas com potencial de expansão e protagonismo na região oeste da Bahia.

---

[123] SOBARZO, 2008, p. 289.

[124] HAESBAERT, 1997.

[125] AATR, 2021, p. 163.

Figura 13 – Mapa esquemático da rede urbana do oeste baiano

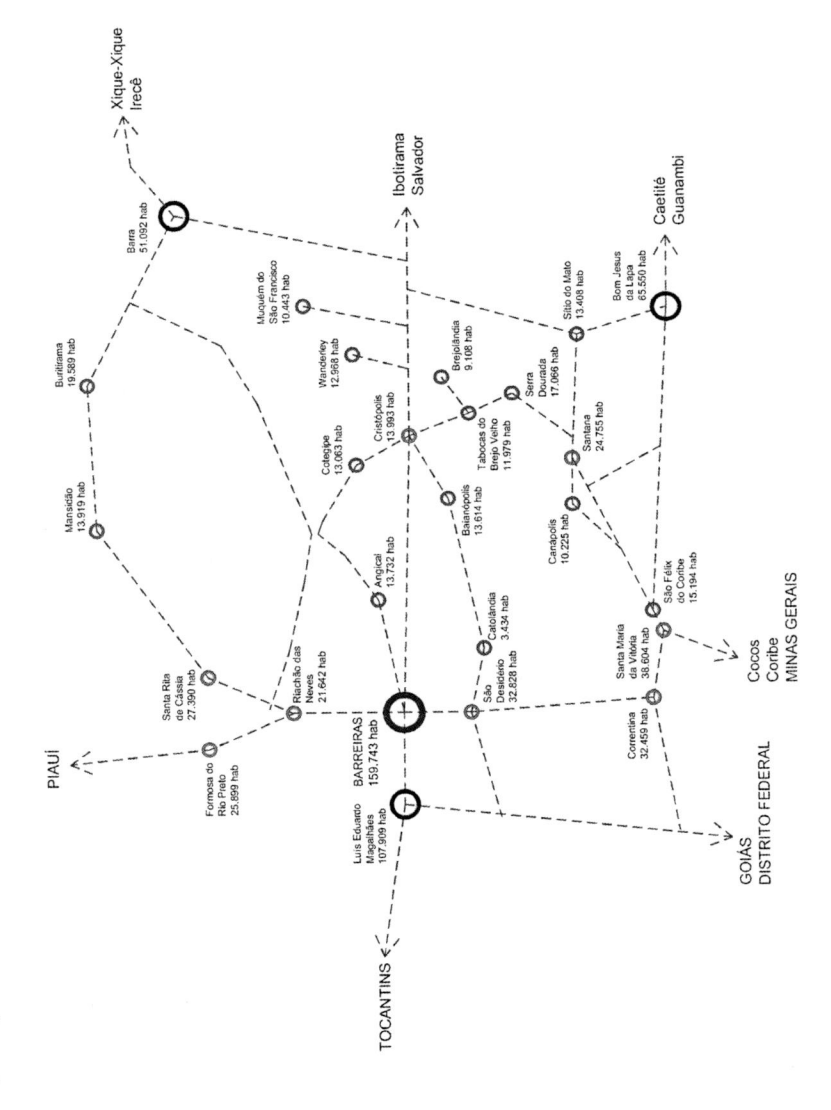

Fonte: elaborada pelo autor, 2023, com base em Google Earth, 2022, e em dados do IBGE, 2022

Com essa rápida análise da inserção da cidade de Barreiras em um contexto regional, pode-se compreender os fluxos que perpassam seu território, sejam fluxos de capital, de *commodities* ou de pessoas. Essa situação permite que grande parte dos órgãos e autarquias federais e estaduais estejam sediados no município e tendo no aeroporto de Barreiras uma das principais formas de acesso à região (além, é claro, das rodovias federais), sendo o único a operar voos comerciais no oeste da Bahia.

3.2. ESCALA DA CIDADE

Diminuindo um pouco o recorte espacial, indo para a **Escala da Cidade**, e retornando à situação encontrada anteriormente à ocupação do espaço, temos os limites geográficos das duas serras (da Bandeira e do Mimo) e dos dois rios (Grande e de Ondas) bem definidos. Lynch apresenta o conceito de limite dentro de um contexto urbano como "elementos lineares não considerados como ruas: são geralmente, mas nem sempre, as fronteiras entre dois tipos de áreas. [...] Parecem mais fortes os limites que não só predominam visualmente, mas têm uma forma contínua e não podem ser atravessados"[126].

Na Figura 14 são apresentadas as barreiras naturais à ocupação de Barreiras. A Serra da Bandeira, ao norte, e a Serra do Mimo, a sudeste, criam um limite à expansão urbana devido à declividade, possuindo terrenos inadequados à ocupação urbana. Entre as serras corre, de sudoeste para nordeste, o Rio Grande, sendo alimentado pelo Rio de Ondas em sua margem esquerda (oeste), criando limites que originam resistência para a ocupação devido à necessidade de pontes ou embarcações para a travessia.

---

[126] LYNCH, K., 2011, p. 69.

Figura 14 – Limites naturais à ocupação em Barreiras

Fonte: elaborada pelo autor com base em Google Earth, 2022

As serras podem ser caracterizadas como fortes limites, segundo essa definição, por possuírem aclives dispostos de formas lineares que impedem o seu atravessamento. Já os rios são caracterizados, hoje, como limites, porém com menor força, por serem barreiras menos resistentes e passíveis de atravessamento. No entanto, os rios, em especial o Rio Grande, foram por muito tempo vias, e não barreiras, já que os deslocamentos intermunicipal e inter-regional, até meados do século XX, ocorriam, prioritariamente, pelo Rio Grande, tanto que a cidade se originou ao redor dele. O ambiente natural pode ser verificado no mapa a seguir, em que é demonstrada a posição dos rios no vale delimitado pelas serras ao norte e ao sudeste.

Esses elementos naturais apontados criam três áreas passíveis de ocupação: a primeira é delimitada pela Serra da Bandeira, ao norte do Rio de Ondas e à margem esquerda do Rio Grande; a segunda delimitada ao sul do Rio de Ondas e, também, à margem esquerda do Rio Grande;

e a terceira na área entre a Serra do Mimo e à margem direita do Rio Grande. A ocupação inicial se deu nesta terceira área, mais especificamente no trecho mais sinuoso do Rio Grande, próximo ao deságue do Rio de Ondas. Em um segundo momento, a ocupação ocorreu na primeira área apresentada – entre os dois rios e a Serra da Bandeira – devido à importância da navegabilidade do Rio Grande, que o caracterizava como via e não como limite.

No século XX, com o aumento da presença de veículos motorizados e a iniciação da construção do sistema de BRs (décadas de 1960 e 1970) em decorrência do programa desenvolvimentista de Juscelino Kubitschek e da nova capital nacional, Brasília, a via navegável começa a ser abandonada[127]. Um veículo automotor necessita de uma ponte ou, minimamente, uma balsa para atingir a margem oposta de um rio, transformando o que era uma via agora em um limite. Devido ao alto custo de uma ponte, poucas travessias foram construídas, tendo, até os dias atuais, somente duas pontes dentro da mancha urbana – a ponte da BR 242 (conhecida popularmente como Ponte de Cimento) e a Ponte Ciro Pedrosa, esta última conectando o centro a Barreirinhas na outra margem do Rio Grande, substituindo uma antiga ponte de madeira. Antes desta havia, ainda, a travessia por meio do ajojo, uma pequena embarcação movida pela força da água, como verificado na reportagem apresentada na Figura 15.

---

[127] SANTOS, S. A. dos. O avanço da urbanização no Oeste Baiano: novos núcleos de povoamento. *Revista Cerrados*, Montes Claros, v. 19, n. 1, 2021.

Figura 15 – O ajojo, embarcação de travessia Barreiras – Barreirinhas

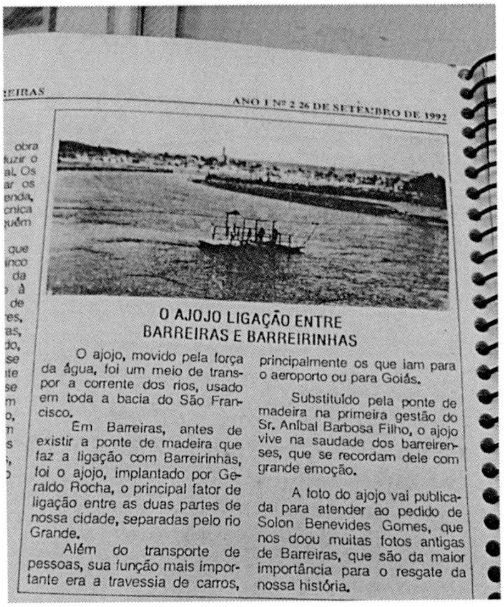

ANO I Nº 2 26 DE SETEMBRO DE 1992

O AJOJO LIGAÇÃO ENTRE BARREIRAS E BARREIRINHAS

O ajojo, movido pela força da água, foi um meio de transpor a corrente dos rios, usado em toda a bacia do São Francisco.

Em Barreiras, antes de existir a ponte de madeira que faz a ligação com Barreirinhas, foi o ajojo, implantado por Geraldo Rocha, o principal fator de ligação entre as duas partes de nossa cidade, separadas pelo rio Grande.

Além do transporte de pessoas, sua função mais importante era a travessia de carros, principalmente os que iam para o aeroporto ou para Goiás.

Substituído pela ponte de madeira na primeira gestão do Sr. Aníbal Barbosa Filho, o ajojo vive na saudade dos barreirenses, que se recordam dele com grande emoção.

A foto do ajojo vai publicada para atender ao pedido de Solon Benevides Gomes, que nos doou muitas fotos antigas de Barreiras, que são da maior importância para o resgate da nossa história.

Fonte: História [...], 1992

A construção das rodovias e das pontes pode ser situada no tempo utilizando-se a passagem do livro de Pinto, *Simplesmente Barreiras*, publicado em 1979, relatando parte da história municipal, transcrita a seguir.

> O último meio de transporte explorado em Barreiras foi o rodoviário. As primeiras rodovias não tinham estrutura nenhuma. Foram somente abertas, e o pneu é que fez o resto. Mesmo assim chegaram caminhões do Nordeste e de Anápolis.
> [...] As primeiras estradas municipais foram construídas de barro batido com malhos, pela prefeitura entre 1951 e 1953. A campanha política de 1954, já foi feita de carro.
> O DNER aqui chegou em 02 de abril de 1951, para abrir os horizontes da cidade. [...] Construiu a ponte de cimento sobre o Rio Grande com 110 metros de extensão, e a ponte sobre o Rego, entre 1963 e 1965.
> Na época da construção de Brasília, entre 1958 e 61, foi instalado o DNOCS com escritório, campo de pouso e máquinas, para abrir a estrada J.K.
> [...] Sabe-se que desde o início de Brasília, Barreiras não parou mais. Motoristas bandeirantes não faltaram. E sendo sede do entroncamento rodoviário, veio em 1972, o 4º BEC para construir e asfaltar estradas: Radial BR

020: Fortaleza – Brasília; BR 242: Salvador (Porto de São Roque) – Porto Nacional de Goiás; BR 135: Montes Claros Minas Gerais – Maranhão.[128]

Com a construção das estradas e das duas travessias do Rio Grande, houve, como já mencionado anteriormente, a aderência às novas estradas, ocorrendo um crescimento da mancha urbana radial junto a essas vias, já que devido a sua importância e configuração permitiam uma maior acessibilidade. Porém a dependência dessas vias fez com que os novos loteamentos viessem a ser interligados à mancha urbana, utilizando-se dessas mesmas estradas como acesso, onde as vias coletoras propostas descarregavam o seu tráfego quase sempre nas BRs urbanas. Essa situação faz com que o desenho da malha viária urbana possua descontinuidades significativas que diminuem a acessibilidade interbairros, fazendo com que os deslocamentos sejam feitos na seguinte sequência: saída do bairro de origem – deslocamento pela BR urbana – entrada no bairro de destino, assim sobrecarregando o sistema. São diversos veículos que precisam utilizar a via sem ter nela a origem ou o destino de sua viagem.

Para exemplificar a situação levantada é apresentado, na Figura 16, uma parte do mapa da cidade de Barreiras em que aparece o conjunto de quadras ao sul da BR 242 em seu trajeto urbano. A via destacada é apresentada como uma via coletora do sistema urbano pela prefeitura municipal. Em uma análise rápida, e em escala reduzida, pode passar despercebida, porém como uma via poderá ser coletora, o que se subentende como principal concentradora de tráfego da região, se para percorrê-la são necessárias diversas conversões (mais de 25), não havendo uma continuidade.

No plano de mobilidade apresentado pela empresa Fundatec há uma manipulação das linhas sobre quadras existentes, não explicitando a descontinuidade, porém no processo de redesenho se conseguiu averiguar a inconsistência dos dados apresentados. A não continuidade de vias acarreta a redução de trajetos possíveis e diretos, além da necessidade de, para um fluxo mais rápido, adentrar na avenida principal, destacada em verde.

---

[128] PINTO, 1979.

Figura 16 – Vias coletoras segundo o PlanMob com destaque à via ao sul da BR-242

Fonte: Plano [...], 2021

Ao reduzirmos a escala do mapa, ampliando para toda a mancha urbana, podemos verificar que essa situação, apesar de ser a mais evidente, não é única no traçado urbano, ocorrendo, também, em vias de outros bairros da cidade, conforme a Figura 17.

Figura 17 – Vias coletoras segundo o PlanMob de Barreiras

Fonte: Plano [...], 2021

Na escala da cidade é, possivelmente, onde os efeitos dos problemas de mobilidade urbana são mais evidentes. São os deslocamentos interbairros e a descontinuidade entre a malha viária que geram o efeito de colcha de retalhos. Também é nessa escala que os rios e as serras se traduzem em limites à ocupação, sendo determinantes para a composição da mancha urbana. No entanto a cidade em sua totalidade não é produzida simultaneamente. São vários atores envolvidos, com várias intenções distintas, porém com um objetivo em comum – a retirada da maior renda possível do solo urbano. Para tentar compreender um pouco melhor a morfologia urbana da cidade de Barreiras é necessário analisar os bairros e as vizinhanças por meio do parcelamento do solo, já que a forma como a mancha urbana se expande é por meio da abertura de novos loteamentos.

3.3 ESCALA DA VIZINHANÇA

Referente à morfologia ainda, já adentrando a **Escala da Vizinhança**, um outro fator que impacta diretamente as dinâmicas urbanas e sociais é a dimensão dos quarteirões. Jacobs[129] já apresentava argumentos em relação ao tamanho das quadras desde a década de 1960, criticava os quarteirões de Manhattan, local de moradia e estudo da autora, com 250 metros de comprimento como barreiras e elementos desagregadores do bairro, afirmando que "a maioria das quadras deve ser curta; ou seja, as ruas e as oportunidades de virar esquinas devem ser frequentes", propiciando conexões de diferentes pessoas. Da mesma forma, o comércio acaba sendo prejudicado, já que limita o número de transeuntes em frente aos estabelecimentos, gerando trajetos mais longos e separados para os moradores de diferentes quadras adjacentes. A autora sugere que uma abertura dessas quadras poderia criar outros trajetos e oportunidades de pontos comerciais e conexões, qualificando todo o entorno, como pode ser compreendido pela transcrição a seguir.

> No caso das quadras longas, mesmo as pessoas que estejam na vizinhança pelas mesmas razões são mantidas tão afastadas que se impede a formação de combinações razoavelmente complexas de usos urbanos cruzados. Quando se trata de usos principais discrepantes, as quadras longas impedem as misturas produtivas exatamente da mesma maneira. Elas automaticamente separam as pessoas por trajetos que raras vezes se cruzam, de modo que usos diversos, geograficamente bem próximos de outros, são literalmente bloqueados.

---

[129] JACOBS, 2011.

> [...] Por natureza, as quadras longas neutralizam as vantagens potenciais que as cidades propiciam à incubação, à experimentação e a numerosos empreendimentos pequenos ou específicos, na medida que estes precisam de cruzamentos muito maiores de pedestres para atrair fregueses ou clientes. As quadras longas também frustram a tese de que, se espera que as misturas de usos urbanos sejam mais do que uma abstração nas plantas, elas devem provocar a presença de pessoas diferentes, com propósitos diferentes, em horários distintos, mas usando as *mesmas* ruas.[130]

Na Figura 18 são reproduzidos os esboços explicativos de Jacobs referentes a essa questão da dimensão das quadras, dando o destaque para as diferentes possibilidades de caminhos e encontros entre pessoas que as quadras menores podem trazer. Mais encontros dão mais vida para a cidade e oportunidades de trocas entre os diferentes cidadãos de uma cidade.

Figura 18 – Possibilidades de fluxos que surgem com quarteirões menores

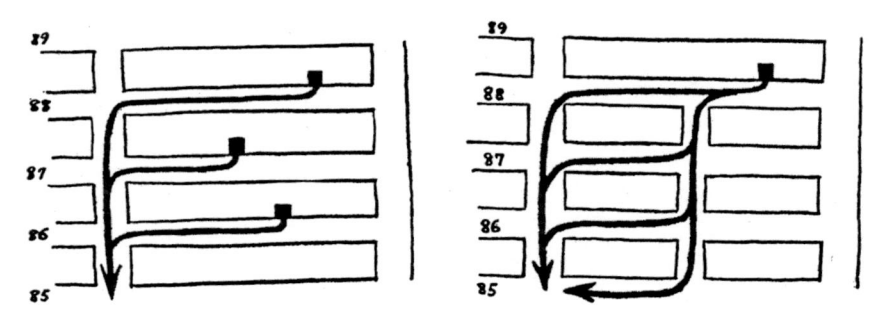

Fonte: Jacobs, 2011, p. 198 e 199

Em grande parte da cidade de Barreiras, os quarteirões possuem comprimento de 180 metros ou mais, chegando em alguns pontos até a 400 metros. Situações que criam barreiras à circulação da população, isolando áreas da cidade, mesmo estando dentro da mancha urbana, como explicitado na Figura 19, a seguir, na qual, quanto mais quente a cor, maior é a quadra. Podemos considerar essa situação um agravante à fragmentação urbana e à segregação populacional. Algumas das barreiras impostas pelas quadras longas geram separações que impactam não somente a circulação de pessoas, mas também o próprio desenvolvimento econômico e social do bairro. A necessidade de

---

[130] JACOBS, 2011, p. 200-202.

percorrer maiores distâncias para acessar lotes e comércios, mesmo que inseridos na vizinhança, faz com que a população não tenha muitas oportunidades de trocas e, consequentemente, não crie uma identidade local. Isso pode ser agravado, ainda, pelo fato de as distâncias impostas serem um incentivo à motorização, fazendo com que deslocamentos dentro do bairro sejam feitos por moto ou carro, de modo que ocorra um isolamento social (ou físico).

Figura 19 – Classificação das quadras urbanas de Barreiras por tamanho

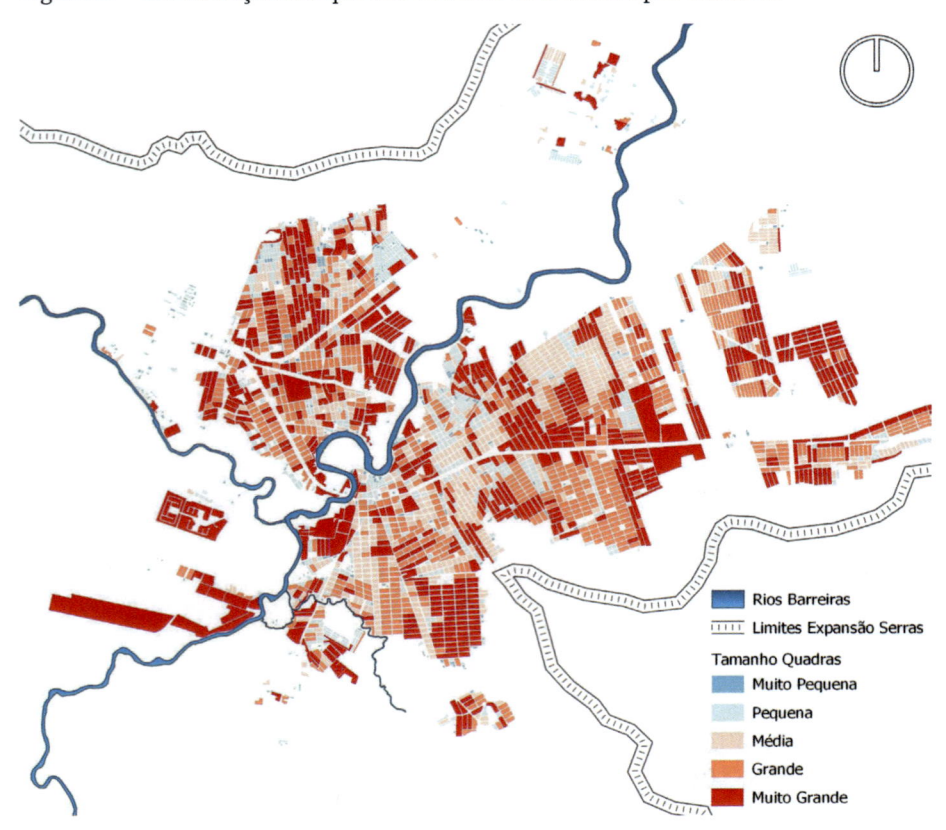

Fonte: elaborada pelo autor com base em Google Earth, 2023

Sim[131] traz a reflexão de que quanto mais quadras – e se forem menores ocorrem em maior quantidade –, mais esquinas. Quanto maior o número de intersecções, mais opções de rota existirão, tornando o bairro mais caminhável, o que pode ser considerado um termômetro para a saúde em áreas urbanas.

---

[131] SIM, 2022.

Ainda sobre a questão das quadras longas, cabe ressaltar que a legislação de parcelamento do solo[132] traz, na alínea XVI do artigo 6°, que o comprimento máximo deve ser de 200,00 m², valor que já é alto suficiente para prejudicar os deslocamentos e a vida urbana. Desta forma, loteamentos novos, como é o caso do Parque das Águas, com quadras de até 300 metros de comprimento, ou do bairro Cidade Nova, com quadras de até 250 metros, estariam em desacordo, porém continuam a ser projetados, aprovados pela prefeitura municipal e executados. Isso faz com que a cidade continue se expandindo com os mesmos problemas já identificados no passado. Essa situação é agravada quando esses loteamentos estão situados em zonas de ocupação prioritária, segundo o Plano Diretor Municipal, onde, muito provavelmente, serão urbanizadas novas áreas adjacentes a estas. Na Figura 20 podemos perceber o quanto um dos bairros citados encontra-se fechado em si mesmo, praticamente ignorando as possibilidades de expansão e urbanização em glebas vizinhas, tendo somente uma rua com possibilidade de ligação, conforme destacado.

Figura 20 – Loteamento Parque das Águas e a falta de conexão

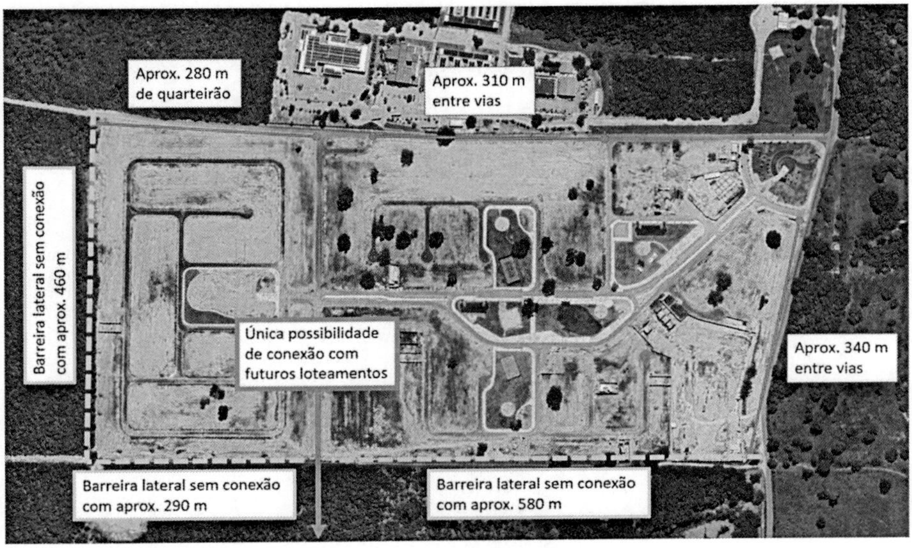

Fonte: elaborada pelo autor com base em Google Earth, 2023

---

[132] BARREIRAS. Prefeitura Municipal. *Lei n° 647 de 10 de novembro de 2004.* Dispõe sobre o Parcelamento do Solo, Sistema Viário, Circulação, Transporte e Zoneamento do Município de Barreiras. Barreiras, 2004a.

Além da situação supracitada em relação às conexões, há uma perda no senso de vizinhança devido à dimensão da quadra. Na Figura 21 levantou-se uma situação que ocorrerá nesse mesmo loteamento. Suponha que um morador de uma casa no lote "A" se confronta com o lote "B" por meio da sua divisa de fundos, caso o morador de "A" queira visitar o morador de "B" ele precisará fazer o contorno em toda a quadra (de carro, de bicicleta ou a pé, caso os lotes da quadra estejam todos ocupados) percorrendo aproximadamente 735,00 metros. Ou seja, qualquer situação que ocorra em que se necessite contatar o vizinho de fundos será necessário vencer essa distância e, provavelmente, esse percurso faça com que no dia a dia esses vizinhos (imediatos) não tenham muitas oportunidades de encontros aleatórios. Quando se pensa nessa situação ocorrendo para todo o quarteirão, assim como para os quarteirões adjacentes, pode-se imaginar a quantidade de relacionamento humano que é perdido.

Figura 21 – Distância entre lotes limítrofes no loteamento Parque das Águas

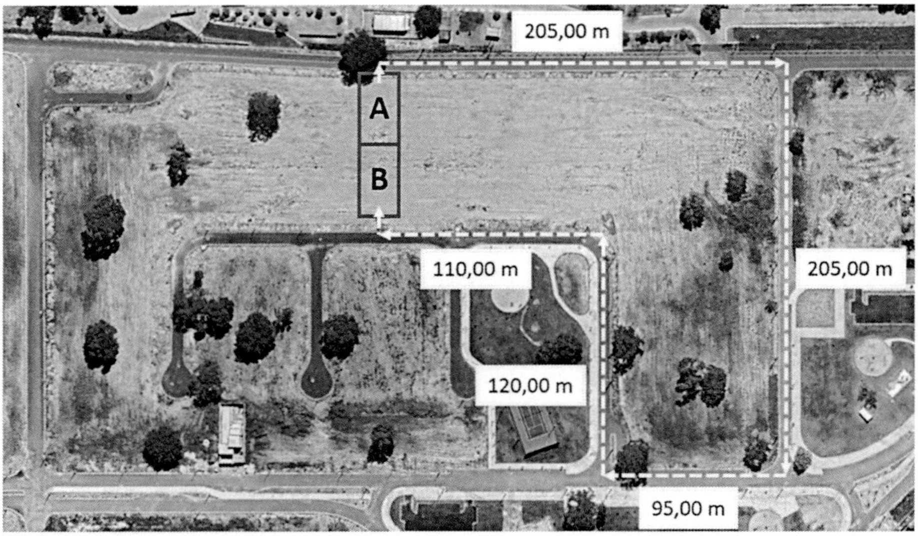

Fonte: elaborada pelo autor com base em Google Earth, 2023

Glaeser[133] afirma que a espécie humana é essencialmente social e que se torna mais inteligente com a proximidade entre pessoas, gerando novos conhecimentos, negócios e relacionamentos. A presença de quadras

___
[133] GLAESER, 2016.

pequenas permite que mais pessoas tenham a oportunidade de estarem na mesma calçada, em um mesmo momento e, de maneira aleatória ou imprevisível, iniciarem um diálogo.

Alexander, em seu texto *A cidade não é uma árvore* (*A city is not a tree*), de 1965, já fazia duras críticas à concepção modernista de cidades, em que eram criadas relações simplistas entre elementos, partindo do pressuposto de que a população realizaria as suas atividades a partir do que foi concebido, utilizando os comércios e serviços de sua unidade de vizinhança ao invés da livre escolha por algo específico, como o autor afirmava em um esquema em árvore.[134]

Figura 22 – O esquema "natural" e o esquema em árvore de Christopher Alexander

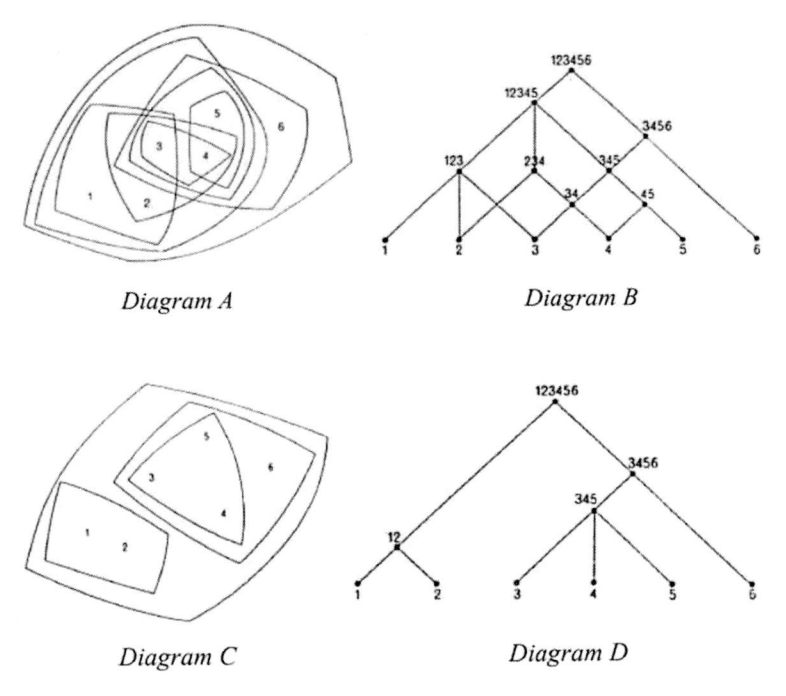

Fonte: Alexander, 2015

Da mesma forma, essa concepção modernista, que persiste e influencia muitos projetos até os dias atuais, dá origem a desenhos urbanos com vias principais e, principalmente, vias secundárias sem saída, como é o caso

---

[134] ALEXANDER, C. *A city is not a tree*: 50th anniversary edition. Portland: Sustasis Foundation, 2015.

apresentado anteriormente, em que não são dadas opções de caminhos para os moradores, o que reduz as possibilidades de eventos espontâneos. Aqui se encontra um dos principais problemas do excesso de planejamento e da cidade (pré)projetada (como Palmas, Brasília etc.), as dinâmicas espaciais e sociais são muito mais complexas do que um projetista bem-intencionado pode supor em sua prancheta. O urbanista e o planejador urbano deveriam se deter em criar um pano de fundo onde a vida pudesse ocorrer, deixando que a espontaneidade humana se aproprie dos espaços e essas camadas de vida sobrepostas qualifiquem o espaço urbano, em especial, os públicos.

Quanto à ocupação da área urbana, podemos fazer uma verificação entre a relação de cheios (construções e zonas ocupadas) e vazios (ruas, largos, praças e áreas públicas). Para esta análise foram escolhidas seis áreas que representam as variações de tipologias de arruamento e larguras de vias para comparação, conforme marcação na Figura 23. Cada uma das áreas possui a dimensão de 250.000 m² (500,00 x 500,00 m) e encontram-se com os lotes urbanizados em quase a sua totalidade.

Figura 23 – Zonas delimitadas para a análise de cheios e vazios em Barreiras

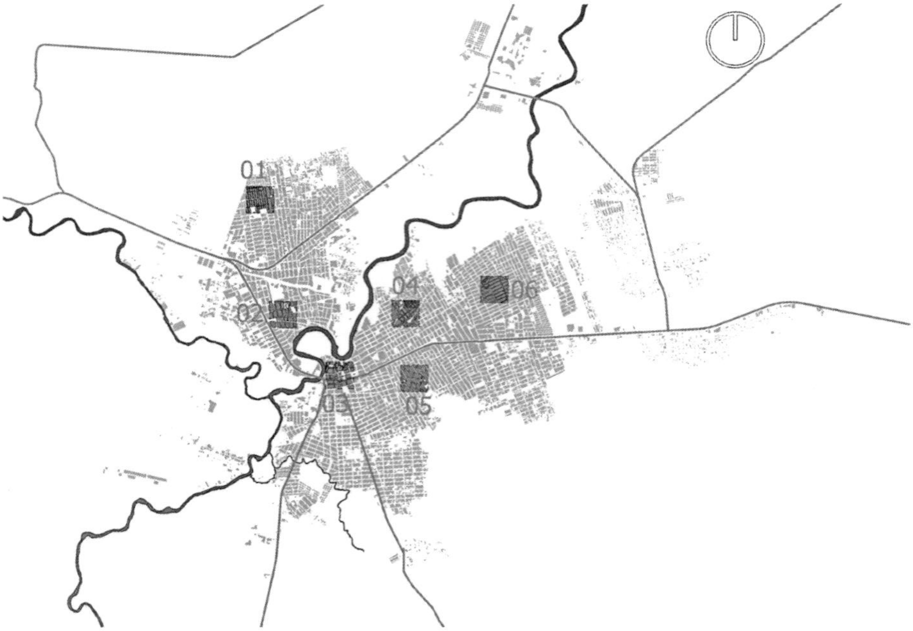

Fonte: elaborada pelo autor com base em Google Earth, 2023

A localização das áreas foi escolhida por representar diferentes traçados urbanos e por estarem dispostos em diferentes localidades da mancha urbana. Os valores de áreas de cheios e vazios para cada uma das ampliações podem ser verificados na Tabela 2, em que, além da área, é apresentada a proporção, dando uma melhor leitura sobre a densidade de áreas públicas e áreas vendáveis.

Tabela 2 – Esquema das áreas de cheios e vazios em Barreiras

Zona	Área da zona	Cheios			Vazios		
Z1	250.000,00	173.748,93	69,50	%	76.251,07	30,50	%
Z2	250.000,00	163.469,98	65,39	%	86.530,02	34,61	%
Z3	250.000,00	149.025,06	59,61	%	100.974,94	40,39	%
Z4	250.000,00	160.894,09	64,36	%	89.105,91	35,64	%
Z5	250.000,00	165.769,12	66,31	%	84.230,88	33,69	%
Z6	250.000,00	181.679,80	72,67	%	68.320,20	27,33	%

Fonte: elaborado pelo autor, 2023

Na Figura 24 foram feitas ampliações de três das seis zonas, delimitadas na Figura 23, como forma de fazer a leitura da configuração espacial das zonas com mais e com menos percentual de vazios.

Figura 24 – Diferenças do desenho das quadras em áreas distintas de Barreiras – mapa de cheios e vazios

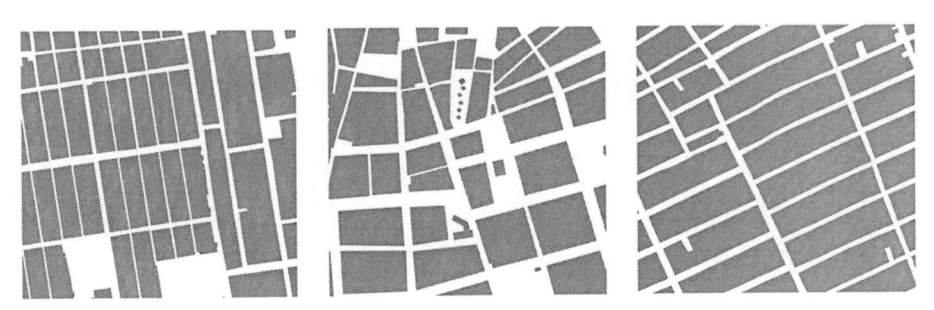

Fonte: elaborada pelo autor com imagem de satélite, 2023

Podemos notar que a zona onde está situado o centro antigo da cidade é onde há a menor presença de cheios, ou seja, há percentualmente menos área privada. Isso ocorre, apesar da presença de muitas ruas estreitas, devido à presença de várias áreas públicas como praças e largos, características próprias do tipo de traçado inicial da cidade e da presença de edificações públicas recuadas do alinhamento predial. No outro extremo temos as áreas denominadas 01 e 06 (com 69,50% e 72,67%, respectivamente), onde a presença de cheios é maior, "sobrando" menos área pública. São áreas distantes do centro que possuem maior densidade populacional, porém com menos opções de áreas abertas livres e vias de circulação. Podemos notar a disparidade em relação às áreas públicas entre as diferentes zonas da cidade por meio da análise de cheios e vazios, bem como a diferença na largura das vias que compõem cada uma das zonas.

Em relação aos padrões de arruamento apresentados na Figura 24, podemos fazer a comparação entre o quanto é dinâmico o espaço produzido no centro antigo (centro) em relação à monotonia que os espaços produzidos mais recentemente possuem (esquerda e direita). Na "cidade antiga" podemos facilmente identificar os elementos da paisagem destacados por Lynch[135] – vias, nós, setores, limites e marcos (*paths, nodes, district, edges* e *landmarks*) – situação que não é encontrada nas zonas 01 e 06, já que não existem barreiras claras, delimitação de setor ou marcos, somente vias e cruzamentos (nós), dificultando, inclusive, para um forasteiro se orientar nessas localidades.

Aproveitando a delimitação das zonas, foi feito um levantamento do número de árvores de médio e grande porte com a finalidade de comparação da arborização por setores da cidade. A contagem foi feita por meio de contagem manual sobre imagem do Google Earth com auxílio do QGis e os resultados obtidos são apresentados na Tabela 3.

Tabela 3 – Quantidade de árvores por zona de Barreiras

Nº Árvores por Zona					
Z1	Z2	Z3	Z4	Z5	Z6
353	559	469	329	377	315

Fonte: elaborado pelo autor, 2023

---

[135] LYNCH, 2011.

Nota-se que a arborização é distribuída de modo desigual, estando as zonas Z2 e Z3, que correspondem às áreas mais antigas da cidade (Barreirinhas e Centro Antigo, respectivamente), com maior cobertura vegetal. Já nos bairros e loteamentos mais novos há pouca presença de vegetação e as vegetações existentes encontram-se, em sua maior parte, no interior dos lotes, não beneficiando diretamente a mobilidade ativa com a proteção às intempéries.

Ainda sobre a disposição do traçado urbano, Glaeser faz a diferenciação entre as cidades antigas, com ruas estreitas e sinuosas, onde o crescimento parte da necessidade de estar próximo às vias navegáveis para facilitar os deslocamentos; e as cidades construídas em torno do automóvel, dispondo de estradas amplas com curvas suaves, em alguns casos nem possuindo calçadas, espalhando-se no horizonte em uma expansão urbana sem diferenciação.[136]

Já Panerai[137] afirma que, em geral, as ocupações antigas apresentam irregularidades geométricas que não se encontram nos bairros novos e acrescenta, ainda, que os bairros centrais tendem a ter uma trama mais fechada que os bairros periféricos. Barreiras apresentava, até a década de 1970, características da cidade antiga citada pelos autores e, posteriormente, cresceu a partir do automóvel com grande ampliação da mancha urbana com pouca diferenciação morfológica, apresentando tramas mais abertas nas áreas mais periféricas.

Na Figura 25 são apresentadas as tramas da parte antiga junto ao Rio Grande, à esquerda, e do bairro Morada da Lua, à direita, onde podem ser percebidas características distintas na malha urbana.

Figura 25 – Diferença do traçado da área do cais da cidade – cidade antiga e do traçado após a década de 2000 em Barreiras

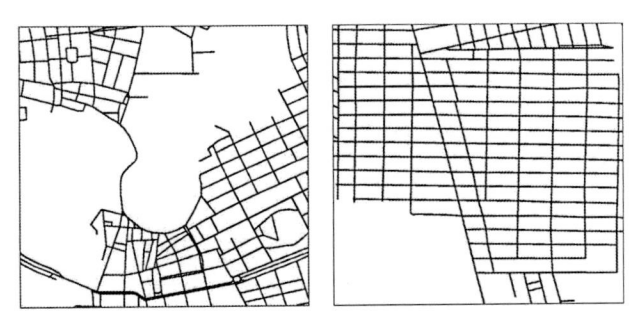

Fonte: elaborada pelo autor, 2023

---

[136] GLAESER, 2016, p. 13.
[137] PANERAI, 2006.

É possível fazer, também, uma análise do traçado urbano quanto ao tipo de intersecção entre vias, podendo ser por meio de cruzamentos em "X", onde as vias possuem maior continuidade, ou por meio de cruzamentos em forma de "T", onde ocorre a interrupção de uma via, sem continuidade, o que torna a cidade mais labiríntica devido à necessidade de, para deslocamentos maiores, se utilizar de diversas vias e fazer mais conversões. Cruzamentos em "X", tendendo a uma malha em xadrez, favorecem a possibilidade de um maior número de rotas possíveis e, consequentemente, uma melhor distribuição do tráfego na malha viária[138]. Barreiras apresenta as duas formas em bairros distintos, tendo a predominância de cruzamentos em "X" nos bairros mais afastados e em "T" em bairros mais próximos ao centro, o que acarreta que grande parte dos deslocamentos que visam ao centro, necessariamente, irá passar por essa região mais labiríntica ou se utilizar da BR-242 e suas marginais, aumentando ainda mais o seu carregamento e o seu congestionamento. Na Figura 26, foram isoladas duas partes significativas para demonstrar a diferença da malha viária.

Figura 26 – Predominância de cruzamentos em "T" e em "X" na malha viária de Barreiras

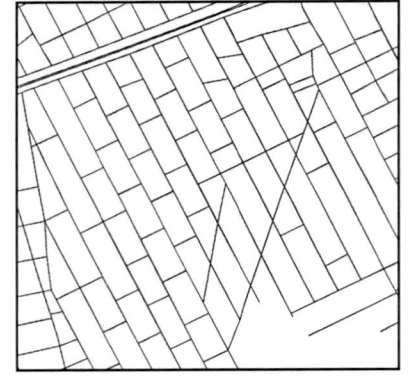 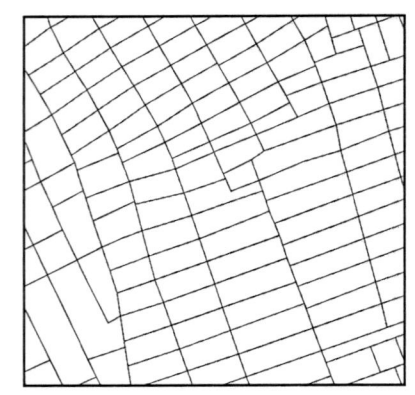

Fonte: elaborada pelo autor, 2023

Outra forma de análise possível de ser aplicada ao tecido urbano, utilizando a sua geometria, é a sintaxe espacial. Essa é uma metodologia desenvolvida por Bill Hillier e Julienne Hanson, pesquisadores da University College of London. Nessa teoria é dada uma ênfase na relação entre

---

[138] OLIVEIRA; FONTGALLAND, 2021, p. 73-74.

os elementos e espaços, ou seja, como os elementos se relacionam entre si. Desta forma, eles defendem que a relação de um espaço ou edificação, ou até mesmo uma rua, com os demais elementos da cidade é que o diferenciam. Um espaço público, com projeto exatamente igual, construído em uma região diferente da cidade terá um resultado completamente diferente, já que a relação com o contexto urbano será outro. Hillier *et al.* (1993) *apud* Oliveira e Fontgalland:

> [...] desenvolveram a Teoria do Movimento Natural, que tem por ideia central de que a configuração da malha urbana tem a propriedade de privilegiar alguns espaços em relação a outros, no que diz respeito ao movimento de passagem. A malha urbana é o principal gerador dos padrões de movimento[139].

Gehl e Svarre[140] apresentam a sintaxe espacial como um método matemático criado para analisar configurações espaciais, ajudando arquitetos a simular os possíveis efeitos de seus projetos. Acrescentam, ainda, que é uma forma indireta de o comportamento urbano, já que se processam dados para fazer prognósticos e prever movimentos, tais como quais as escolhas e acessibilidade das vias em determinada rede.

> Para permitir um melhor entendimento das propriedades sintáticas das medidas entre cidades de diferentes portes, Hillier, Young e Turner (2012) propuseram a normalização de duas das principais medidas de Sintaxe Espacial: a Integração (*Normalised Angular Integration* – NAIN) e a Escolha (*Normalised Angular Choice* – NACH). As duas medidas correspondem aos dois elementos básicos de qualquer viagem: selecionar um destino a partir de uma origem (*Integration*) e escolher uma rota – e, desse modo, os espaços a serem percorridos entre a origem e o destino (*Choice*).[141]

Com base no exposto, buscou-se a elaboração dos mapas de integração e de escolha a partir de um mapa axial da malha viária urbana (*Road Center Line*) de Barreiras, produzido pelo autor, como forma de complementar a análise e verificar quais são as vias que apresentam maiores índices e, consequentemente, tendem a um maior carregamento de veículos. Como fonte de dados para a produção do mapa axial, foram utilizadas imagens de satélite do Google Maps, gerando um arquivo CAD

---

139   OLIVEIRA; FONTGALLAND, 2021, p. 50.

140   GEHL; SVARRE, 2018.

141   OLIVEIRA; FONTGALLAND, 2021, p. 53.

(.dxf), o qual foi, posteriormente, processado pelo software DepthMap X, gerando saídas que foram graficadas pelo software QGis 3.28 com o complemento da ferramenta Space Syntax Toolkit. As figuras 27 e 28 apresentam as medidas de NACH e NAIN, respectivamente.

Foi utilizada a configuração de visualização por quartil distribuído em 10 classes, na qual as cores mais quentes apontam para vias com maior índice, seja de integração ou de escolha. Uma rua com muitas conexões com outras ruas é acessível por diversos pontos, gerando um alto índice de integração e tendendo a um alto índice de escolha. Já em vias com poucas conexões ou ruas sem saída, ocorre o oposto, aparecendo no mapa com cores mais frias, o que indica baixa probabilidade de escolha.

Figura 27 – Mapa de sintaxe espacial de escolha (NACH) da cidade de Barreiras

Fonte: elaborada pelo autor com mapa axial de Barreiras, 2023

Figura 28 – Mapa de sintaxe espacial de integração (NAIN) da cidade de Barreiras

Fonte: elaborada pelo autor com mapa axial de Barreiras, 2023

Como valores médios para cidade de Barreiras encontram-se os seguintes: NAIN – 0,810; NACH – 0,915, sendo que os valores médios das cidades brasileiras, apurados por Medeiros (2019) *apud* Oliveira e Fontgalland[142] foram, para o intervalo de 2011 a 2019, NAIN – 0,867 e NACH – 0,901. Ou seja, a cidade de Barreiras está bem próxima da média apresentada por Medeiros, estando um pouco abaixo no índice de integração e um pouco acima no de escolha.

Com os valores médios encontrados para Barreiras se aproximando da média nacional que Medeiros[143] (2013) levantou em seus estudos, pode-se utilizar de pontos de sua conclusão para descrever a cidade de Barreiras seguindo a lógica brasileira. O autor afirma que as cidades brasileiras, entre as estudadas por ele (cidades da América Latina e Caribe, América do Norte, Europa, Ásia e Pacífico, Estados Árabes, e África), são

---

[142] OLIVEIRA; FONTGALLAND, 2021.

[143] MEDEIROS, V. *Urbis Brasilae*: o labirinto das cidades brasileiras. Brasília: Editora Universidade de Brasília, 2013.

o "grupamento mais segregado, mais mal articulado, menos sinérgico e inteligível que os outros dois grupos estudados"[144]. Ele ainda complementa com a passagem a seguir.

> O padrão em colcha de retalhos de nosso tecido urbano é o elemento que mais decisivamente colabora para a construção de um espaço de fragmentação, a comprometer as qualidades de percepção e apreensão ao se tornar menos acessível e permeável. São agravados, portanto, os estados de segregação espacial e derivados – distanciamento entre ricos e pobres, dificuldade de locomoção, concentração de renda, baixa produtividade etc. [145]

Ao analisarmos ambos os mapas apresentados (NAIN e NACH), podemos verificar que as vias mais integradas coincidem, em grande parte, com as vias com maior índice de escolha. Quanto às linhas com NACH maior, podemos notar que elas são onde estão concentrados os maiores carregamentos de veículos e, segundo o Plano Diretor Barreiras 2030, onde estão dispostas as vias coletoras da cidade. Um ponto importante a destacar é que ao sul do trecho urbano da BR-242, principalmente nos bairros Vila Regina, Bandeirantes, Flamengo etc., não existem linhas com valores altos de NACH, fazendo com que os deslocamentos interbairros force os moradores a utilizarem a BR-242, gerando um maior carregamento. Situação que ocorre de modo muito similar nos bairros ao norte da BA-135, como Vila Rica e Vila dos Funcionários. Os altos índices de NAIN e NACH em poucas vias não representam uma maior acessibilidade ou mobilidade na região por gerar uma concentração de tráfego, como é o caso das BRs urbanas de Barreiras.

> [...] embora uma via apresente um bom *score* de Integração e de Escolha, não necessariamente essa característica pode ser interessante para a cidade quanto à mobilidade e à acessibilidade, pois é necessário que haja outras vias paralelas como alternativas de rota [especialmente] para pedestres e ciclistas.[146]

Após as análises de NACH e NAIN para o mapa axial da zona urbana de Barreiras e da percepção que as rodovias urbanas apresentam papel fundamental para os deslocamentos urbanos, foram analisadas áreas

---

[144] MEDEIROS, 2013, p. 561.
[145] MEDEIROS, 2013, p. 561.
[146] OLIVEIRA; FONTGALLAND, 2021, p. 143.

específicas da cidade. Para este estudo foram delimitadas 13 zonas onde pudessem ser observados padrões em relação à configuração urbana, apresentadas na Figura 29.

Figura 29 – Mapa da delimitação das zonas de estudo de sintaxe em Barreiras

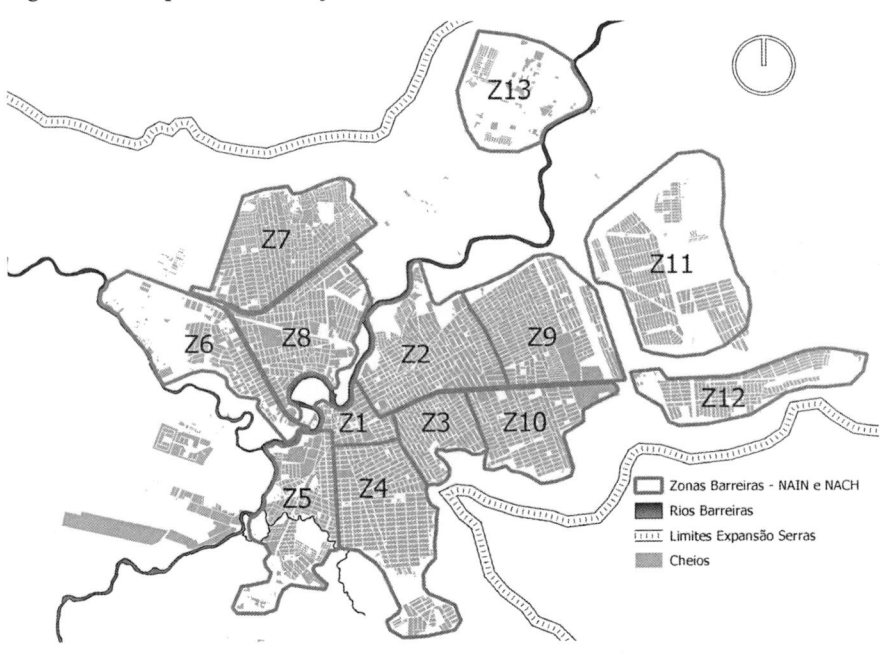

Fonte: elaborada pelo autor, 2023

Surge, aqui, uma hipótese em relação à morfologia como impacto na mobilidade urbana de Barreiras. Os loteamentos produzidos ao longo do tempo buscaram ser acessíveis às BRs que cruzam a cidade (que possuem função de avenida ao atravessarem a cidade), sem muitas preocupações com a conexão com outros bairros. Como temos vias com NACH alto correspondendo às rodovias urbanas e vias perpendiculares a elas, podemos perceber que poucas rotas irão evitar o uso dessas rodovias (BR-020, BR-135, BR-242 e BA-455) e suas vias laterais (Av. Antônio Carlos Magalhães, Av. Clériston Andrade, Av. Aylon Macedo, Av. Barão do Rio Branco e Av. Alberto Amorim).

Para tentar responder à hipótese levantada no parágrafo anterior, foram realizadas análises de integração e escolha das partes isoladas da cidade. A partir dessas zonas foram criados os mapas axiais da mesma forma que foi produzido o mapa axial geral da cidade. Na análise das zonas foram encontrados valores de NACH e NAIN acima dos valores médios do geral da cidade em praticamente todas as zonas (o Quadro 1 apresenta os valores para cada zona), situação que pode validar a hipótese de que os bairros isoladamente são mais articulados internamente do que a totalidade da cidade, evidenciando que grande parte dos problemas estão nas interfaces dessas zonas.

Coincidentemente, e dando mais força à argumentação, nessas interfaces encontramos as quadras com maiores dimensões – em especial entre as zonas Z1 e Z2, Z2 e Z9, Z3 e Z4 e Z3 e Z10 – fazendo com que poucas vias recebam grande parte dos fluxos urbanos, como já destacado no mapa de sintaxe espacial de escolha (Figura 27). Além, é claro, do próprio Rio Grande, que forma uma grande barreira entre suas margens para os bairros adjacentes a ele.

Figura 30 – Desencontro de quadras entre loteamentos distintos entre as zonas Z1 e Z4

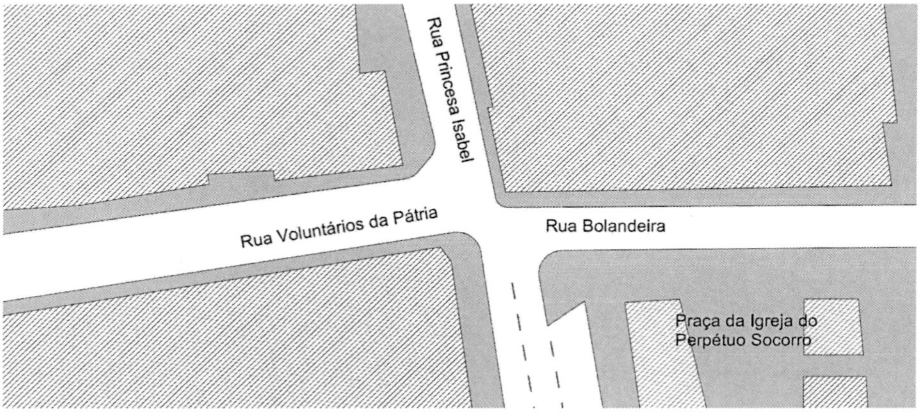

Fonte: elaborada pelo autor, 2023

Quadro 1 – Valores de NAIN e NACH por área na cidade de Barreiras

Zona	NACH	NAIN	Bairros
Geral	0,810	0,915	Toda a malha viária urbana de Barreiras
Z1	0,974	1,103	Centro
Z2	0,977	1,081	Vila Dulce, Vila Brasil, Jardim JK e São Miguel
Z3	0,911	1,081	Sandra Regina e Jardim Ouro Branco
Z4	0,942	1,140	Vila Regina, Aratu, Renato Gonçalves, Morada da Lua e Parque Verde
Z5	0,898	0,934	Recanto dos Pássaros, Antônio Geraldo, Lot. São Paulo, Ribeirão e Boa Sorte
Z6	0,946	0,782	Morada Nobre
Z7	0,948	0,933	Vila Rica, Vila dos Funcionários, Vila Amorim, Barreiras I, São Sebastião e Santo Antônio
Z8	0,966	0,965	Vila dos Sargentos, São Pedro, Bela Vista e Barreirinhas
Z9	0,954	1,193	Rio Grande, Santa Luzia, Vila Nova, Mimoso, Sombra da Tarde, Jardim Vitória e Alphaville
Z10	0,970	1,240	Bandeirantes, Novo Horizonte, Serra do Mimo e Flamengo
Z11	0,936	0,981	Cidade Nova e Buritis
Z12	0,904	0,665	Jardins
Z13	0,867	0,611	Barreiras II e Arboreto

Fonte: elaborado pelo autor utilizando-se de mapa axial das vias urbanas

Aparentemente, a tipologia de cidade que vem sendo produzida ignora o passado e, principalmente, o futuro urbano de Barreiras. Quando temos o parcelamento do solo sendo feito sem a conexão com a cidade existente ou sem a possibilidade de conexão com os futuros loteamentos, temos um cenário óbvio de concentração de deslocamentos pelas poucas vias estruturais da malha urbana, no caso de Barreiras coincidindo com as rodovias urbanas e sendo mais agravada a situação em decorrência da ausência de um anel viário completo, com disputas entre veículos de diferentes escalas – desde bicicletas e motos até veículos de cargas perigosas e especiais. A legislação de parcelamento do solo até apresenta premissas básicas sobre como os novos loteamentos devem se conectar à cidade existente, porém de maneira vaga e com poucos critérios de aplicabilidade com clareza e, ainda assim, parece ser ignorada por loteadores, com a conivência do poder público.

Já em relação ao Rio Grande, pode-se fazer um exercício imaginativo, onde, devido a somente ter duas pontes urbanas, a cidade funciona como uma grande ampulheta, na qual a população equivale à areia que marca o tempo. Em determinados períodos do dia há um fluxo em um sentido ou outro, porém com a necessidade de se afunilar, gerando acúmulo próximo ao estreitamento que as pontes inerentemente geram. Pode ser feita uma analogia a uma ampulheta e não a um funil por Barreiras possuir esse efeito em ambas as direções. Por esse acúmulo ocorrer próximo às pontes, os bairros lindeiros são os mais afetados já que, além da população residente, há um carregamento no fluxo por pessoas e veículos de outras localidades, caracterizando-os como "bairros de passagem", não sendo nem a origem e nem o destino da viagem, porém inevitável em boa parte dos deslocamentos urbanos.

Na escala da vizinhança, assim como na escala da cidade, estão inseridas muitas das situações que impactam o modo como nos deslocamos pelo espaço urbano. Nessas escalas ocorrem as ações de parcelamento do solo e, consequentemente, a proposição de novas vias. Na não observância de critérios de morfologia e ocupação do solo, alguns presentes na legislação municipal, outros não, ocorrem consequências como as explicitadas anteriormente – descontinuidade da malha viária, com ligações entre zonas ocorrendo nas vias já existentes, desarticulação entre diferentes loteamentos e a cidade acaba se conformando como uma grande colcha de retalhos, tal como Medeiros[147] já identificava como padrão em muitas cidades brasileiras.

3.4 ESCALA DA MORADIA

Na última escala, proposta por Silva[148], temos a **Escala da Moradia**, e, obviamente, há impactos significativos nas dinâmicas urbanas e sociais por meio de cada edificação que compõe a cidade, com intensidades e

---

[147] MEDEIROS, 2013.
[148] SILVA, 2019.

influências divergentes devido ao tamanho e uso. Para tentar antecipar e mitigar os impactos de novas edificações, as cidades costumam exigir das incorporadoras e construtoras um estudo de impacto de vizinhança (EIV), documento que analisa impactos negativos e positivos da nova edificação, ou até mesmo atividade (já que para alteração de uso também pode ser exigido um EIV), bem como as ações compensatórias a serem cumpridas.

A lei que institui o Plano Diretor Urbano de Barreiras[149] trata do assunto nos artigos 30, 31 e 32, apontando que uma nova lei específica definirá quais empreendimentos e atividades dependerão de estudo prévio de impacto de vizinhança (EPIV), destacando que o documento deverá apresentar os efeitos negativos e positivos incluindo, no mínimo, a análise do adensamento populacional, infraestrutura e serviços, equipamentos urbanos e comunitários, uso e ocupação do solo, valorização imobiliária, geração de tráfego e demanda por transporte público, ventilação e iluminação, paisagem urbana e patrimônio natural e cultural, tal como descrito na Seção XII - Do Estudo de Impacto de Vizinhança, artigo 37 do Estatuto da Cidade[150]. Percebe-se que, na legislação, há uma abrangência de vários aspectos a serem analisados, porém fica uma dúvida: frente ao exposto pelo solicitante, o poder público tem poder de barrar um empreendimento baseando-se nos impactos gerados ou o documento é para determinar exigências que se façam necessárias? Pela lei municipal transcrita a seguir, parece que é o segundo caso e, analisando o seu artigo 18, percebe-se que as atividades potencialmente geradoras de modificações urbanas foram majoradas com a finalidade de que pouquíssimos EPIV sejam exigidos, tornando uma legislação de pouca ou nenhuma utilidade para o bem da coletividade urbana de Barreiras.

A Lei municipal nº 1.426/2019[151], em seus artigos 17 e 18, traz a seguinte redação:

> Art. 17 – A instalação de obra ou atividade, potencialmente geradora de grandes modificações no espaço urbano e meio ambiente, dependerá da aprovação da Conselho do Plano Diretor ou órgão semelhante a ser criado, que deverá exigir um Estudo de Impacto de Vizinhança (EIV).

---

[149] BARREIRAS. Prefeitura Municipal. *Plano diretor de Barreiras*. Lei nº 651/2004. Barreiras, 2004b.

[150] BRASIL. *Estatuto da Cidade*. Brasília: Senado Federal, Subsecretaria de Edições Técnicas, 2008.

[151] BARREIRAS. Prefeitura Municipal. *Lei nº 1.426, de 17 de dezembro de 2019*. Dispõe sobre o zoneamento do uso e da ocupação do solo urbano no Município de Barreiras. Barreiras, 2019.

§ 1º – O Estudo de Impacto de Vizinhança (EIV) deve conter todas as possíveis implicações do projeto para a estrutura ambiental e urbana, em torno do empreendimento.

§ 2º – De posse do Estudo de Impacto de Vizinhança (EIV), o Poder Público, representado pelo órgão municipal de planejamento e pelo Conselho do Plano Diretor ou órgão semelhante a ser criado, reservar-se-á o direito de avaliá-lo, além do projeto, e estabelecer quaisquer exigências que se façam necessárias para minorar, compensar ou eliminar os impactos negativos do projeto sobre o espaço da cidade, ficando o empreendedor responsável pelos ônus delas decorrentes.

§ 3º – Antes da concessão de alvará para atividades de grande porte, o interessado deverá publicar em órgão de comunicação local de grande circulação e no Órgão Oficial Eletrônico do Município um resumo do projeto pretendido, indicando a atividade principal e sua localização.

Art. 18 – Consideram-se obras ou atividades potencialmente geradoras de modificações urbanas, dentre outras:

I – edificações residenciais com área computável superior a 20.000,00m² (vinte mil metros quadrados);

II – edificações destinadas a outros usos, com área da projeção da edificação superior a 5.000,00m² (cinco mil metros quadrados);

III – conjuntos de habitações populares com número de unidades maior ou igual a 150 (cento e cinquenta);

IV – parcelamentos do solo com área superior a 150.000,00m² (cento e cinquenta mil metros quadrados);

V – parcelamentos do solo em áreas lindeiras a cursos d'água;

VI – cemitérios e crematórios;

VII – exploração mineral;

VIII – interdição temporária ou definitiva de ruas e avenidas.

Na cidade podemos verificar situações em que os impactos gerados são significativos e, mesmo assim, a edificação ou a atividade (ou o loteamento) se encontra em funcionamento sem aparente mitigação. Ainda na mesma legislação se prevê que o EPIV fique disponível à comunidade para apreciação no "órgão competente", já que:

> [...] o Estudo de Impacto de Vizinhança pode ser considerado como um instrumento da Política ambiental e urbana, utilizado na democratização da gestão urbana, para o enfren-

tamento da exclusão social e gerenciamento de conflitos de interesses particulares.[152]

"Entende-se que o EIV foi introduzido no Estatuto com o objetivo de tornar o planejamento da cidade ao alcance de todos, evidenciando assim o uso de política como instrumento de promoção da justiça e não como fim em si mesma ou como meio de dominação" (Barbosa, 2019)[153].

É notório o impacto que gera, em uma via e em um bairro, a construção de uma edificação residencial de grandes dimensões, como as que vêm ocorrendo na cidade de Barreiras. Foram lançados, nas décadas de 2010 e 2020, inúmeros prédios com mais de 10 pavimentos, alguns chegando nos 20 pavimentos, porém, com o critério de somente exigir EPIV para edificações residenciais com área computável igual ou maior de 20.000 m² (nota-se aqui que é área computável e não área total, sendo eliminados no somatório áreas de circulações coletivas, sacadas, garagens, entre outros), nenhuma dessas edificações necessitou da elaboração desse documento. São edificações com mais de 80 vagas de garagem descarregando em uma rua de um bairro sem nem ao menos ser levantado previamente o impacto gerado. São muitos metros de bloqueio solar impostos à vizinhança. É o ônus da produção do bem-estar de uma camada de alta renda sendo distribuído para todos os moradores da cidade. O instrumento foi criado no Estatuto da Cidade, mas foi praticamente eliminado pela lei municipal de Barreiras.

Um outro tipo de edificação que gera impactos muito grandes, especialmente impactos sobre a mobilidade urbana, são as edificações escolares. Segundo a mesma legislação, só é necessária a realização do EPIV quando tiver mais que 5.000 m². Ocorre que a concentração de pessoas nos horários de entrada e saída de estudantes gera um impacto significativo na escala da rua, do bairro e, até mesmo, da cidade. São pais, mães e responsáveis, normalmente em carros ou motos, praticando irregularidades no trânsito a fim de "perder" o menor tempo possível nessa atividade. Se para a instalação de uma escola não é exigido o EPIV, como prever os impactos e, mais importante ainda, como propor soluções que venham a mitigar esses impactos? O resultado são escolas em terrenos urbanos, algumas em cruzamentos movimentados, sem adequação para abrigar esse movimento concentrado.

---

[152] TONINI, L. A. F. S. *Estudo de impacto de vizinhança na gestão ambiental urbana*: análise sobre a efetividade das práticas no Brasil. Dissertação (Mestrado em Meio Ambiente, Águas e Saneamento) –UFBA, Salvador, 2021. p. 70.

[153] TONINI, 2019.

Ainda dentro dessa temática, existe todo um conjunto de edificações comerciais e industriais que necessitam receber fornecimento de materiais de médio e grande porte para realizar as suas atividades. Caso possuam menos que os 5.000 m² previstos na lei, não precisam analisar e mitigar os impactos gerados. Oficinas mecânicas, lojas de veículos, mercados etc., nada disso precisa de EPIV se não tiver ao menos 5.000 m² de área de projeção da edificação.

Nas fotografias 1 e 2, pode-se verificar a disponibilidade de vagas de estacionamento em lançamentos imobiliários pela cidade de Barreiras. São edificações com pelo menos três vagas de garagem por apartamento que podem impactar significativamente o tráfego na escala da vizinhança e na escala da cidade, porém não possuem os critérios para se enquadra à lei que aponta para um EIV. Quando se leva em consideração que a verticalização está sendo feita de maneira concentrada, o impacto é ainda maior, já que as grandes garagens das edificações estão dispostas em uma pequena área da cidade, somando-se, assim, o número e a concentração de veículos.

Fotografia 1 – Edifício em construção com três vagas de garagem por unidade

Fonte: o autor, 2023

Na Fotografia 1, por exemplo, são mais de 20 pavimentos, com três vagas de garagem, ocupando sete lotes urbanos, ou seja, são ao menos 60 veículos nesse empreendimento, com uma média de 8,6 carros por lote urbano (considerando os lotes antes do remembramento).

Fotografia 2 – Edifício em construção com três e quatro vagas de garagem por unidade

Fonte: o autor, 2023

Na escala da edificação temos outras situações que não aparecem na legislação municipal de Barreiras e produziram a cidade atual. Serão apontadas algumas delas a fim de ilustrar o impacto ao nível do lote ou da edificação em todo o contexto urbano, sem a intenção de esgotar o assunto.

Começa-se destacando a situação dos lotes de esquina, que, segundo Panerai[154], mesmo quando as dimensões são semelhantes aos vizinhos, o lote de esquina possui propriedades diferentes por ter duas fachadas voltadas para a rua, situação que engendra uma série de soluções, tais como: 1) manutenção de lote grande abrigando um edifício também grande; 2) divisão do lote de esquina pela face da rua secundária; 3) adoção de um parcelamento enviesado ou radial para assegurar a esquina; e 4) corte em cunha do lote até a sua profundidade média.

Os lotes de esquina em Barreiras, de um modo geral, apresentam o canto em 90º (ângulo reto), sem a presença ou necessidade por lei de se adotar chanfros ou recuos diferenciados, sendo tratado como um lote igual aos demais que se situam em meios de quadra, sendo regidos pela mesma legislação dos demais terrenos urbanos. Destaca-se que em boa parte da cidade os lotes de esquina não são aproveitados como tal já que são executadas edificações que apresentam frente para uma única rua, tendo uma fachada cega para a via secundária.

Quanto à não adoção de chanfros nas esquinas, há um impacto direto sobre o ângulo de visualização das pessoas que circulam pela cidade, tanto de carro ou moto quanto de bicicleta ou a pé, diminuindo

---

[154] PANERAI, 2006.

o campo de visão, tornando os cruzamentos, que por si só já são pontos de conflito na mobilidade, mais perigosos. Esse bloqueio visual permite que se enxergue alguma pessoa ou veículo vindo pela rua lateral somente quando estiverem muito próximos, muitas vezes sem a possibilidade de evitar o choque. Situação que é agravada pela falta de controle de veículos estacionados próximos à esquina, que pelo artigo 181 do Código de Trânsito Brasileiro (CTB)[155] deveriam estar a, pelo menos, cinco metros.

Além disso, a falta de campo visual interfere na segurança em relação à integridade física, já que pode ser aproveitada como esconderijo para a prática de furtos. Quando pensamos na cidade murada, como tem se tornado cada vez mais comum em Barreiras, há um agravamento pela falta de pessoas com campo visual para acudir uma abordagem criminosa. A situação da ausência de chanfros é comum na cidade, como exemplificado pelas fotografias 3 e 4.

Fotografia 3 – Edificação com fachadas "cegas" no nível da rua e sem chanfro na esquina (1)

Fonte: o autor, 2023

[155] BRASIL. Lei nº 9.503, de 23 de setembro de 1997. Institui o Código de Trânsito Brasileiro. *Diário Oficial da União*: seção 1, Brasília, DF, p. 21201, 24 set. 1997. Disponível em: https://www.planalto.gov.br/ccivil_03/leis/l9503compilado.htm. Acesso em: 28 out. 2024.

Fotografia 4 – Edificação com fachadas "cegas" no nível da rua e sem chanfro na esquina (2)

Fonte: o autor, 2023

Em ambas as fotos o ângulo reto (90°) na esquina prejudica a ocorrência de atividade em um ponto que, por sua natureza morfológica, apresentaria a convergência de fluxos tendendo a ser um ponto de encontro. Pode-se notar que nada ocorre nesses ambientes devido à baixa qualidade que os muros das edificações geram para a rua. É um desperdício de um ponto focal, pois perdeu-se a chance de tornar a cidade interessante para os seus habitantes.

Com o chanfro das esquinas há uma ampliação visual, como demonstrado pela Figura 31, que ajudaria na segurança viária e na segurança dos pedestres e, se adicionarmos a estratégia de alargamento de calçadas junto às esquinas, fazendo o estreitamento da via ocupando na área em que, pelo CTB, já não é permitido estacionar veículos, teremos mais segurança na travessia pela diminuição do trecho exposto ao risco e a diminuição da velocidade dos veículos devido ao estreitamento da via.

Figura 31 – Diferenciação do campo de visão com o uso de chanfros nas esquinas

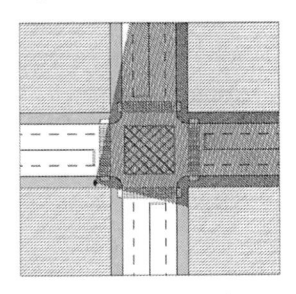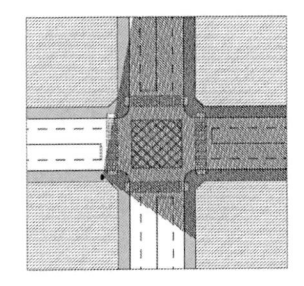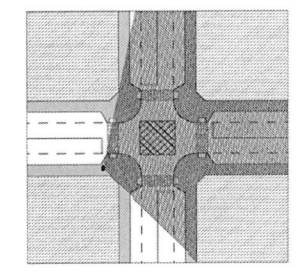

Fonte: elaborada pelo autor, 2023, com base em Sim, 2022

Em relação ao fechamento dos lotes, possuindo construções ou não, a legislação municipal, no artigo 27 do Código de Posturas, determina que todo terreno situado dentro do perímetro urbano, cujo logradouro público seja dotado de meio fio e sarjeta ou de calçamento, seja beneficiado por passeio pavimentado (padrão determinado pela prefeitura municipal) e tenha fechamento por muro ou cerca, obedecendo às normas do código de obras, sendo de responsabilidade do proprietário do terreno essa ação. Porém, não são apresentados os requisitos a que esses muros devem obedecer, assim, há a permissividade do fechamento "opaco", ou seja, com muro e portão sem visão interna do lote, em toda a extensão do terreno. Situação buscada pelos moradores com a finalidade de aumentar a sensação de segurança, mas que produz o oposto, quarteirões com casas com fechamentos opacos que se tornam mais perigosos e menos convidativos ao pedestre e à vida urbana. A passagem de França traz uma reflexão sobre essa questão, destacando a sensação de insegurança, e a insegurança propriamente dita, a partir da realidade dele na cidade de São Paulo, porém podemos estender para as demais cidades brasileiras que vêm seguindo o mesmo processo de autoenclausuramento.

> É indiscutível que a violência urbana e a sensação de insegurança são dois dos principais problemas das grandes cidades brasileiras. Contudo, enquanto a violência pode ser medida objetivamente, com indicadores de roubos, furtos e homicídios, a sensação de insegurança é mais subjetiva — e, talvez por isso, até mais difícil de ser combatida. Além disso, enquanto a violência afeta de forma diferente, com mais ou menos gravidade, as cidades e os bairros, a sensação de insegurança parece uma constante — ao menos em São Paulo, onde vivo.
> Assim, seja na periferia, seja nos bairros ditos "nobres", independentemente dos dados e do histórico de segurança pública daquela localidade, grande parte dos imóveis residenciais (de São Paulo e também de muitas outras grandes cidades brasileiras) conta com grades ou muros altos, quando não arames farpados ou cercas eletrificadas.[156]

A busca pela segurança individual, de maneira sistemática, produz a insegurança coletiva. O mesmo autor traz uma reflexão, com base na

---

[156] FRANÇA, V. M. As grades do condomínio são para trazer proteção? O dilema dos prisioneiros urbanos. *ArchDaily Brasil*, [s. l.], 10 dez. 2023. ISSN 0719-8906. Disponível em: https://www.archdaily.com.br/br/1010041/as-grades-do-condominio-sao-para-trazer-protecao-o-dilema-dos-prisioneiros-urbanos. Acesso em: 3 jan. 2024

teoria dos jogos, que traduz a escalada do autoencarceramento com a finalidade de proteção aos "perigos" que a rua pode proporcionar.

Imaginemos uma rua tranquila, com casas e prédios sem grades ou muros. Imaginemos, então, que, em um segundo momento, notícias sobre uma onda de violência na região cheguem aos moradores daquela rua, que precisarão decidir agora entre manter as residências como estão ou protegê-las com muros.

Vamos assumir que todos os imóveis da rua tenham a mesma probabilidade de serem roubados e que os ladrões sejam racionais e, portanto, priorizem sempre os roubos mais "fáceis". Consideremos também que o custo da construção de um muro seja pouco relevante para esses moradores.

Caso apenas um dos moradores decidisse construir um muro, automaticamente aumentaria o risco de que os demais fossem assaltados. A melhor resposta dos demais moradores, assim, seria também construir muros, o que configuraria a situação típica da teoria dos jogos conhecida como "dilema dos prisioneiros" (em referência a história clássica dos dois prisioneiros que são interrogados separadamente), em que decisões racionais tomadas individualmente levam a um resultado "pior" do que o obtido caso os tomadores de decisão (os moradores, no nosso caso) agissem cooperativamente, pensando no bem-estar de todos.

As grades e muros, afinal, prejudicam extremamente a paisagem e a vitalidade urbana; e não só isso. Conforme demonstra estudo do urbanista e pesquisador Renato Saboya para Florianópolis, há uma correlação significativa entre interfaces de baixa visibilidade (muros altos, por exemplo) e a incidência de crimes. Caso a constatação seja válida para a nossa rua hipotética, a construção de muros altos por todos os moradores tornaria aquele local ainda mais inseguro, ao contrário do esperado.

[...]

É interessante ressaltar que, no nosso modelo hipotético, a simples ameaça de violência — ou seja, a sensação de insegurança — é suficiente para que todos construam muros altos, ainda que nenhum crime tenha sido efetivamente cometido. Em um segundo momento, entretanto, é possível que haja alguma confusão na relação de causalidade, e a não ocorrência de crimes passe a ser atribuída aos muros altos (lembremos que se tratava de uma rua onde não ocorriam crimes). A constante sensação de insegurança e a crença na

> eficácia dos muros, grades e todo tipo de aparato, por sua vez, tende a gerar uma verdadeira corrida por mais e mais equipamentos de segurança.[157]

Jacobs[158] já trazia a importância de fechamentos "translúcidos", de vidro, gradil ou tela, qualquer coisa que permita visualmente se enxergar de dentro para fora e de fora para dentro do lote. Ela denominava "olhos da rua", já que consciente ou inconscientemente a presença de pessoas vendo o que está ocorrendo na rua traz segurança. Essa situação é também atingida quando há a presença de comércios e serviços no nível da rua, já que a presença de comerciantes oferece o mesmo benefício citado.

Gehl[159] destaca a necessidade de termos fachadas ativas, trazendo a reflexão de que o olho humano favorece a visão horizontal, tende-se a olhar um pouco para baixo para ter a noção de onde se está caminhando, porém rara são as vezes em que o olhar é direcionado para cima, desta forma a maior parte do que é absorvido visualmente está na altura dos olhos, ou seja, é o pavimento de acesso das edificações que captura o olhar no espaço público. Dada essa importância, o pavimento de acesso às edificações é o que tem maior potencial de modificação do espaço urbano. Para avaliar a condição das fachadas, Gehl criou uma categorização: 1) fachadas ativas, onde há unidades pequenas e várias portas com grande variação de funções; 2) fachadas amistosas, com unidades relativamente pequenas e alguma variação nas funções; 3) fachadas mistas, com alternância entre unidades grandes e pequenas, tendo algumas unidades cegas; 4) fachadas monótonas, com grandes unidades e variação quase inexistente; e 5) fachadas inativas, com grandes unidades, poucas ou nenhuma porta, configurando uma fachada cega.

A presença de fachadas ativas, com grande variação de funções e muitas portas é exatamente como são projetados os centros comerciais e shopping centers, já que a atratividade é maior, tornando longas caminhadas, de certa forma, prazerosas, contendo o usuário (ou cliente, já que a lógica é capitalista) por mais tempo exposto às vitrines. As cidades deveriam reapropriar esse conceito para se tornar mais atrativas com a finalidade de reter a população na rua em diferentes horários do dia, trazendo, assim, maior apropriação do espaço público e mais segurança a todos usuários.

---

[157] FRANÇA, 2023.

[158] JACOBS, 2011.

[159] GEHL, 2015.

Em Barreiras temos grande parte da cidade formada pelas categorias mistas e monótonas, segundo a classificação de Gehl[160], tendo algumas quadras, em geral na região central, com fachadas amistosas. Devido à falta de uma regulamentação, grande parte da cidade dá as costas aos logradouros públicos, ensimesmando-se, como podemos notar em algumas situações exemplificadas a seguir, nas fotografias 5, 6, 7 e 8. São inúmeras quadras urbanas compostas de lotes que nada têm a oferecer à cidade além de um muro cego. Alguma pessoa teria o prazer de caminhar em uma rua dessas? É a ação individual colaborando para tornar a cidade cada vez mais hostil. Esse tipo de fechamento ocorre em diferentes tipologias e escalas de construções, desde casas unifamiliares, passando pelos edifícios multifamiliares, até edificações comerciais e de serviços.

Fotografia 5 – Fachada residencial inativa na cidade de Barreiras

Fonte: o autor, 2023

Na Fotografia 5 é destacado o fundo de duas edificações residenciais multifamiliares, compostas de uma torre no centro do terreno e grandes áreas com estacionamentos e amenidades para os moradores no térreo. Essas áreas no térreo se fecham para a rua por meio de muros cegos, que fazem com que se tenha três faces de uma quadra urbana composta somente de muros, totalizando 240 metros lineares.

---

[160] GEHL, 2015.

Fotografia 6 – Fachada residencial monótona na cidade de Barreiras

Fonte: o autor, 2023

Na Fotografia 6 é destacada uma outra edificação no centro da cidade, onde a edificação que abriga as vagas de estacionamento foi disposta na lateral da torre de apartamentos. Devido à característica necessária de uma edificação para guarda e segurança de automóveis, foi construído um grande "galpão" com fachadas cegas. A incorporadora (ou o projetista) até tentou disfarçar esse elemento por meio de variação na pintura, porém, na prática, é uma agressão ao espaço público, desqualificando a área ao redor.

Fotografia 7 – Fachada comercial inativa na cidade de Barreiras

Fonte: o autor, 2023

Na Fotografia 7 a situação ocorre na parte de trás de uma faculdade particular da cidade de Barreiras. Uma quadra quase inteira, em uma das áreas mais valorizadas do centro da cidade, composta somente de uma parede cega, não possuindo atrativo ou proteção para um pedestre que se aventure a utilizar essa calçada adjacente.

Fotografia 8 – Fachada de edificação pública – CODEVASF – inativa em Barreiras

Fonte: o autor, 2023

Na Fotografia 8 o muro da Companhia de Desenvolvimento dos Vales do São Francisco e do Parnaíba (Covevasf) ocupa toda a lateral e o fundo de uma quadra urbana, criando um ambiente hostil para o pedestre. A sensação de segurança que se tem em um ambiente como esse é praticamente nula. Uma rua murada à esquerda e sem edificação no alinhamento à direita e, ainda por cima, sem a continuidade visual devido à curva ao final da rua torna a área vulnerável e exposta à ação de bandidos.

Em situação semelhante está a não regulação sobre as dimensões de acessos de veículos sobre as calçadas. Por não haver um limite explícito sobre a quantidade linear de meio-fio passível de ser rebaixada para o acesso de veículos, ocorrem situações em que é rebaixada a guia inteira em frente ao lote. Como prejuízos temos a não diferenciação do espaço destinado ao pedestre e ao veículo, conformando uma zona de conflito, além da limitação do espaço destinado ao estacionamento de veículos junto ao meio-fio.

Essa situação, como a anterior, ocorre em diferentes tipologias e escalas. A que fica mais óbvia e fácil de notar é a situação de postos de combustíveis e vagas de estacionamentos de lojas, onde há o rebaixo completo da testada do imóvel, como demonstrado nas fotografias 9 e 10.

Fotografia 9 – Rebaixo contínuo em Barreiras – posto de combustível

Fonte: o autor, 2023

Os pontos de combustíveis, de modo geral, em Barreiras, são construídos com o rebaixo contínuo do meio-fio, sem delimitação de acesso ou área destinada aos pedestres, como o exemplificado na Fotografia 9, o que prejudica, de maneira significativa, a segurança das pessoas que caminham pelo fato de não saberem por onde o carro irá passar.

Fotografia 10 – Rebaixo contínuo em Barreiras – comércio central

Fonte: o autor, 2023

Na Fotografia 10 é apresentado um conjunto de lojas na principal avenida da cidade. Nela há a possibilidade de estacionar veículos sobre a calçada, tendo o rebaixo contínuo se estendendo por várias quadras. Essa situação, aliada à pouca informação disponível, faz com que alguns carros estacionem alinhados no meio-fio e outro optem por estacionar sobre a calçada.

Agrega-se a essa situação o caso da divisão de lotes para a construção de várias unidades habitacionais, quando um lote de 10 metros de frente é dividido para a construção de duas residências com cinco metros de testada, chegando a extremos, presenciados na cidade, com lotes de 12 metros abrigando três casas com acessos distintos ou, até mesmo, lotes de esquina repartidos em quatro. Obviamente nesses casos, para todos terem seu espaço de guarda de veículos, há um rebaixo de meio-fio praticamente contínuo.

Fotografia 11 – Rebaixo contínuo em Barreiras – residências fora do centro

Fonte: o autor, 2023

Na Fotografia 11 é demonstrada essa situação no Bairro Aratu, que mais uma vez cabe o destaque de não ser exceção, e sim regra. Essa situação pode ser encontrada em diferentes bairros pela cidade, normalmente em zonas de loteamentos que ocorreram após o ano 2000, onde a especulação e a retirada da mais-valia do solo ocorreram de maneira mais acentuada pelos proprietários de lotes, construtores e agentes imobiliários.

De acordo com as quatro escalas apresentadas neste capítulo, em que se analisou a morfologia urbana por meio da observação direta, produção, elaboração e análise de mapas, há uma clara relação da configuração urbana com a mobilidade urbana. O espaço não construído da cidade, em sua maioria público, é configurado pela forma que foi adotada para os diferentes loteamentos no decorrer do tempo em Barreiras, criando, como pode-se ver, descontinuidades, de modo mais evidente entre loteamentos, o que vem afetando a locomoção da população.

Para verificar os impactos, é apresentado a seguir o capítulo que aborda a temática da mobilidade urbana em Barreiras, propriamente dita, com referência aos diferentes modos de deslocamento presentes e a situação observada.

(I)MOBILIDADE URBANA EM BARREIRAS

Para iniciar as discussões a respeito da mobilidade urbana propriamente dita, faz-se necessário adentrar em alguns conceitos e, para tal, recorreu-se à legislação brasileira que versa sobre o tema. De acordo com as diretrizes da Política Nacional de Mobilidade Urbana (PNMU), instituída pela Lei nº 12.587/2012, a mobilidade urbana é a condição em que se realizam os deslocamentos de pessoas e cargas no espaço urbano, ou seja, não está limitada à movimentação da população, mas sim de tudo que é deslocado no interior do espaço urbano. Quando se fala em carga entende-se, também, a circulação de veículos diversos com serviços variados. Outra definição de mobilidade urbana que explica sua amplitude é a de ser um atributo relacionado aos deslocamentos realizados nos municípios por indivíduos, nas suas atividades de estudo, trabalho, lazer, saúde etc.[161]

Costa[162] afirma que os problemas de mobilidade urbana são multidimensionais, entendendo que não envolvem apenas questões ligadas somente ao acesso aos modos de transporte, mas também a aspectos ligados ao planejamento físico e à organização das cidades. Assim, percebe-se a importância da abordagem histórica e morfológica para, somente então, adentrar-se na temática da mobilidade, já que diversos entraves estão relacionados à configuração da malha urbana em maior grau do que os problemas inerentes ao modo de transporte.

Barbosa[163] enfatiza que a mobilidade não está ligada somente à possibilidade de um melhor deslocamento de um ponto a outro do território, mas sim o ato de mover (e estar em movimento) está intimamente ligado às expressões subjetivas de reprodução urbana de relações sociais. Desta forma, a mobilidade urbana apresenta uma tensão de relações desiguais de apropriação e uso do solo, sendo necessário, quando se aborda a questão da mobilidade, inseri-la "no contexto de poder (espacial), em que as

---

[161] MAGAGNIN; SILVA, 2008 *apud* OLIVEIRA; FONTGALLAND, 2021, p. 38.

[162] COSTA, 2008 *apud* OLIVEIRA; FONTGALLAND, 2021.

[163] BARBOSA, J. L. *O significado da mobilidade na construção democrática da cidade.* Brasília: IPEA, 2016.

pessoas e as coisas se movem (e são movidas) entre e intralocalidades, lugares e territórios"[164]. Assim, a mobilidade possui um sentido político, já que, em relação ao domínio do espaço, ela entra na composição do capital social dos indivíduos, potencializando a inserção destes na cidade formal.

Herce[165] salienta que existe uma diferenciação que se faz necessária entre mobilidade e transporte urbano, já que o segundo "se refere à fração da mobilidade que exige gastos de energia ou pessoal e que, ao necessitar da construção de infraestruturas e da provisão de veículos e energia, é suscetível de gerar um custo passível de cobrança sob a forma de tarifa ou pedágio"[166]. O autor indica um dos possíveis problemas que surge com o transporte urbano, que é a capacidade de gerar lucro, sendo passível de exploração pela iniciativa privada, inclusive utilizando-se do discurso da melhoria da mobilidade urbana como forma de gerar maior arrecadação (pública ou privada por meio de uma concessão de exploração do serviço).

A partir dessa constatação de que a mobilidade extrapola sua conceituação objetiva, um outro conceito-chave é apresentado: o conceito de acessibilidade. A acessibilidade pode ser descrita como a facilidade disponibilizada às pessoas, possibilitando autonomia a todos nos deslocamentos desejados. Reforça-se aqui que a autonomia é para todos, independentemente de condições físicas, sociais ou culturais. Em geral a motivação para os deslocamentos, seja de produtos, seja de pessoas, é o de desenvolver relação social ou econômica. Ou seja, a acessibilidade não é função, somente, da distância a ser percorrida para atingir um destino, mas de todo um conjunto de fatores, podendo um espaço estar a poucos metros de distância e ser inacessível para uma comunidade ou grupo social devido a barreiras físicas, econômicas, culturais ou sociais.

Vasconcellos[167] destaca que à medida que a renda familiar aumenta, cresce, também, a mobilidade pessoal, destacando que pessoas de maior poder aquisitivo costumam se deslocar mais e utilizar mais o veículo particular em contraposição a qualquer outro modo de transporte. Desta forma, o perfil socioeconômico dos habitantes de uma cidade impacta diretamente a escolha (ou a falta de escolha) do modo de transporte. Com isso, o mesmo autor apresenta o dado que aponta que o consumo diário

[164] BARBOSA, 2016. p. 49.
[165] HERCE, 2022.
[166] HERCE, 2022, p. 22.
[167] VASCONCELLOS, E. A. de. *Mobilidade urbana: o que você precisa saber*. São Paulo: Companhia das Letras, 2013. p. 6.

do espaço das vias urbanas é quatro vezes superior para pessoas de alta renda em relação a pessoas de menor renda. Ele traz, ainda, a reflexão sobre as políticas públicas de construção e ampliação de vias, que com a desculpa de atingir toda a população acabam por gerar uma ampliação da desigualdade, já que favorecem mais aos maiores consumidores de espaço – o automóvel – como pode ser visualizado no Quadro 2.

Quadro 2 – Espaço da via ocupado por usuário em cada modo de transporte

Modo de deslocamento								
Velocidade média por modal	3 Km/h	16 Km/h	40 Km/h		30 Km/h		30 Km/h	
Espaço ocupado por pessoa	0,8 m²	4,5 m²	50 m²	20 m²	28 m²	9,8 m²	12 m²	4 m²
Taxa de ocupação por modal	—	—	Situação habitual 30% 1,3 pessoa	Situação não habitual 100% 5 pessoas	Operação deficiente 33% 15 passageiros	Operação ideal 100% 45 passageiros	Operação deficiente 33% 53 passageiros	Operação ideal 100% 160 passageiros

Fonte: ITDP, 2023

A conclusão mais importante em termos de políticas públicas é que o patrimônio público das vias não vem sendo distribuído igualmente entre as pessoas; portanto, considerar os investimentos no sistema viário democráticos e equitativos não passa de um mito – na verdade, o mais poderoso mito lançado para justificar a expansão indiscriminada do sistema viário.[168]

Barbosa afirma, citando Harvey, que "se a compreensão espaço/tempo é marca do período atual esta não é certamente uma experiência vivida por todos os homens e mulheres de nossas cidades"[169]. Maricato afirma que:

[...] a crise de mobilidade tem a ver não apenas com o padrão de transporte, mas com o uso e a ocupação do solo numa cidade que é muito mais dispersa há muito mais dificuldade

---

[168] VASCONCELLOS, 2013, p. 6.
[169] BARBOSA, 2016, p. 50.

de mobilidade. A mobilidade é muito mais cara devido à especulação em relação à terra.[170]

Relaciona-se, assim, a mobilidade à produção de cidade e aos interesses do capital sobre o solo urbano, em que a busca pelo máximo lucro traz junto a si problemas diversos e, entre eles, a acessibilidade à cidade formal.

Estudo do Instituto de Políticas de Transporte e Desenvolvimento (ITDP Brasil)[171] aponta para o quantitativo de solo urbano que cada pessoa ocupa ao utilizar diferentes modos de transporte. Esse levantamento apresentado leva em consideração, além do espaço do veículo em si, a ocupação de espaço levando-se em consideração a velocidade média do modo de transporte, fazendo com que quanto mais veloz o veículo mais espaço seja necessário para a sua utilização, ocupando mais área no espaço urbano. Modos coletivos, apesar de ocuparem bastante espaço, distribuem essa área ocupada entre os passageiros, fazendo com que a área ocupada por pessoa fique abaixo da ocupada por motorista de automóvel, especialmente na situação mais típica de ocupação de veículos – de uma a duas pessoas. No entanto, é necessário ter uma lotação alta para que os modos coletivos de transporte se tornem efetivos. Um ônibus circulando com baixa ocupação poderá gerar mais problemas do que soluções para a cidade, agravando ainda mais a situação quando temos uma frota inteira rodando com baixa ocupação. Esses dados de ocupação por pessoa por modo de transporte são apresentados no Quadro 2.

Um dado importante apresentado e que pode ser utilizado para um outro tipo de análise é a velocidade média por modo de transporte. Com base nela podemos fazer simulações na malha urbana da cidade, utilizando a ideia de crono-urbanismo, na qual a cidade é pensada em termos de tempo, proximidade e ritmos diários e sazonais, a fim de verificar o quão longe se pode ir em um determinado tempo. Para as simulações utilizou-se 15 minutos como padrão, levando em consideração a dimensão da cidade e trazendo a referência do plano de cidade de 15 minutos elaborado, inicialmente, por Paris[172]. Desta forma, se decompormos as velocidades médias que estão em quilômetros por hora para a fração de 15 minutos, teremos o alcance de 750 metros para o modo de deslocamento a pé, 4.000 metros

---

[170] MARICATO, 2015, p. 13.

[171] GESTÃO da Mobilidade: entenda por que você paga pelos carros, mesmo se não usá-los. *ITDP*, [Rio de Janeiro], 15 set. 2021. Disponível em: https://itdpbrasil.org/gestao-da-mobilidade-entenda-porque-voce-pa-ga-pelos-carros-mesmo-se-nao-usa-los/. Acesso em: 28 out. 2024.

[172] GONGADZEN, S.; MAASSEN, A. **Cidade de 15 minutos:** a visão de Paris que tem inspirado um movimento global. **ArchDaily Brasil**, [*s. l.*], 11 mar. 2023. Disponível em: https://www.archdaily.com.br/br/996966/cida-de-de-15-minutos-a-visao-de-paris-que-tem-inspirado-um-movimento-global. Acesso em: 25 mar. 2024.

para o modo bicicleta e 10.000 metros para o modo automóvel particular. Optou-se por não realizar esse tipo de análise para os modos coletivos pelo fato de não haver liberdade no uso da malha viária pelos veículos, já que eles seguem uma linha pré-determinada. Para a análise foi utilizado um mapa axial originário do Open Street Map e foram delimitados 12 pontos de onde partiriam as viagens simuladas para verificar o alcance a pé, por bicicleta e por automóvel, ignorando-se a questão do tráfego e da topografia, ou seja, a análise é feita, puramente, a partir da geometria da malha viária urbana de Barreiras. Os pontos escolhidos foram: (1) Praça das Corujas; (2) Rotatória do Posto Sabbá; (3) Hospital do Oeste; (4) Barreiras I; (5) Vila Brasil; (6) UFOB – CRES; (7) Park Verde; (8) Jardim Vitória; (9) Serra do Mimo; (10) Barreiras II; (11) Cidade Nova; e (12) Jardins, dando origem a 12 mapas onde as cores mais escuras representam o modo a pé, as intermediárias o modo bicicleta e as mais claras o modo automóvel. A Figura 32 mostra o ponto 1.

Figura 32 – Distância percorrida em 15 minutos a pé, por bicicleta e por automóvel

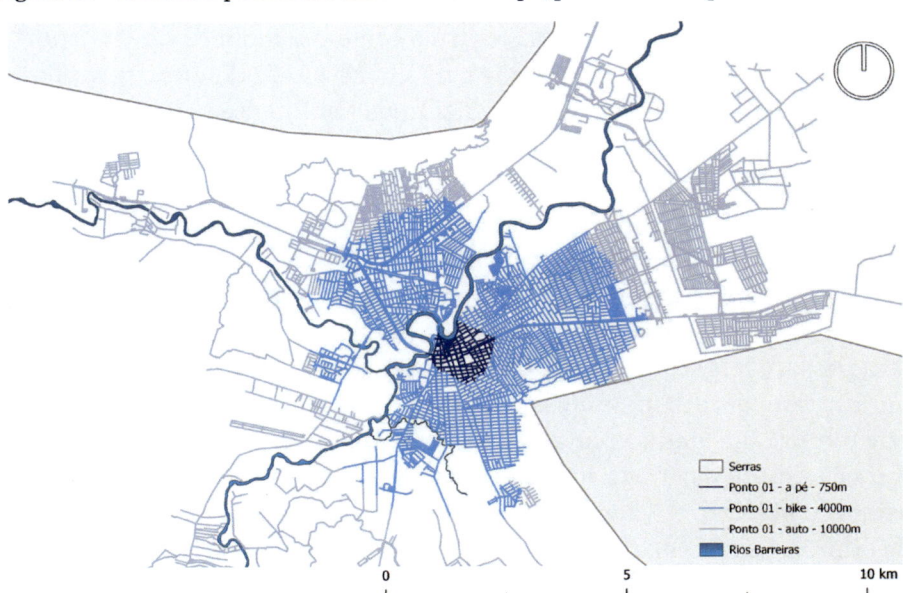

Fonte: elaborada pelo autor, 2023, com base em ITDP, 2023

Como resultado desta análise, podemos destacar que a cidade de Barreiras, em seus pontos mais centrais, possui grande potencial de crescimento do ciclismo urbano, já que há uma grande parcela do espaço urbano acessível em 15 minutos de pedalada, que é uma distância e um tempo facilmente percorrível por uma pessoa adulta sem limitações físicas. Como destacado na imagem, alguns bairros ficam dispostos além da mancha de 15 minutos de ciclismo do centro, porém, se ampliarmos para 25 ou 30 minutos de pedalada, como apresentado na Figura 33, esses bairros também seriam contemplados mantendo-se, ainda, um deslocamento viável a ser feito de maneira cotidiana.

Aqui se percebe o potencial que a cidade tem para o desenvolvimento de incentivos ao ciclismo urbano. A capacidade de atingir, praticamente, qualquer ponto da mancha urbana em até 30 minutos pedalando é um dado que pode dar subsídio às políticas públicas que fomentem esse modo de transporte.

Por meio de um mapa de área acessível por tempo, como o apresentado, pode-se fazer a proposição de estações do transporte coletivo, já que se deseja que os deslocamentos entre a origem e o ponto do transporte coletivo e entre o ponto e o destino não necessitem de uma caminhada com mais de 15 minutos, tempo e distância facilmente vencida por uma pessoa adulta (sem limitações físicas). Então, para a elaboração do projeto de linhas e paradas dos ônibus municipais, um mapa desta natureza é peça de extrema importância para a proposição de uma rede acessível e eficiente. Da mesma forma, seguindo a prática reconhecida como "cidade de 15 minutos"[173], seria importante a dotação de equipamentos comerciais e de serviços em um raio caminhável de 15 minutos a pé e isso passa, obrigatoriamente, por um adensamento da cidade de modo a permitir que muito mais coisas venham a acontecer nessa área do que o que temos hoje, dada a realidade de baixa densidade que ocorre em Barreiras. Esse adensamento mencionado necessita, obrigatoriamente, para atingir o objetivo da cidade de 15 minutos, do incentivo e da construção de edificações (e lotes) de uso misto, aproximando comércios e serviços das moradias aliados a um espaço qualificado de caminhada, favorecendo esse modo de deslocamento.

---

[173] Cidade de 15 minutos é uma iniciativa, com origem em Paris, concebida pelo professor da Faculdade de Administração da Sorbonne que busca "consertar" o modelo urbano carrocêntrico e adotar um modelo de bairros de uso misto onde os moradores estejam a 15 minutos de serviços essenciais por meios de transporte menos poluentes (Gongadze; Maassen, 2023).

Figura 33 – Distância percorrida em 15, 20, 25 e 30 minutos por bicicleta

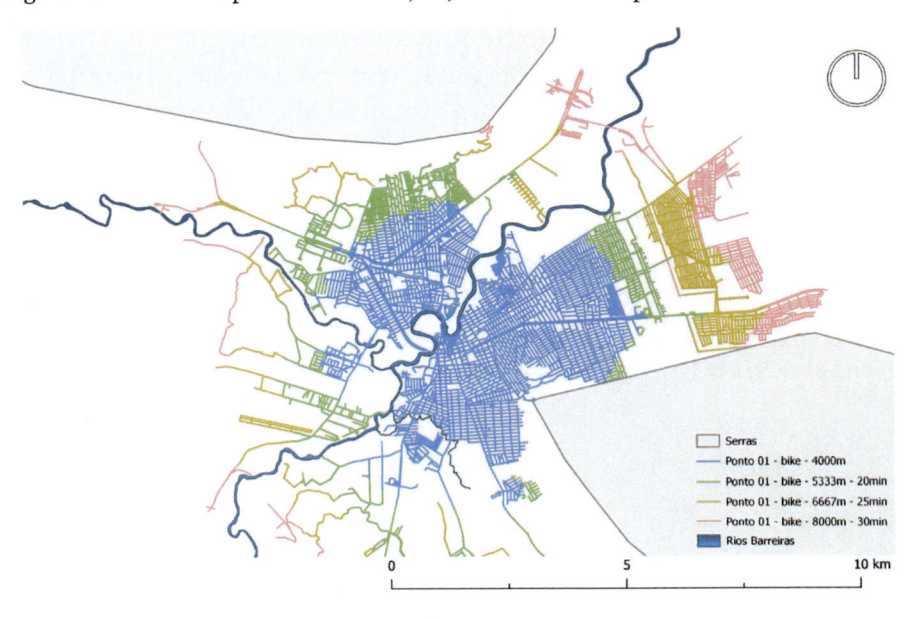

Fonte: elaborada pelo autor, 2023, com base em ITDP, 2023

No entanto, quando pegamos dados da plataforma Waze sobre os deslocamentos em horário de pico por meio de automóvel, temos uma outra realidade que muito difere da estimativa de 40 km/h apresentada na bibliografia e na Figura 33. Segundo o aplicativo, uma viagem que atravesse a parte central da cidade ou uma das duas pontes urbanas próximo aos horários de pico faria com que a velocidade média fosse de apenas 15 km/h, conforme Figura 34, ficando abaixo do valor médio para o deslocamento por bicicleta. Para melhor exemplificar a situação, foi feita uma simulação para o ponto 1 com a abrangência por automóvel para essa situação de 15 km/h, apresentada na Figura 35.

Na Figura 36 foi sobreposta a distância percorrida em 15 minutos por bicicleta sobre a distância percorrida por automóvel em trânsito intenso para evidenciar que, em trajetos urbanos e sob influência do tráfego, a bicicleta torna-se ainda mais interessante como meio de transporte, sendo mais eficiente por permitir um menor custo de tempo, desmistificando a ideia em que o deslocamento por bicicleta é mais lento do que por automóvel. Pode haver outros argumentos para o não uso da bicicleta, mas esse pode, por meio do levantamento de dados, ser refutado.

Como gargalo para os três modos de transporte, explicitados no mapa, tem-se a travessia do Rio Grande como barreira, que, caso tivesse mais pontes (exclusivas para pedestres e ciclistas ou mistas, com possibilidade de tráfego de veículos), certamente a acessibilidade seria consideravelmente aumentada. Essa travessia gera um afunilamento em ambas as direções, aumentando consideravelmente o tempo de deslocamento em qualquer modo de transporte. O rio, que já foi uma via, hoje é uma barreira, sendo um limite tal como Lynch[174] aponta no livro a imagem da cidade.

Figura 34 – Tempo e velocidade média de carro entre a rodoviária e a Câmara de Vereadores de Barreiras às 17h30 para o dia 04 de dezembro de 2023

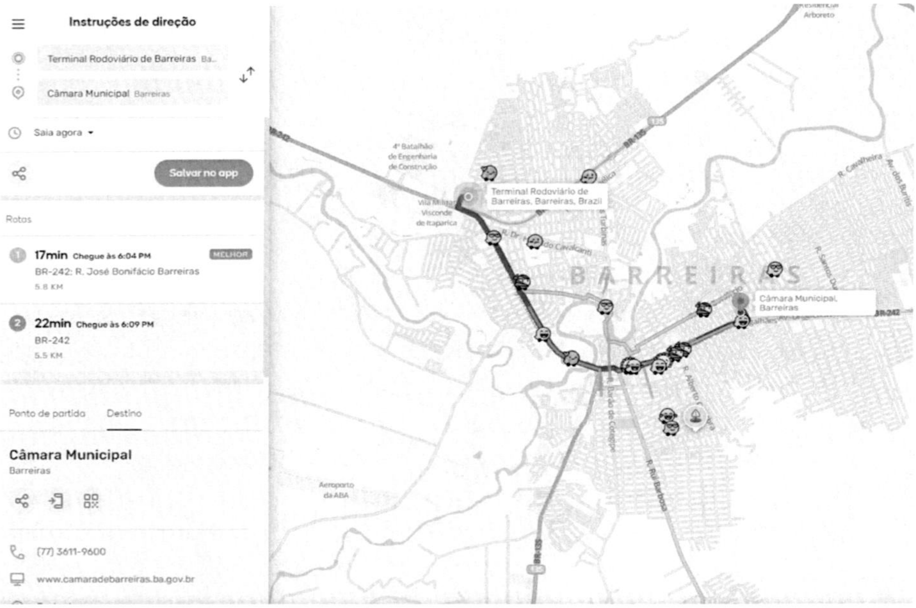

Fonte: Waze, 2023

---

[174]   LYNCH, 2011.

Figura 35 – Distância percorrida em 15 minutos de automóvel com trânsito livre e com trânsito intenso

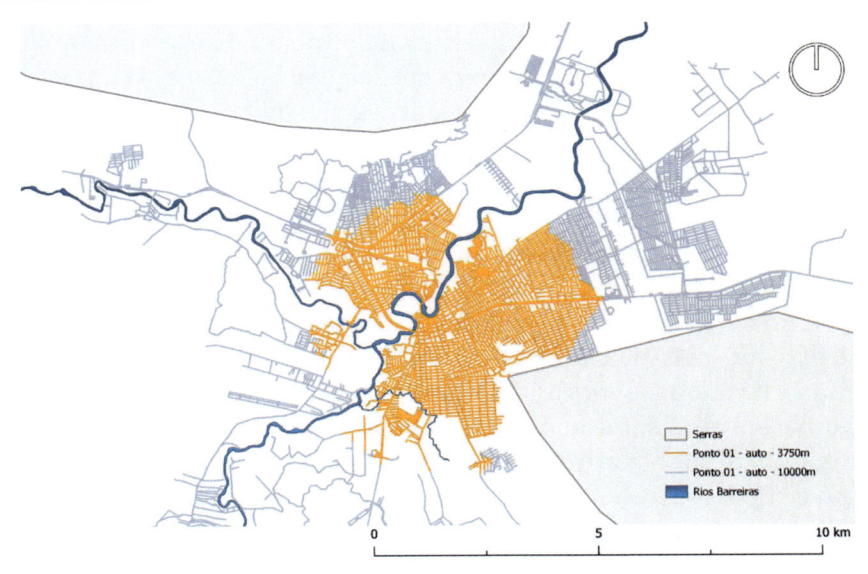

Fonte: elaborada pelo autor, 2023, com base em ITDP, 2023

Figura 36 – Distância percorrida em 15 minutos de automóvel com trânsito intenso e em 15 minutos por bicicleta

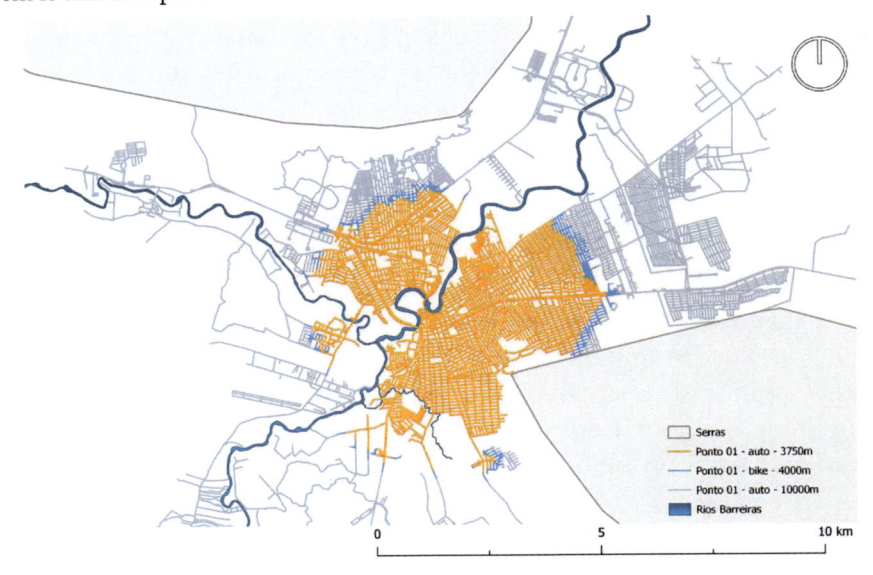

Fonte: elaborada pelo autor, 2023, com base em ITDP, 2023

Esses aspectos impactam diretamente a capacidade de atração de novos moradores e investidores para a cidade, em especial aqueles com maior renda e, consequentemente, maior poder de investimento[175]. Speck[176] apresenta um ponto de vista em relação ao desejo das pessoas de habitar uma cidade ou outra. Ele afirma que na atualidade (década de 2010 em diante) é necessário que uma cidade crie uma qualidade de vida para atrair moradores e postos de trabalho, diferentemente do que ocorria, ou pensava-se que ocorria, anteriormente, quando uma economia forte e o aumento da população criariam o ambiente no qual a qualidade de vida emergiria. Ou seja, na atualidade parte dos novos ingressantes no mercado de trabalho, especialmente os mais qualificados, escolhe a cidade para morar focando inicialmente na qualidade de vida e não mais ou somente na melhor oportunidade profissional. Obviamente, para que se tenha uma alta qualidade de vida, a mobilidade e a acessibilidade à cidade devem também ser boas, independentemente dos modos de transporte disponíveis. Este, entre outros fatores, ajudou a impulsionar o crescimento de cidades médias, já que elas não apresentam, ainda, uma saturação na mobilidade urbana já presente em capitais e regiões metropolitanas.

Avançando na discussão e indo para a parte legal, cabe destacar que a esfera do governo responsável por planejar, regulamentar e executar a política de mobilidade urbana é a esfera municipal, estando os estados responsáveis pelos aglomerados urbanos e regiões metropolitanas, bem como pela prestação de serviços de transporte coletivo intermunicipal, e o governo federal implantando projetos e oferecendo assistência técnica e financeira aos entes federados[177].

> O governo municipal é responsável pelo seu transporte público – função atribuída pela Constituição Federal – e pela organização, operação e fiscalização do seu trânsito, atribuições definidas pelo CTB (Código de Trânsito Brasileiro) de 1998 (antes, eram funções do Detran Estadual)[178].

Apesar de uma legislação federal bem-intencionada, assim como o Estatuto da Cidade também o é, se a administração municipal não estiver disposta, qualificada ou interessada, não serão enfrentados os problemas da mobilidade, ou pior, a administração poderá executar ações que agravem ainda mais os problemas de mobilidade.

---

[175] GLAESER, 2016.

[176] SPECK, J. *Cidade caminhável*. São Paulo: Perspectiva, 2017. p. 42.

[177] OLIVEIRA; FONTGALLAND, 2021, p. 42.

[178] VASCONCELLOS, 2018.

A PNMU trouxe a obrigatoriedade da elaboração do Plano Municipal de Mobilidade Urbana para as cidades com população superior a 20.000 habitantes, cidades integrantes de regiões metropolitanas, regiões integradas de desenvolvimento econômico e aglomerações urbanas com população superior a 1.000.000 de habitantes, bem como cidades integrantes de áreas de interesse turístico que têm sua dinâmica de mobilidade alterada nos fins de semana, feriados e períodos de férias, em função do aporte de turistas[179]. A legislação apresenta, ainda, as seguintes orientações:

> §1º-A. O Plano de Mobilidade Urbana deve ser integrado e compatível com os respectivos planos diretores e, quando couber, com os planos de desenvolvimento urbano integrado e com os planos metropolitanos de transporte e mobilidade urbana.
> §2º Nos Municípios sem sistema de transporte público coletivo ou individual, o Plano de Mobilidade Urbana deverá ter o foco no transporte não motorizado e no planejamento da infraestrutura urbana destinada aos deslocamentos a pé e por bicicleta, de acordo com a legislação vigente.
> [...] §5º O Plano de Mobilidade Urbana deverá contemplar medidas destinadas a atender aos núcleos urbanos informais consolidados, nos termos da Lei nº 13.465, de 11 de julho de 2017.[180]

Diversas administrações municipais, incluindo a de Barreiras, buscaram consultorias ou fizeram a contratação de empresas especializadas para o desenvolvimento do plano devido à ausência de profissionais capacitados ou em número suficiente. Considerando o quadro técnico municipal em cidades pequenas e médias, a obrigatoriedade da elaboração desses planos as obrigou à contratação de equipes que, quase sempre, não conhecem nem vivenciam a realidade local, necessitando se abastecer de informações por meio de mapas produzidos pelo município ou Google Earth, da leitura dos servidores públicos municipais e de visitas periódicas. Obviamente há perdas significativas e prováveis erros de leitura, já que a compreensão do espaço público é superior quando se vivencia a cidade como morador, entendendo, além da parte construída, as dinâmicas sociais e econômicas. Essa compreensão só é possível habitando, locomovendo-se, estudando, trabalhando e tendo seus momentos de lazer na cidade, ou seja, só é possível para um morador da cidade.

---

[179] BRASIL, 2012.
[180] BRASIL, 2012.

O plano de mobilidade urbana produzido para a cidade de Barreiras, e apresentado à sociedade em audiência pública em setembro de 2021, possui algumas situações que expõem a visão neoliberal da administração municipal, bem como a ausência de preocupações sociais que deveriam ser inerentes a um documento como este, especialmente quando se parte da legislação federal que institui a PNMU. A ausência de leituras e estratégias voltadas ao transporte público coletivo evidencia a parcialidade do plano, estando focado principalmente em solucionar os entraves no tráfego de veículos automotores – automóveis, com citações breves e pontuais sobre os modos de deslocamentos ativos –, a pé e de bicicleta. A supressão do transporte público no plano é permitido, segundo a PNMU, somente quando da sua não existência. Havendo a operação de ônibus, como é o caso de Barreiras, é essencial que seja discutida e sejam propostas melhorias, já que, após os modos a pé e de bicicleta, o transporte coletivo é o que permite a acessibilidade da parcela da população mais vulnerável. Não estar no plano de mobilidade municipal pode ser interpretado como uma invisibilização e exclusão ao direito de locomoção e, consequentemente, à cidade.

Herce afirma que:

> [...] qualquer alternativa para o uso massivo do carro nos deslocamentos urbanos passa pelo transporte coletivo" e que "todas as administrações públicas conscientes assim entendem, aumentando seu esforço para oferecer um transporte de mais qualidade e maior cobertura espacial.[181]

O autor defende que para alcançar uma mobilidade sustentável é necessária a combinação precisa de três ações: (1) investimento em transporte coletivo; (2) limitação aos carros; e (3) qualidade do espaço público urbano.

Vasconcellos[182] aponta que muitos contratos de prestação de serviço de transporte coletivo urbano – ônibus, vans e similares – possuem cláusulas de proteção do equilíbrio econômico-financeiro do negócio, permitindo a operadores rejeitarem propostas governamentais de mudanças no serviço. Isso faz com que governos se tornem reféns dos operadores, tendo pouca liberdade e capacidade de intervenção nos serviços prestados. Quando adicionamos os longos contratos que normalmente são firmados para a exploração do serviço urbano (em geral acima de 20 anos), esse quadro é agravado, chegando ao extremo, como no caso de Barreiras, de evitar se discutir o transporte coletivo em um plano de mobilidade urbana.

---

[181] HERCE, 2022, p. 22.
[182] VASCONCELLOS, 2013, p. 20.

Indo para a discussão da parte mais objetiva da mobilidade, há diversos órgãos e institutos que trazem informações já apaziguadas entre urbanistas em relação ao conjunto de modos de deslocamento, consenso que aparece, inclusive, na PNMU, em que há uma clara hierarquização em relação aos modos de transporte, apontando uma priorização dos modos de transporte não motorizados em relação aos motorizados, bem como a priorização dos modos coletivos em relação aos individuais, tendo ainda uma preocupação em relação à circulação de cargas, tornando-a prioritária em relação ao transporte motorizado individual. Ou seja, há uma escala de prioridade no desenvolvimento de políticas públicas voltadas à mobilidade urbana que parte do modo a pé (e a pé assistido por cadeira de rodas, muletas etc.), seguido dos deslocamentos por bicicletas (e similares) e pelo transporte coletivo (ônibus, trem, metrô, VLT etc.), na sequência os modos destinados a serviços urbanos e distribuição de cargas, e, por último, os veículos motorizados particulares (carros, motos e afins). Essa hierarquização pode ser mais bem entendida por meio da Figura 37.

Figura 37 – Hierarquização dos modos de transporte urbano segundo a PNMU

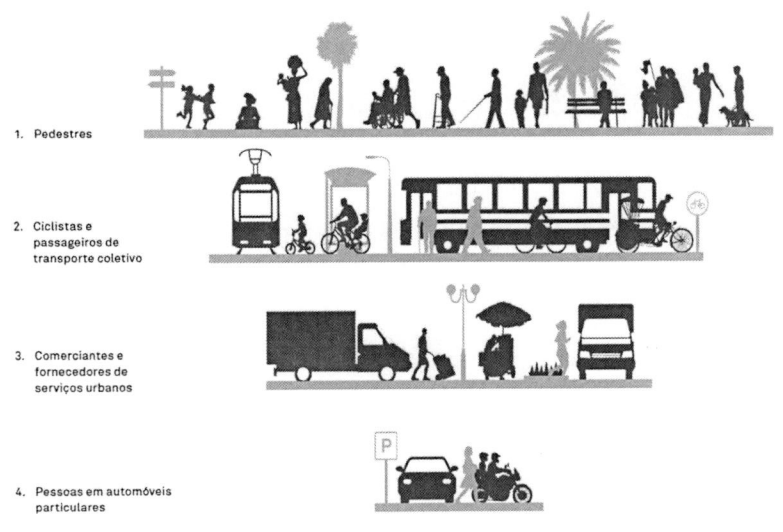

1. Pedestres

2. Ciclistas e passageiros de transporte coletivo

3. Comerciantes e fornecedores de serviços urbanos

4. Pessoas em automóveis particulares

Fonte: NACTO, 2018

Na União Europeia existe um texto bem avançado sobre a política de cidades sustentáveis denominado de "Livro Verde sobre o Ambiente Urbano", de 2007, e nele são destacados cinco desafios para a melhoria da qualidade de vida e do meio ambiente: (1) melhorar a fluidez do trânsito nas cidades; (2) reduzir a poluição ambiental; (3) promover o transporte urbano inteligente; (4) tornar a cidade e o transporte mais acessíveis para todos; e (5) elevar a segurança e a proteção de pessoas, devido à alta taxa de acidentes nas estradas e vias urbanas[183]. Cabe salientar que quando o Livro Verde se refere à melhora da fluidez do trânsito, ele traz ações possíveis com vias de tornar as alternativas aos automóveis mais atraentes e seguras, bem como incentivar deslocamentos a pé e por bicicletas. O carro ainda será a opção para uma parcela da população que não é atendida de maneira satisfatória pelo transporte coletivo e seus deslocamentos necessitam vencer distâncias incompatíveis com os modos ativos. Por esse motivo, a melhoria da fluidez no trânsito passará, obrigatoriamente, pela mudança de modo de transporte de parte da população, e para isso é necessário que as alternativas sejam tão, ou mais, atraentes que o automóvel. O Livro Verde defende princípios para uma nova cultura de mobilidade urbana, passando pela educação, formação e conscientização social[184].

Apesar da hierarquização que é apresentada na lei que institui a PNMU, grande parte das obras públicas e intervenções no espaço urbano no Brasil não seguem essa lógica. São comuns obras voltadas à ampliação da capacidade de vias para automóveis ou infraestruturas voltadas ao trânsito (viadutos, pontes etc.), no entanto obras que tenham como objetivo a melhoria da infraestrutura cicloviária, de calçadas e do transporte público não têm a mesma frequência, em especial quando a cidade em questão é de pequeno ou médio porte. Herce afirma que essa é uma regra em grande parte do mundo, como se pode observar na passagem a seguir.

> O fato é que normalmente, os governos nacionais e regionais do mundo todo estão mais voltados a construir grandes infraestruturas, do que resolver os problemas derivados da consecução de um espaço urbano mais amistoso, no qual a zona destinada ao pedestre é ampliada ou existam ciclovias inseridas de forma segura.[185]

A cidade de Barreiras segue essa mesma lógica, mesmo com a elaboração de um plano municipal de mobilidade urbana, as ações, em sua grande maioria, estão voltadas à melhora da circulação dos carros, situação que vai de encontro ao estabelecido na PNMU.

---

[183]   HERCE, 2022, p. 39-41.

[184]   HERCE, 2022, p. 43.

[185]   HERCE, 2022, p. 52.

Herce[186] afirma que restringir o uso do carro como meio de acesso a centros urbanos pode até impactar o ambiente positivamente (menos poluição, menos ruído e ambientes mais amistosos a pedestres e ciclistas), porém a ausência de alternativas de transporte acaba por excluir grande parte da população da possibilidade de conexão espacial. Evidentemente a população excluída é formada pelos menos favorecidos – pessoas que vivem em zonas mais afastadas e pessoas de menor renda. Desta forma, o autor complementa que em um conceito moderno de mobilidade sustentável é necessário combinar os seguintes aspectos: energia, impacto ambiental e exclusão social.

A legislação supracitada (PNMU) apresenta, ainda, a classificação dos modos de transporte urbano em diferentes categorias. A primeira divide os modos em motorizados e não motorizados. Há também a distinção em relação ao objeto transportado: de passageiros ou de carga; ou quanto à característica do serviço: coletivo ou individual; e, por último, quanto à natureza do serviço: público ou privado. Para uma melhor compreensão foi elaborada a Figura 38, na qual é feita a classificação dos diferentes modos.

Figura 38 – Classificação dos modos de transporte urbano segundo a PNMU

Fonte: elaborada pelo autor com base em Brasil, 2012

---

[186] HERCE, 2022, p. 19.

Os veículos são classificados, também, por meio do CTB quanto à categoria, quanto à espécie e quanto à tração, como pode ser observado na Quadro 3.

Quadro 3 – Classificação de veículos segundo o CTB

CTB - Art. 96. Os veículos classificam-se em:

I - quanto à tração:	III - quanto à categoria:
a) automotor	a) oficial
c) de propulsão humana	b) de representação diplomática,
d) de tração animal	de repartições consulares de
e) reboque ou semi-reboque	carreira ou organismos
	internacionais acreditados junto
	ao Governo brasileiro
	c) particular
	d) de aluguel
	e) de aprendizagem

II - quanto à espécie:

a) de passageiros:	b) de carga:	c) misto:	f) especial:
1 - bicicleta	1 - motoneta	1 - camioneta	1 - motocicleta
2 - ciclomotor	2 - motocicleta	2 - utilitário	2 - triciclo
3 - motoneta	3 - triciclo	3 - outros	3 - automóvel
4 - motocicleta	4 - quadriciclo	d) de competição:	4 - micro-ônibus
5 - triciclo	5 - caminhonete	e) de tração:	5 - ônibus
6 - quadriciclo	6 - caminhão	1 - caminhão-trator	6 - reboque ou semirreboque
7 - automóvel	7 - reboque ou semi-reboque	2 - trator de rodas	7 - camioneta
8 - microônibus	8 - carroça	3 - trator de esteiras	8 - caminhão
9 - ônibus	9 - carro-de-mão	4 - trator misto	9 - caminhão-trator
10 - bonde			10 - caminhonete
11 - reboque ou semi-reboque			11 - utilitário
12 - charrete			12 - motor-casa
			g) de coleção

Fonte: Brasil, 2023

Uma outra classificação que se mostra interessante é a proposta por Bertaud[187], apresentada no Quadro 4, em que há uma divisão em três conjuntos: transporte individual, transporte individual compartilhado e transporte público coletivo. O autor destaca, ainda, a área servida, o horário, a origem e destino de cada um desses conjuntos, deixando evidente que o transporte individual e o transporte individual compartilhado apresentam maior conveniência por atenderem toda a rede viária urbana, funcionarem sob demanda e permitirem o deslocamento porta a porta, vantagens claras sobre o transporte público coletivo, porém ao adicionar as externalidades produzidas no caso dos automóveis (privados, táxis ou Uber) quanto à ocupação do espaço e à poluição e nos modos ativos (caminhada e bicicleta) quanto ao alcance, é que aparecem os benefícios do transporte público coletivo, já que segue um caminho predeterminado (rede limitada), em horários fixos e transportando os passageiros de estação a estação (ponto a ponto).

---

[187] BERTAUD, 2023.

Quadro 4 – Classificação dos modos de transporte urbano segundo Bertaud

	Transporte Individual	Transporte Individual Compartilhado	Transporte Público Coletivo
Área Servida	*Toda a rede viária*	*Toda a rede viária*	*Rede limitada*
Horário	*Sob demanda*	*Sob demanda*	*Horários fixos*
Origem e Destino	*Porta a porta*	*Porta a porta*	*Estação a estação*
	Caminhada	Táxi	Ônibus
	Bicicleta	Compartilhamento privado	Veículo leve sobre trilhos
	Patinete Elétrico	Uber, Lyft, Garupa, UbizCar, Cabify, etc.	Táxi-lotação - vans
	Motocicleta	Uber compartilhado	Sistema de ônibus rápido - BRT
	Automóvel utilizado individualmente	Automóvel autônomo (sem motorista)	Metrô
			Trem Suburbano

Fonte: elaborada pelo autor com base em Bertaud, 2023

Vasconcellos[188] apresenta alguns dados da Região Metropolitana de São Paulo (RMSP), de pesquisa realizada pela Câmara Municipal de São Paulo que correlaciona a mobilidade com alguns fatores pessoais. Mesmo estando em uma realidade diferente da cidade de Barreiras, pode-se absorver padrões que são inerentes ao comportamento de uma população urbana brasileira. São apresentadas correlações da mobilidade com escolaridade, idade, gênero e renda familiar. Os dados supracitados foram adaptados, de modo que ficassem legíveis no formato deste trabalho, e são apresentados nos gráficos a seguir.

Gráfico 2 – Mobilidade (viagens/pessoa/dia) em relação à escolaridade na RMSP em 2007

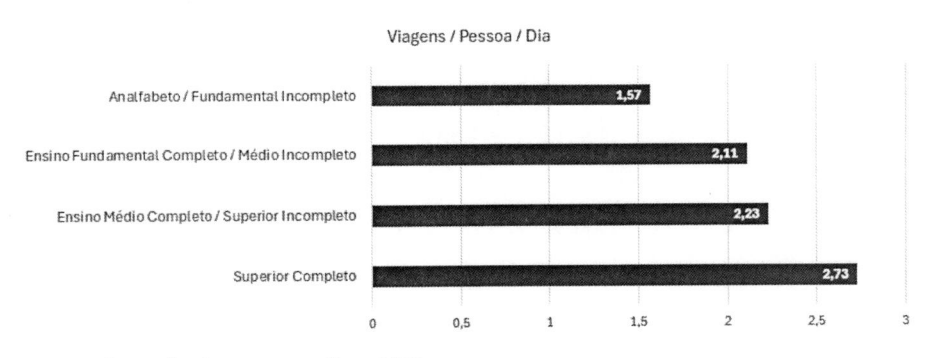

Fonte: adaptado de Vasconcellos, 2018

---

188 VASCONCELLOS, 2018.

Gráfico 3 – Mobilidade (viagens/pessoa/dia) em relação à idade na RMSP em 2007

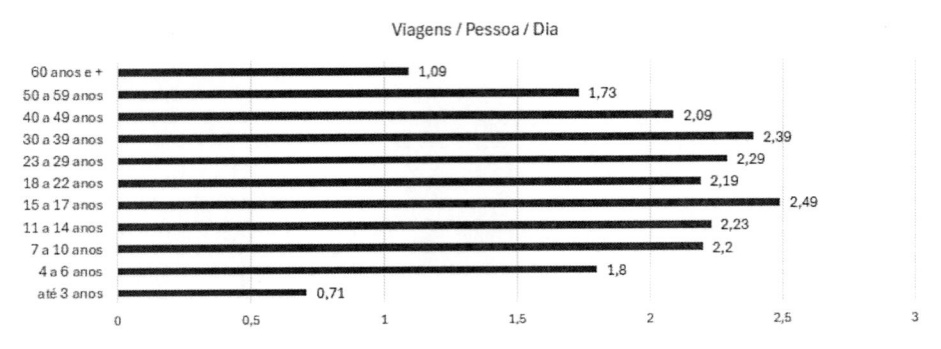

Fonte: adaptado de Vasconcellos, 2018

Gráfico 4 – Mobilidade (viagens/pessoa/dia) em relação ao gênero na RMSP em 2007

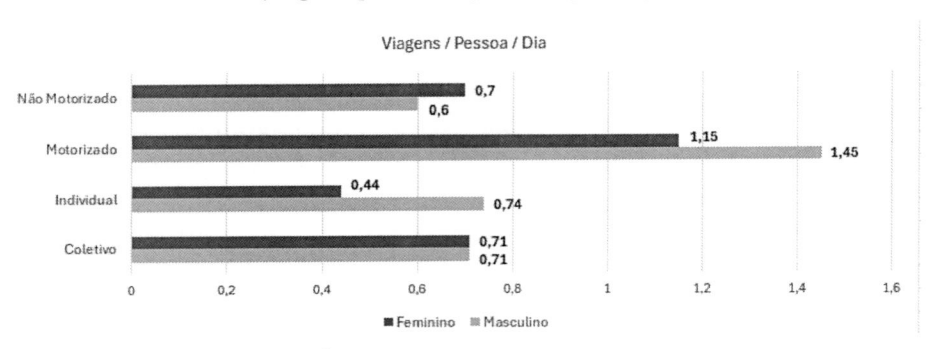

Fonte: adaptado de Vasconcellos, 2018

Gráfico 5 – Mobilidade (viagens/pessoa/dia) em relação à renda na RMSP em 2007

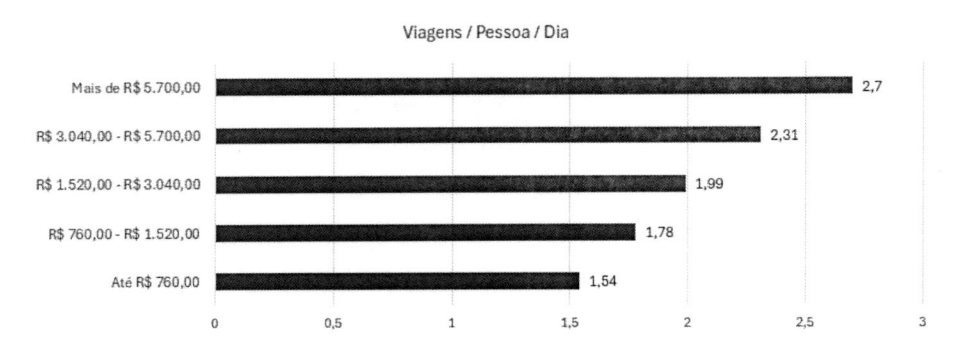

Fonte: adaptado de Vasconcellos, 2018

Nesses dados é importante destacar o quanto a mobilidade aumenta em decorrência da renda e da escolaridade, bem como há um aumento de mobilidade nas idades em que as pessoas se encontram mais ativas – tanto idades escolares quanto idade adulta "produtiva", caindo de modo significante após os 50 anos. Em relação ao gênero, percebe-se que as mulheres ainda se deslocam menos que os homens, porém, segundo Vasconcellos[189], essa diferença vem caindo em relação a pesquisas anteriores. Essa disparidade de gênero ocorre de maneira mais individual nos modos individual e motorizado.

A compreensão dessas diferenças de mobilidade por fatores pessoais é essencial para entender as dinâmicas espaciais e sociais envolvidas nos deslocamentos urbanos. Dados como esses, levantados para a RMSP, se levantados para Barreiras, poderiam contribuir na construção de políticas públicas de mobilidade urbana eficazes. Nesse aspecto da diferenciação de mobilidade, Vasconcellos traz uma reflexão acerca dos investimentos no sistema viário.

> Nas sociedades com grandes diferenças sociais e econômicas entre as classes, a apropriação integral das vias é possível apenas para as pessoas com recursos variados, financeiros e de transportes. Portanto, do ponto de vista sociológico, as vias, em si mesmas, não são meios coletivos de consumo, a menos que condições adequadas de mobilidade e acessibilidade sejam garantidas àqueles sem acesso ao transporte individual, às crianças, aos pobres, aos idosos, aos portadores de deficiência física e à maioria da população rural. Para esses grupos sociais, a provisão de vias isoladamente é inútil se condições adequadas de transporte não são garantidas. Disso decorre que os investimentos no sistema viário, ao contrário de se justificarem por propiciar meios "coletivos" de consumo, levam a profundas iniquidades, na medida em que acabam favorecendo parcelas reduzidas da população. Ou seja, a justificativa do investimento generalizado no sistema viário, sem o crivo de critérios de equidade, é um mito.[190]

Com a compreensão dos fatores que produziram a cidade de Barreiras e a fizeram chegar ao tamanho e à importância regional que tem hoje, bem como dos fenômenos de segregação, fragmentação e densidades que acompanharam seu crescimento urbano, chegando ao resultado da forma urbana de colcha de retalhos com descontinuidades da malha urbana, pode-se adentrar a questão da mobilidade urbana e como ela é impactada por todos esses processos.

---

189 VASCONCELLOS, 2018.
190 VASCONCELLOS, p. 42.

O tecido urbano fragmentado, espraiado e com densidades populacionais nas bordas, resultante dos processos apresentados nos capítulos anteriores, visivelmente presente em Barreiras, acarreta maiores distâncias de deslocamento para a maior parte da população, que, com o baixo nível de serviço percebido no transporte coletivo municipal[191] e poucas ações de fomento da mobilidade ativa, "perde" a acessibilidade à cidade formal. Santos diz que:

> [...] para os seus moradores menos móveis, a cidade é impalpável. Ela, porém, impõe-se como um amontoado de signos aparentemente desencontrados, agindo, no entanto, em concerto, para limitar mais do que para facilitar a minha ação, tornando-me impotente diante da multiplicidade das coisas que me cercam e de que posso dispor."[192]

Esses fatores fazem com que a necessidade de locomoção praticamente impele a aquisição ou posse de um veículo motorizado individual, seja ele um automóvel ou uma motocicleta. Gera como consequência a alta taxa de motorização observada em Barreiras – 0,51 veículos motorizados individuais por habitante –, sendo a segunda cidade com maior índice entre as 20 maiores cidades da Bahia, conforme o Gráfico 6. É importante discorrer que mobilidade (viagens por pessoa por dia) tal como levantada por Vasconcellos[193] é bem diferente de motorização (veículos por habitante), em que, mesmo tendo um alto número de veículos, pode-se ter uma baixa mobilidade, seja por veículos que não circulam diariamente devido ao alto custo envolvido para parte da população ou pelo acúmulo de mais do que um veículo por habitante em faixas de renda mais altas (dois carros ou um carro e uma moto, por exemplo).

Gráfico 6 – Veículos motorizados por habitante nas 20 maiores cidades da Bahia

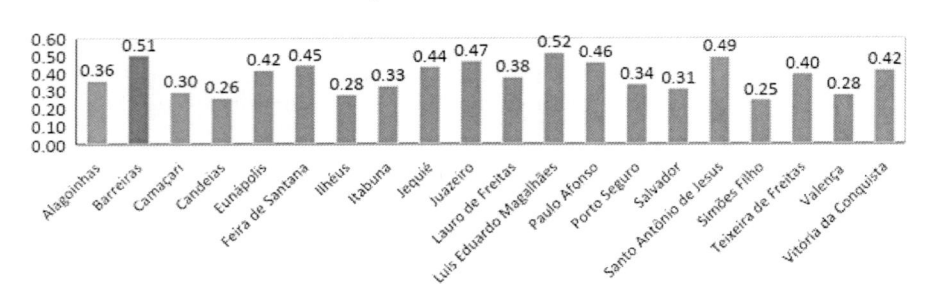

Fonte: elaborado pelo autor, 2022, com dados do Ministério da Infraestrutura e do IBGE de 2022

---

191 SANTOS, 2015.
192 SANTOS, 2014, p. 27.
193 VASCONCELLOS, 2018.

Outro dado que corrobora com a alta motorização, situando esse fenômeno no tempo, é a evolução populacional em relação ao crescimento no número que ocorreu entre os anos de 2010 e 2020, quando houve um crescimento populacional de 17,04%, indo de aproximadamente 135.000 habitantes para 158.000 habitantes, enquanto o crescimento da frota de veículos foi de 121,08%, passando de aproximadamente 38.900 para 86.000 veículos[194]. Tal disparidade fica ainda mais evidente no Gráfico 7, a seguir. Também é apresentado o Gráfico 8, que demonstra a evolução da taxa de motorização no Brasil entre os anos de 2000 e 2020, partindo de 0,168 para 0,471 veículos por habitantes. Analisando o mesmo período dos dados de Barreiras, o Brasil passou de 0,314 para 0,471, um incremento de, aproximadamente, 50%, bem abaixo da taxa de Barreiras – 121,08%.

Gráfico 7 – Incremento de população e veículos entre os anos 2010 e 2020

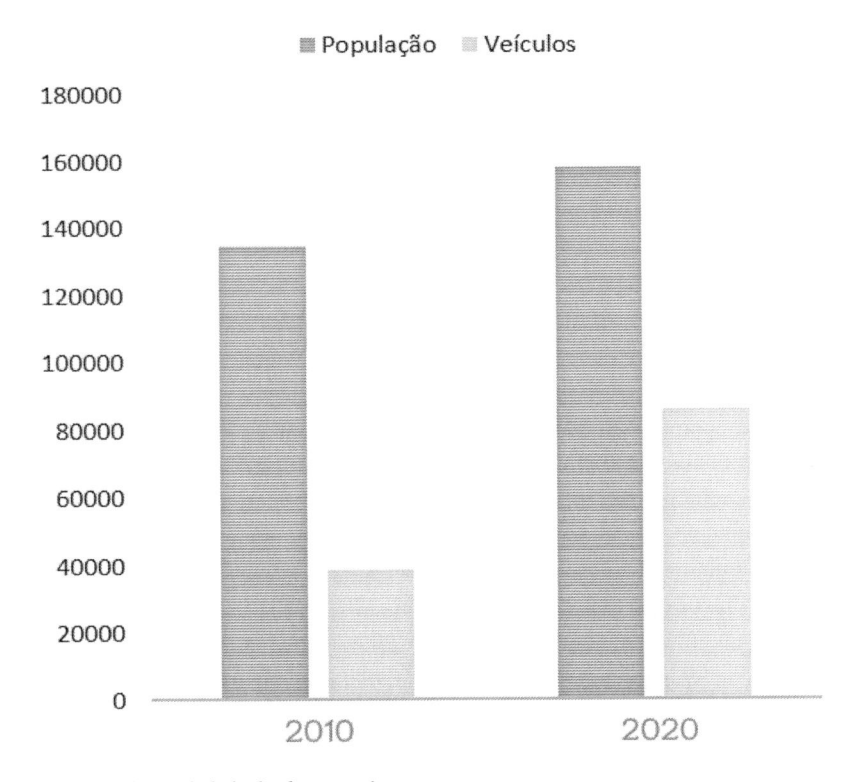

Fonte: Plano de Mobilidade de Barreiras, 2021

---

[194] PLANO [...], 2021.

Gráfico 8 – Motorização por mil habitantes entre os anos de 2000 e 2020 no Brasil

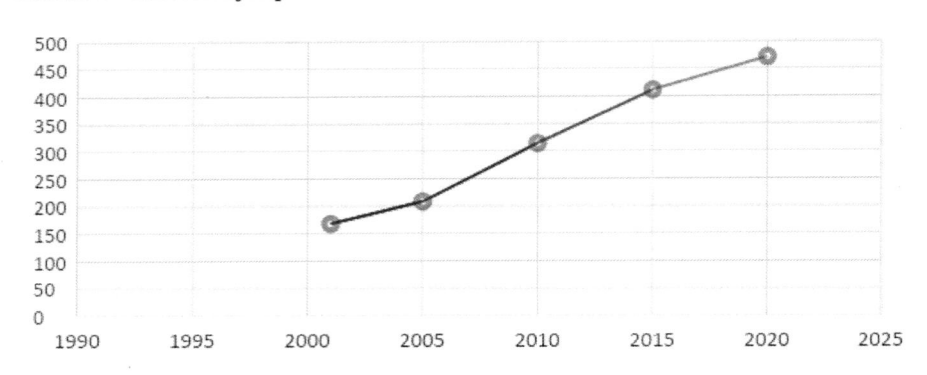

Fonte: adaptado de Taxa [...], c2019

Esse dado foi apresentado como um item de desenvolvimento em audiência pública de apresentação do Plano de Mobilidade de Barreiras elaborado pela Fundatec (consultoria contratada para esse fim pela Prefeitura Municipal de Barreiras), porém cabe uma ponderação aqui: pode até ser que a população tenha aumentado o seu poder de compra e isso possa caracterizar um desenvolvimento econômico. Entretanto, esse dado não apresenta sustentação enquanto desenvolvimento urbano ou social. Inclusive, pode ser a caracterização do florescer de uma tragédia dos comuns da mobilidade intraurbana, em que o desejo e a necessidade individuais de acessibilidade impactam diretamente a acessibilidade de todos, por meio da formação de congestionamento, além de atingir toda a população por meio de externalidades, tais como a poluição atmosférica e sonora.

Vasconcellos[195] identifica dois tipos de conflitos da mobilidade no contexto urbano das cidades: (1) o conflito físico, que é o mais facilmente percebido, onde dois corpos tentam ocupar o mesmo espaço, ou, traduzido para a mobilidade, dois veículos diferentes disputam o mesmo espaço no ambiente urbano; e (2) o conflito político, onde os interesses e as necessidades dos usuários medem a força entre os papéis que cada um exerce na sociedade, impactando a política do planejamento da circulação, que possui como produto um plano de mobilidade urbana.

Em relação à criação de políticas para a redução da motorização (ou da redução do crescimento acentuado da motorização), acreditar que o Estado brasileiro irá ter ações efetivas é, de certa maneira, inocên-

---

[195] VASCONCELLOS, 2018, p. 47.

cia, ainda mais no cenário neoliberal no qual o país está inserido. dado que "a produção de veículos corresponde, na atualidade, por 23% do PIB industrial, e por 15% do PIB total do Brasil, gerando quase um milhão e meio de postos de trabalho"[196].

Desta forma, até mesmo governos alinhados mais à esquerda no espectro político e com forte apelo (ou, pelo menos, discurso) social, como foram os anos do Partido dos Trabalhadores na presidência, ocorreram subsídios à indústria automobilística, entre 2008 e 2013, conforme o Quadro 5, com a justificativa de manter aquecida a economia do país, ao invés de investimentos mais substanciais na promoção a modos ativos e coletivos de transporte. O imposto sobre produtos industrializados (IPI) teve incentivos que chegaram a 100% em carros de até mil cilindradas e, pelo menos, 50% nos demais veículos entre 2008 e 2009, ou seja, o governo abriu mão da arrecadação desses impostos para que mais carros fossem vendidos, aumentando a frota nacional de veículos e, consequentemente, agravando os problemas de trânsito nas cidades.

Quadro 5 – Redução do IPI de veículos nacionais novos entre os anos de 2008 e 2013

Mês/Ano	Cilindradas	Antes da Redução	Depois da Redução
Dezembro de 2008 a Setembro de 2009	Até mil (1.0)	7%	0%
	De mil (1.0) a duas mil (2.0) álcool e biocombustível	11%	5,5%
	De mil (1.) a duas mil (2.0) gasolina	13%	6,5%
	Veículos utilitários	4%	1%
Maio a Dezembro de 2012	Até mil (1.0)	7%	0%
	De mil (1.0) a duas mil (2.0) álcool e biocombustível	11%	5,5%
	De mil (1.) a duas mil (2.0) gasolina	13%	6,5%
	Veículos utilitários	4%	1%
2013	Até mil (1.0)	7%	2%
	De mil (1.0) a duas mil (2.0) álcool e biocombustível	11%	7%
	De mil (1.) a duas mil (2.0) gasolina	13%	8%
	Veículos utilitários	4%	2%

Fonte: Alves e Wilbert, 2014

Outro dado relevante que pode ser analisado é a proporção do conjunto de automóveis (automóveis, caminhonetes, camionetas e utilitários) em relação ao conjunto de motocicletas (motocicletas, motonetas, ciclomotores, triciclos, quadriciclos e *sidecars*), conforme apresentado no

---

[196]   HERCE, 2022, p. 53.

Gráfico 9. Nota-se uma presença massiva do conjunto de motocicletas em Barreiras, com 42%, frente à média nacional, que é de 30% de motocicletas e 70% do conjunto de automóveis (dados de setembro de 2023)[197].

Uma hipótese para essa alta proporção de motocicletas é a facilidade de circulação quando comparada aos automóveis, trazendo maior acessibilidade ao condutor, podendo servir como um indicador de mobilidade – mais motos pode significar mais pessoas tentando mudar o modo de transporte para evitar os congestionamentos, diminuindo o seu tempo de deslocamento. Uma outra hipótese pode ser atribuída à redução do poder de compra da população em relação à alta de preços que vem ocorrendo pela indústria automotiva, fazendo com que o acesso a um carro particular esteja cada vez mais distante de parte dessa camada, que acaba por optar pela motocicleta por caber dentro do orçamento familiar, tanto em custo quanto em manutenção.

Gráfico 9 – Proporção de carros e caminhonetes em relação a motocicletas em Barreiras

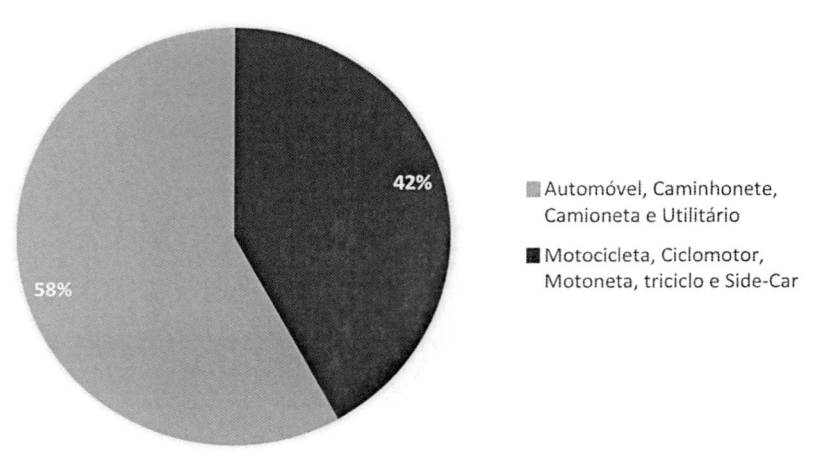

Fonte: Ministério dos Transportes, 2022

Apesar da significativa motorização recente na cidade de Barreiras, os dados apresentados nessa mesma audiência pública, por meio de sua pesquisa de levantamento de dados de origem-destino, apontam que: 35% dos deslocamentos urbanos se dão a pé, 24% por carros, 23% por ônibus, 10% por motos e 8% por bicicletas. Esses dados podem ser mais

---

[197] BRASIL. Ministério da Economia. *Frota de veículos – 2023*. Brasília, 2023.

bem visualizados no Gráfico 10. Como forma de comparação, são apresentados na Tabela 4 os dados de 2014, levantados por Soares e Guth[198], com a divisão de modo de transporte por porte de município no Brasil. Nota-se que os valores percentuais de Barreiras estão muito próximos da coluna que representa as cidades de 100 a 250 mil, estando, assim, perto da média de cidades de mesmo porte.

Gráfico 10 – Modos de deslocamentos urbanos em Barreiras

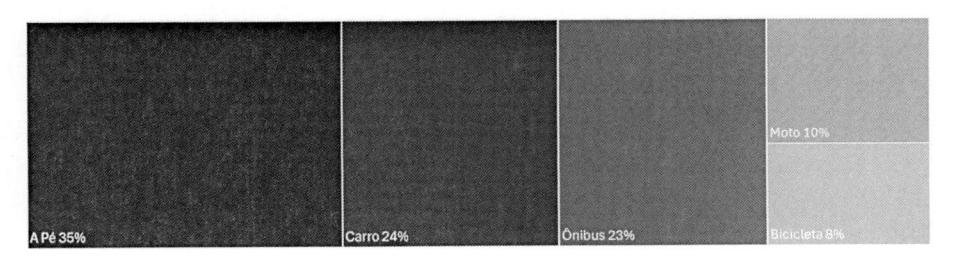

Fonte: Barreiras, 2021

Tabela 4 – Modos de deslocamentos urbanos por porte de municípios no Brasil

Modo	> 1 milhão	de 500 mil a 1 milhão	de 250 a 500 mil	de 100 a 250 mil	de 60 a 100 mil
Ônibus municipal	22	20	18	16	17
Ônibus metropolitano	2	6	9	9	6
Trilhos	8	0	0	0	0
Total coletivo	**31**	**26**	**27**	**25**	**23**
Auto	30	30	25	21	16
Moto	3	4	5	6	8
Total individual	**33**	**34**	**30**	**27**	**24**
Bicicleta	1	3	5	9	14
A pé	35	37	38	39	39
Total não motorizado	**36**	**40**	**43**	**48**	**53**

Fonte: Soares e Guth, 2018

[198] SOARES, A.; GUTH, D. *O Brasil que pedala*: a cultura da bicicleta nas cidades pequenas. Rio de Janeiro: Jaguatirica, 2018.

Panerai[199] traz a definição de Prost sobre uma nova lógica da cidade (ou dos deslocamentos na cidade) com base em uma nova relação espaço-tempo, onde a distância passa a contar menos do que o tempo gasto para percorrê-la, assim o tempo depende menos da velocidade do que da fluidez e do escoamento do tráfego. Essa situação acabou por gerar tentativas de manter o fluxo ininterrupto nas vias com a adição de novas ruas e estradas urbanas, porém o resultado pretendido em geral não é alcançado e, caso se atinja o objetivo planejado, ele não se torna duradouro, já que mais fluidez em uma via traz, tal como um imã, novos motoristas até estar saturada novamente. Esse conceito de indução de demanda já é bem conhecido na literatura e será abordado mais adiante, no subcapítulo da autopia.

Com essas propostas de soluções que mantenham a fluidez, o sistema viário "funciona não somente como uma das estruturas suscetíveis de dar uma visão de conjunto, de reunir os fragmentos, de permitir um entendimento da aglomeração, mas também como um dispositivo que engendra novas lógicas de urbanização"[200]. O desenvolvimento da cidade é determinado pela acessibilidade que as vias dão ao território, sendo, ao mesmo tempo, condicionada e condicionante da urbanização. Ou seja, as novas vias são projetadas para induzir a urbanização do mesmo modo que a urbanização se consolida por meio das vias existentes, em especial as vias que possuem maior acessibilidade na rede, grande parte coincidindo com as vias com maiores índices de integração (NAIN) e escolha (NACH), tal como apontado no capítulo anterior, e pode-se observar que esses percursos principais, em geral, retomam as vias de traçado mais antigo[201].

Da mesma forma, o modo de transporte principal adotado na cidade influencia diretamente a forma de expansão que ocorrerá na cidade. Em um contexto em que os deslocamentos ocorrem majoritariamente por transporte público (sobre trilhos ou sobre pneus), a cidade tenderá a acompanhar o trajeto dessas linhas e, possivelmente, desenvolver-se-á de maneira radial a partir de uma centralidade, podendo apresentar centralidades secundárias junto a terminais ou estações desses modos de transporte. Essa situação ocorre de modo similar, porém com menor

---

[199] PANERAI, 2006.

[200] PANERAI, 2006, p. 22.

[201] PANERAI, 2006, p. 30.

rigidez, quando a cidade possui os deslocamentos por veículos automotores individuais e a presença de rodovias urbanas, sejam elas preexistentes à cidade ou construídas com propósito urbano (como as *parkways* ou *freeways*), já que a fluidez no trânsito que elas proporcionam acaba formando esse mesmo efeito de túnel, levando à urbanização com o seu traçado. Barreiras tem o seu crescimento urbano impactado com as rodovias que a cortam, tendo o desenvolvimento de sua urbanização, após a mudança do transporte regional aquaviário para o rodoviário, atrelado aos eixos rodoviários, utilizando-os, inclusive, como avenidas urbanas quando inseridas na malha viária.

Esse tipo de crescimento apresenta como característica a produção de espaços vazios entre os eixos rodoviários e ao se afastar lateralmente dele, já que o tempo gasto para percorrer uma distância utilizando uma via com maior fluidez faz com que, apesar de mais longe, o caminho se torne mais rápido e, consequentemente, mais acessível para veículos motorizados, tanto individuais quanto coletivos. Quando os espaços ficam distantes o suficiente para serem menos acessíveis pela via principal, ocorre a ocupação desses vazios.

Na cidade de Barreiras houve a ocupação junto às BRs, deixando um vazio que só veio a ser ocupado após a década de 2000, com os bairros Serra do Mimo, Bandeirantes, Aratu e Morada da Lua, por exemplo. Na Figura 39 são esboçados sobre o território da cidade de Barreiras os locais que apresentavam maior acessibilidade devido à maior capacidade de tráfego e fluidez da BRs urbanas, locais que batem quase que na sua totalidade com a mancha urbana da década de 2000, apresentada em capítulo anterior na Figura 7.

Figura 39 – Mancha de acessibilidade junto às BRs urbanas da cidade de Barreiras

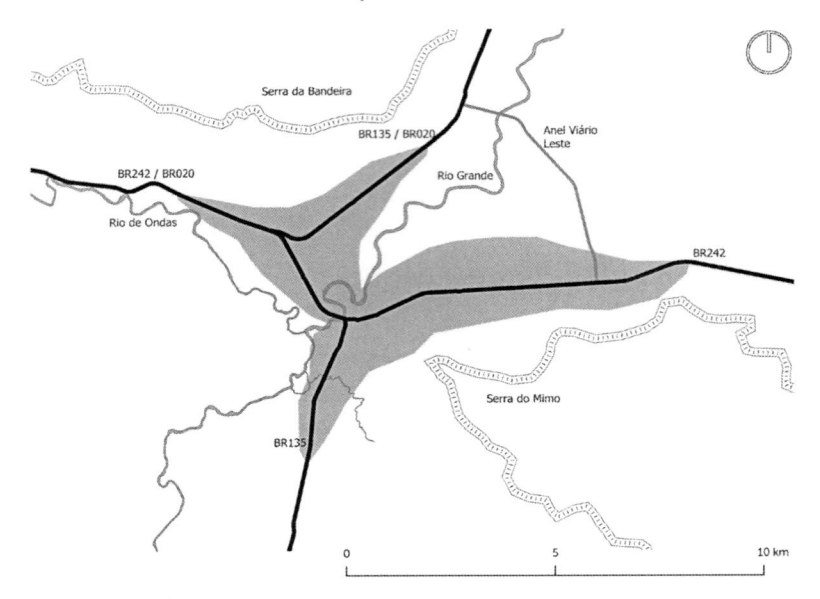

Fonte: elaborada pelo autor, 2023

Os vazios "deixados para trás", além de não estarem junto às vias de grande circulação, em muitos casos ocorrem em espaços onde há maior dificuldade de ocupação devido a questões naturais do solo e do relevo. Essas dificuldades podem ser em decorrência da várzea dos rios, da declividade ou, até mesmo, da qualidade e da estabilidade do solo. Porém, quando a cidade se expande horizontalmente a tal ponto de a acessibilidade ser prejudicada, esses locais são ocupados formal ou informalmente, mesmo com custos mais elevados de construção.

Avançando na discussão dos deslocamentos intraurbanos presentes na cidade de Barreiras, na sequência serão apresentadas considerações a partir dos diferentes modos de locomoção, trazendo a leitura e apresentando desafios a serem vencidos para qualificar o espaço urbano a fim de facilitar os deslocamentos diários da população.

4.1 MOBILIDADE A PÉ – CAMINHABILIDADE

O modo de deslocamento a pé (ou assistido por muletas ou cadeira de rodas) é o mais acessível a toda a população por não envolver custos diretos para aquisição ou por distância percorrida, no entanto existe uma limitação grande em relação à máxima distância a ser percorrida. Por ser o modo que abrange toda a população, já que todos em algum momento do dia serão pedestres, mesmo que seja minimamente curto o trajeto, como ao sair de uma edificação e acessar o veículo estacionado, ele é o que deve ser priorizado em qualquer ação ou intervenção no espaço público urbano.

> Caminhabilidade quer dizer permitir a caminhada, torná--la fácil, eficiente e agradável. Caminhar será sempre um componente vital da vida urbana. É a forma mais básica e fundamental de mobilidade. Todo deslocamento, independentemente do meio de transporte utilizado, começa e termina com uma caminhada.[202]

Pode-se considerar a mobilidade a pé como a mais democrática, pois não existem custos envolvidos. No entanto há uma resistência muito grande no ambiente construído e não construído que interfere na liberdade de circulação e escolha do menor caminho, agravado quando são adicionadas as questões de idade, gênero e raça.

Espaços qualificados, com segurança para o pedestre em relação aos veículos, calçadas de boa qualidade e bem dimensionadas, ruas completas (ou mistas), arborização urbana, fachadas ativas, entre outros fatores, fazem com que a população se desloque mais a pé e esse deslocamento não seja encarado como uma "perda de tempo", e sim como uma parte agradável da rotina diária. Infelizmente, não é a realidade encontrada no Brasil, mais especificamente, na região oeste da Bahia. A urbanização das vias públicas, segundo o IBGE[203], atinge somente 6,8% do município de Barreiras, maior cidade da região.

Gehl[204] diz que as atividades sociais necessitam da presença de outras pessoas e incluem as diferentes formas de comunicação entre pessoas no espaço público. Se houver atividade e vida no espaço urbano, existirão muitas trocas sociais. Se o espaço da cidade for vazio ou desolado, nada acontecerá. O mesmo autor acrescenta que:

> nas cidades, há muito mais em caminhar do que simplesmente andar. Há um contato direto entre as pessoas e a comunidade do entorno, o ar fresco, o estar ao ar livre, os prazeres gratuitos da vida, experiências e informação. Em

---

[202] SIM, 2022, p. 107.

[203] IBGE. *Censo brasileiro de 2010*. Rio de Janeiro: IBGE, 2012.

[204] GEHL, 2015.

> essência, caminhar é uma forma especial de comunhão entre pessoas que compartilham o espaço público como uma plataforma e estrutura[205].

Cullen[206] traz como um dos agravantes a monotonia urbana criada por um "desurbanismo", em que, por meio da observação da cidade construída pela especulação ou pelas autoridades locais, se é forçado a constatar o quanto é desestimulante. Já Speck[207] propõe 10 passos para a caminhabilidade, indicando melhorias ambientais, comportamentais, sociais, chegando até o ambiente construído. Ainda destaca que a caminhabilidade é um dos requisitos que toda cidade deveria incentivar por criar mais atratividade para novos moradores de faixas etárias ativas, especialmente da indústria criativa.

Outro fator determinante para esse tipo de mobilidade é o fato de ser um grande aliado na saúde. Tanscheit[208] afirma que "os níveis de atividades físicas da população variam de acordo com o que a cidade permite ou incentiva em termos de deslocamentos". A autora, ainda, cita que "a inatividade física [causada, em parte, pela substituição dos deslocamentos a pé e bicicleta por veículos motorizados] exerce ainda influência direta nos custos com assistência médica da população, mas também indireta através de perdas econômicas por licenças médicas".

Assim como é o modo mais acessível a toda a população, o modo de deslocamento a pé é também o que está mais exposto a diferentes riscos (patrimoniais e de integridade física) e a intempéries (sol, calor, frio e chuva). Ao analisar as condições físicas dos espaços destinados (ou que deveriam ser destinados) aos pedestres se pode constatar que essa exposição ao risco é amplificada.

> Caminhar é o meio de transporte mais sensível ao que está acontecendo ao nosso redor e o que oferece o maior número de oportunidade de conexões. [...] Quando se dirige direto para dentro de uma garagem subterrânea e, em seguida, toma-se um elevador até a casa ou o escritório, tem-se negada a oportunidade de se relacionar com o lugar, as pessoas e o planeta.[209]

---

[205] GEHL, 2015, p. 19.

[206] CULLEN, G. *Paisagem urbana*. Lisboa: Edições 70, 2020.

[207] SPECK, 2017.

[208] TANSCHEIT, P. O transporte ativo combate a falta de atividade física e melhora o bem-estar nas cidades. *WRI Brasil*, [s. l.], 5 jul. 2019. Disponível em: https://www.wribrasil.org.br/noticias/o-transporte-ativo-combate-falta-de-atividade-fisica-e-melhora-o-bem-estar-nas-cidades. Acesso em: 13 dez. 2023.

[209] SIM, 2022, p. 107.

Para a priorização do pedestre e para tornar a cidade caminhável, Speck[210] afirma que a caminhada deverá ser: proveitosa, segura, confortável e interessante. Para isso ele aponta diversas características que influenciam diretamente a presença de pedestres, sendo que muitas delas não estão diretamente ligadas ao ato de caminhar e à calçada, mas sim à configuração urbana como um todo, de maneira holística. Seguindo essa mesma lógica, pode-se concluir que a mudança da cidade para um modelo caminhável não ocorrerá por meio de pequenas ações, mas sim de mudanças estruturais que vão desde o uso do solo até regulações de circulação e estacionamento de veículos particulares. Tudo está conectado e compartilhado no espaço urbano.

Por os deslocamentos a pé terem um alcance limitado e, no caso de cidades pequenas e médias os serviços e comércios estarem concentrados, a população de maior renda ocupar as localidades mais dotadas de infraestrutura acaba gerando uma maior pressão e dependência dos modos motorizados na população de renda mais baixa, fazendo com que essa fatia da população tenha um custo (de tempo e financeiro) mais alto para acessar a cidade. Aqui seria necessária a criação de alternativas possíveis para que essas pessoas possam, mesmo estando distantes do centro da cidade, vencer essa distância com baixo custo financeiro e de modo a gastar o menor tempo possível.

Obviamente, mesmo em um cenário ideal, as viagens por automóveis e motos continuariam a existir, porém seriam reduzidas caso os meios ativos e coletivos se tonassem mais atrativos para grande parte da população. A população que reside em bairros centrais, dotados de uma melhor infraestrutura e opções de transporte, poderiam migrar, mais facilmente, para modos ativos do que populações periféricas. No entanto, a realidade que se apresenta em Barreiras é a oposta, onde são os habitantes de áreas periféricas que se utilizam prioritariamente de modos ativos, em especial a bicicleta, como forma de deslocamento diário, com parte da população que habita as localidades mais centrais utilizando-se diariamente do automóvel particular.

Voltando para Speck, ele acredita que para o desenvolvimento da mobilidade a pé há a necessidade de "pôr o carro em seu [devido] lugar", ou seja, fazer com que ele seja coadjuvante na vida urbana e não mais protagonista. As cidades vêm a, pelo menos, 70 anos se configurando a partir dos automóveis e precisa ser recuperada pelos pedestres[211]. Da

---

[210] SPECK, 2017.
[211] SPECK, 2017, p. 73.

mesma forma ele acrescenta que a questão do estacionamento de veículos também deve ser enfrentada para desencorajar a utilização desenfreada dos carros. Se há vagas em abundância e sem custo, há praticamente um subsídio para os carros. Ainda falando do impacto que os veículos podem ter sobre a mobilidade a pé, tem-se a questão da segurança em relação a atropelamentos, situação que é diretamente ligada ao espaço físico e a como a cidade se apresenta para pedestres e veículos. Tamanho de quarteirão, largura da faixa, sinalização, sentido do fluxo, geometria das vias, entre outros aspectos, estão diretamente correlacionados à segurança do pedestre e necessita-se fazer um esforço para buscar soluções que visem à proteção. Essas são questões que em um primeiro momento parecem tratar da mobilidade motorizada, mas na verdade estão diretamente ligadas com os meios ativos, já que todos estes modos de deslocamento estão constantemente disputando espaço nos espaços públicos urbanos.

Outro fator que afeta a mobilidade a pé é a disposição e abrangência do serviço de transporte coletivo. Se uma pessoa normalmente se desloca caminhando a uma velocidade de 5 a 7 km/h[212], ela atingirá aproximadamente um quilômetro em 10 minutos, tendo o apoio de um transporte público bem distribuído, mais pessoas poderão acessar os pontos centrais da cidade sem a necessidade de um veículo particular. Ou seja, a presença de um transporte público de qualidade tem o poder de aumentar a densidade de pessoas circulando em uma determinada localidade, mesmo que essas pessoas não residam nesse espaço. Sendo assim, o transporte coletivo é um grande aliado na promoção à mobilidade a pé.

Barreiras, que, como já mencionado no capítulo anterior, possui uma distribuição populacional com densidades maiores na parte periférica e menores em regiões mais centrais, apresenta uma necessidade grande de transporte até o centro da cidade já que há a quase impossibilidade de vencer as distâncias a pé. Esse fator faz com que grande parte da população se utilize de veículos motorizados, sejam motos ou carros, para os trajetos diários. Com o uso do carro para fazer o trajeto periferia-centro o usuário opta, de uma forma geral, por fazer os demais trajetos também de maneira motorizada, mesmo que corresponda a poucos minutos de caminhada. Assim, tem-se uma transferência de modo de locomoção a pé para motorizado pela conveniência de o carro já estar no centro da cidade, situação que não ocorre quando a pessoa utiliza o transporte público.

---

[212] NACTO. *Guia global de desenho de ruas*. São Paulo: Editora Senac São Paulo, 2018.

> A falta de espaços adaptados às exigências das formas mais normais e eficazes de percorrer distâncias curtas (caminhada, ciclismo etc.) não só supõe uma marginalização desse tipo de mobilidade, que atenta contra a própria essência da cidade, mas, muitas vezes, acarreta a impossibilidade de deslocamento para amplas camadas da população.[213]

Todas essas questões iniciais levantadas a respeito da mobilidade a pé são importantes, porém não geram caminhadas, ou caminhadas agradáveis, caso não se tenha um espaço minimamente qualificado. A ausência de calçadas ou as calçadas dotadas de inúmeros obstáculos impedem a livre circulação e obrigam pedestres a utilizar o leito carroçável. Para se manter condições de caminhabilidade foram criados inúmeros manuais de orientação de construção de calçadas, um deles é o manual da NACTO[214], apresentado a seguir, na Figura 40, onde a indicação de calçada já parte de 3,00 m, estando já mais larga do que praticamente todas as calçadas da cidade de Barreiras. No texto salienta-se, ainda, que a faixa livre para a circulação deveria ter no mínimo 1,80 m.

Figura 40 – Diferentes configurações de calçadas possíveis segundo a NACTO

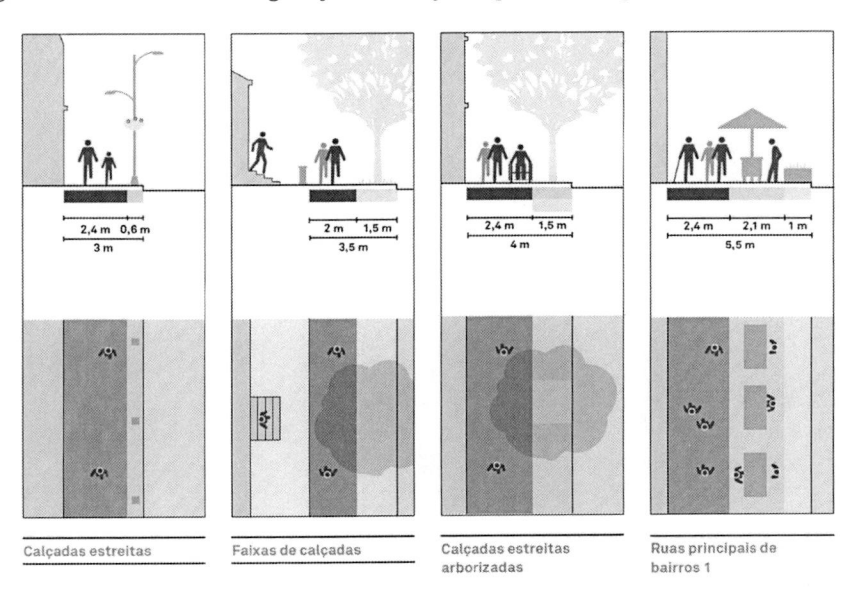

Fonte: NACTO, 2018

---

[213] HERCE, 2022, p. 83.
[214] NACTO, 2018.

Já o caderno técnico para projetos de mobilidade urbana[215], produzido pelo Ministério das Cidades com apoio do WRI Brasil, em 2016, aponta para dois grupos de características que as calçadas devem possuir, um estando relacionado ao dimensionamento e o outro à qualificação das calçadas.

Quanto ao dimensionamento é prevista a existência de três faixas: a faixa de serviço, a faixa livre e a faixa de transição, tal como as legislações municipais, em geral, reproduzem. A faixa de serviço deve estar adjacente ao meio-fio e é onde devem estar dispostos os mobiliários urbanos (vegetação, lixeira, placas, pontos de ônibus, bancas de revistas etc.). A faixa livre é destinada exclusivamente à circulação de pedestres e, segundo esse caderno, deve possuir no mínimo 1,20 metros, porém é recomendado que se tenha 1,50 metros, devendo, ainda, ser desobstruída e não possuir interferências ou obstáculos.

Ao se referir à faixa livre de circulação, o caderno traz, também, uma tabela na qual indica a capacidade de pedestres por hora para cada largura, servindo de base para projetos urbanos a fim de oferecer um bom nível de serviço aos usuários.

Tabela 5 – Capacidade de pedestre em relação à largura da faixa livre

Largura mínima da faixa livre [m]	Capacidade [pedestres por hora]	
	Em um sentido	Em ambos os sentidos
1,50	1220	800
2	2400	1600
2,50	3600	2400
3	4800	3200
4	6000	4000

Fonte: Brasil, 2016

Já a faixa de transição, também denominada faixa de acesso, é situada junto às edificações ou lotes, possibilitando a utilização como espaço de transição alocando mobiliário temporário, como mesas, cadeiras, anúncios etc. A largura mínima recomendada é de 0,45 m, porém são suprimidas quando a largura total da calçada for inferior a 2,00 m. Nesse caderno, no

[215] BRASIL, Secretaria Nacional de Mobilidade Urbana. *Caderno técnico para projetos de mobilidade urbana: transporte ativo*. Brasília, 2016.

entanto, há uma orientação de que "nos casos em que a calçada de vias consolidadas não apresentarem as larguras mínimas exigidas, deve-se buscar o redimensionamento das faixas de rolamento"[216].

Além desse caderno em conjunto com o Ministério das Cidades, o WRI Brasil possui diversas publicações com orientações sobre mobilidade, urbanismo e desenvolvimento urbano, entre eles o denominado "8 princípios da calçada: construindo cidades mais ativas" em que, como o próprio nome já antecipa, são apresentados os princípios que as calçadas deveriam seguir, sendo apresentado de maneira resumida por meio do infográfico da Figura 41, seguindo as mesmas orientações do caderno anterior, porém com um pouco mais de informações.

Figura 41 – Oito princípios que as calçadas devem seguir

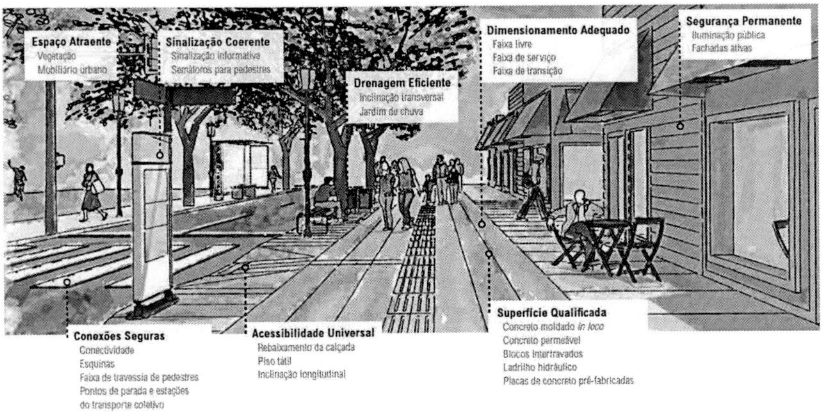

Fonte: Santos *et al.*, 2017

Na imagem são apresentadas questões construtivas, de dimensão e, até mesmo, de contexto urbano que tornam uma calçada atrativa e confortável. A realidade de Barreiras está distante da apresentada como ideal, porém tendo-se a referência do que seria o ideal se pode avançar pouco a pouco em uma melhoria contínua na qual todos terão vantagem, desde o pedestre (diretamente) até o lojista (indiretamente). Em uma rua malconservada, o pedestre necessita prestar atenção ao calçamento para não tropeçar ou cair, fazendo com que não olhe em direção às lojas e vitrines, de modo a impactar negativamente as vendas desses estabelecimentos comerciais.

---

[216] BRASIL, 2016.

Ainda em relação à qualificação das calçadas, o caderno técnico do Ministério das Cidades[217] traz indicações quanto ao tipo do pavimento, orientando que seja regular, firme, estável e antiderrapante nas faixas livres e partes onde haja uso nas demais faixas, que possua inclinação transversal, a fim de garantir a drenagem das águas de no máximo 3% na faixa livre, podendo as demais faixas possuir rampas maiores para acesso de garagens ou rampas de acessibilidade universal.

Aponta, também, que as calçadas possuam iluminação dedicada priorizando a necessidade do pedestre, aumentando a segurança pública e facilitando a movimentação, orientação e identificação de obstáculos. Cabe salientar que a iluminação deve ser projetada de modo que a vegetação urbana não encubra a iluminação. Na cidade de Barreiras são poucas as luminárias que estão voltadas ao pedestre, estando localizadas, quase em sua totalidade, em projetos de construção e revitalização de praças, porém nas vias urbanas a regra é a iluminação voltada para os veículos, inclusive com postes altos em que, quando há vegetação, a iluminação fica encoberta, iluminando a copa das árvores. Na Fotografia 12 é apresentada uma situação de iluminação inadequada, onde o poste está iluminando sobre a copa das árvores. Já na Fotografia 13, é demonstrado um exemplo positivo, onde há a presença de postes em altura adequada e atendendo à calçada.

Fotografia 12 – Iluminação sobre a copa das árvores em rua central de Barreiras

Fonte: o autor, 2023

---

[217] BRASIL, 2016.

Fotografia 13 – Iluminação adequada ao pedestre em bairro de Barreiras

Fonte: o autor, 2023

Ao se referir à vegetação, cabe destacar que ela é uma grande aliada da mobilidade a pé, já que proporciona um conforto climático essencial em cidades de clima quente, como Barreiras. A vegetação deve ser escolhida levando-se em consideração a dimensão, manutenção, tipo de raiz e não obstrução da faixa livre em até 2,10 metros de altura. A proteção contra intempéries por meio de vegetação pode ser um fator determinante para a escolha de uma rota em detrimento da outra.

Em duas áreas do centro de Barreiras existem ruas comerciais, uma com vegetação em abundância (Rua Guiomar Porto – Fotografia 14) e a outra com a inexistência de vegetação (Rua Capitão Manoel Miranda – Fotografia 15). Na primeira há um grande movimento de pessoas circulando (mesmo com baixa qualidade física das calçadas), na segunda se vê, somente, a presença de veículos e os poucos pedestres avistados estão se deslocando do carro (ou moto) estacionado até o destino. Da mesma forma, na primeira há uma ocupação de todas as edificações da rua por comércios e serviços; na segunda há uma alternância constante de locatários, possuindo sempre imóveis vagos.

Fotografia 14 – Arborização da Rua Profª Guiomar Porto

Fonte: o autor, 2024

Mais do que qualquer manual, a vivência prática e a observação da cidade pode nos dar direcionamentos em relação ao que funciona e o que não funciona. Os pedestres vão optar pelas calçadas com dimensões e qualidades que favoreçam uma caminhada mais agradável, pois observar a cidade é um grande aprendizado.

Fotografia 15 – Arborização da Rua Capitão Manoel Miranda

Fonte: o autor, 2024

Outra forma de proteção para as calçadas pode vir das próprias construções, podendo ter arcadas ou marquises que protejam os transeuntes. Porém, apesar do clima quente na maior parte do ano em Barreiras, poucas são as edificações que dispõem desse tipo de artifício. Nas fotografias 16, 17 e 18 são apresentadas edificações onde houve tentativas de criar esse tipo de elemento, porém, devido à dimensão ou à disposição, não atingem os objetivos de realmente proteger e dar conforto aos pedestres.

Fotografia 16 – Espaço com lojas com proteção às intempéries

Fonte: o autor, 2024

Fotografia 17 – Prédio comercial com galeria no térreo

Fonte: o autor, 2024

Na Fotografia 16 é possível verificar que a proteção atende somente à fachada do conjunto de lojas devido à pequena dimensão da marquise e pela instalação de canteiros sob esse elemento, fazendo com que a caminhada ocorra de modo mais afastado da edificação, provavelmente recebendo a água sobre a cabeça em dias de chuva.

Já na Fotografia 17 o problema que impede o uso é o recuo da fachada em relação à via com o objetivo de criar estacionamento para veículos. O pedestre, para se abrigar sob a proteção da edificação, necessita desviar--se de seu percurso e enfrentar, ainda, escadas ou rampas para acessar o passeio em frente às lojas. Mesmo se quisesse ficar exposto às intempéries, ele enfrentaria dificuldades já que não sobrou espaço para uma calçada junto ao leito carroçável. Uma edificação que foi projetada, claramente, pensando nos usuários que chegariam até ali de carro. As fachadas ativas, grande mérito dessa edificação, são escondidas por carros estacionados de modo a não contribuir de maneira significativa para a qualificação dessa área da cidade.

Fotografia 18 – Edificação comercial com fachada recuada e coberta

Fonte: o autor, 2024

Na Fotografia 18 é apresentada a edificação que mais se aproxima de uma tipologia de arcada em Barreiras. As fachadas ativas beneficiam o espaço ao redor, o elemento de proteção apresenta uma dimensão que, efetivamente, protege o pedestre e a calçada está desimpedida de obstáculos ou estacionamentos. No entanto, o recuo da fachada em relação aos pilares poderia ser maior para induzir que a caminhada fosse mais próxima à edificação.

Percebe-se, nos exemplos apresentados, que a proteção de calçadas ainda é muito tímida, tendo a variante financeira grande importância sobre a qualidade do ambiente construído, gerando, assim, pequenas abas que não chegam a propiciar um ambiente agradável de permanência. Tem-se na Fotografia 16 uma rua estreita e a edificação com o mínimo recuo possível, fazendo com que a aba proteja somente as lojas e não os pedestres. Na Fotografia 17 a proteção é tão alta que deixa o pedestre praticamente exposto ao relento, novamente sendo um elemento que protege somente a fachada das lojas. Há, ainda, um agravante quanto à utilização de estacionamento de carros no recuo da edificação, o que faz o pedestre ter que desviar, priorizando, assim, mais uma vez os automóveis. Talvez, na Fotografia 18, apresente-se o mais perto de uma proteção efetiva ao pedestre, porém a dimensão diminuta entre os pilares e a fachada não criam o efeito arcada que poderia ser muito interessante para o clima de Barreiras.

> As arcadas oferecem uma passagem adicional para a mobilidade além da própria largura da rua. Elas criam uma zona de conforto extra para a caminhada e permanência, aproximando as pessoas do clima sem precisar estar ao ar livre. Elas fornecem sombra quando o sol está muito quente, bem como abrigo da chuva e da neve.[218]

A regra do máximo aproveitamento do terreno é levada ao extremo, evitando-se recuos que diminuam a área do pavimento térreo. Poucos incorporadores, construtoras e agentes imobiliários têm a percepção de que perder alguns metros poderia gerar uma valorização muito maior das lojas construídas ao nível da rua, podendo ter um retorno maior com um menor investimento.

No entanto, a construção de lojas ao nível da rua já é um grande avanço frente aos lançamentos recentes de edificações com empenas e fachadas cegas (sem aberturas). Precisa-se avançar muito ainda na qualidade arquitetônica para propiciar uma cidade mais amigável, porém precisa-se reconhecer, também, esse avanço em relação à ocupação do térreo. Abrir-se para a rua no térreo é essencial para trazer mais pedestres, já que torna o trecho mais interessante, tendo vitrines a serem observadas, e seguro, por possuir pessoas olhando o que está acontecendo na rua. É praticamente unânime essa questão por especialistas, de Jane Jacobs a Jeff Speck, de Jan Gehl a Alain Bertaud.

O mobiliário urbano deve ser instalado sempre na faixa de serviço, não obstruindo a faixa livre ou o provável percurso de pedestres. Esses elementos são extremamente importantes para manter a qualidade do espaço urbano. Bancos dispostos na calçada permitem que o pedestre possa descansar da caminhada, relacionar-se com outras pessoas, permanecer mais tempo no espaço público. Mais pessoas nas ruas traz mais segurança para todos, inibindo ações criminosas ou de vandalismo.

Não menos importante, as placas com informações, quando bem-dispostas, ajudam os pedestres a se localizarem no espaço urbano. Um bom sistema de informação pode conter orientações de transporte público, localização em relação à cidade, ao bairro ou ao setor onde o pedestre está, pontos de interesse em um raio de 15 minutos etc. Esse tipo de informação destinada ao pedestre é raro na cidade de Barreiras, pois as placas indicativas, em geral, estão voltadas aos veículos motorizados que

---

[218] SIM, 2022, p. 85.

trafegam nas faixas de rolamento. As poucas placas voltadas aos pedestres estão situadas em praças e parques, normalmente com uma informação proibitiva, ao invés de informativa ou orientativa.

Por fim, o caderno do Ministério das Cidades[219] discorre sobre a necessidade de ter-se uma continuidade na calçada, não tendo degraus, acompanhando a inclinação da rua, de modo a formar uma rede contínua para os pedestres, incentivando as viagens a pé de maneira segura. Aqui está um dos pontos mais problemáticos na cidade de Barreiras, as calçadas, até mesmo no centro da cidade, não possuem continuidade em relação à cota de nível, apresentando interrupções na pavimentação e inúmeros obstáculos. Quando da existência de aclives ou declives nas ruas, a situação é ainda pior, com rampas de acesso às garagens em sequência, formando uma grande escadaria onde deveria ser uma calçada desimpedida.

Fotografia 19 – Calçada na Rua da AABB

Fonte: o autor, 2024

Na Fotografia 19 é apresentada uma calçada urbana composta de diferentes tipos de obstáculos, desde degraus nos acessos de veículos aos lotes até a não pavimentação, situação comum em praticamente toda a cidade, que faz com que os pedestres sejam obrigados a circular pelo leito carroçável, colocando-se em risco constante.

---

[219] BRASIL, 2016.

Prinz[220], em seu manual *Urbanismo I – Projecto Urbano*, já apresentava essas preocupações em relação à segurança patrimonial e física, trazendo exemplos positivos e negativos, dando diretrizes de como deveriam ser dispostos os caminhos para pedestres. Nos exemplos aparecem situações de separação, preferencialmente com faixa de serviço, entre espaço para carros e para pedestres, o controle social por meio dos "olhos da rua", continuidade de caminhos e proteção atmosférica, como pode ser verificado nas figuras 42 e 43, de maneira didática.

Figura 42 – Aspectos negativos e positivos no projeto de passeios para pedestres (1)

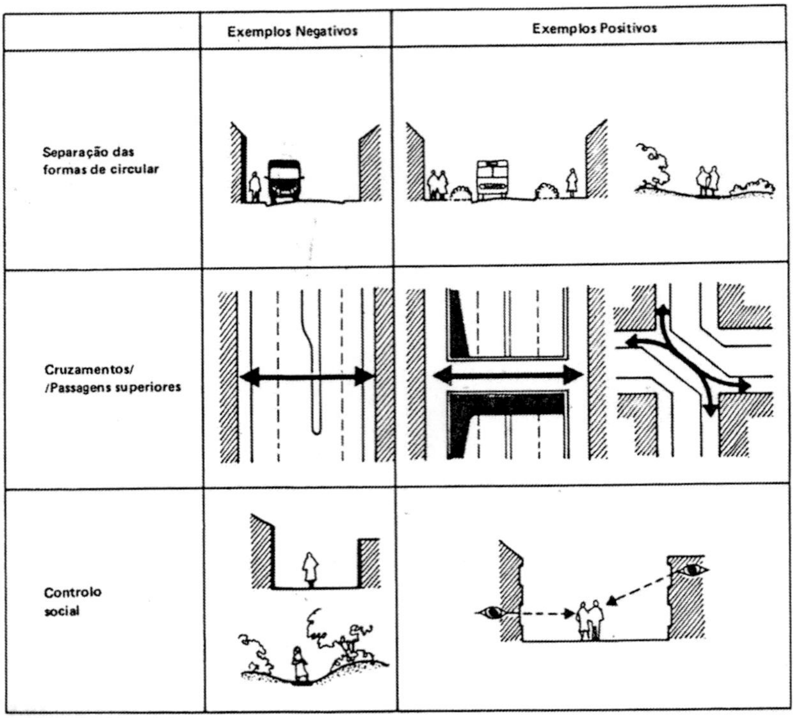

Fonte: Prinz, 1984

220 PRINZ, D. *Urbanismo I*: projecto urbano. Lisboa: Editorial Presença, 1984.

Figura 43 – Aspectos negativos e positivos no projeto de passeios para pedestres (2)

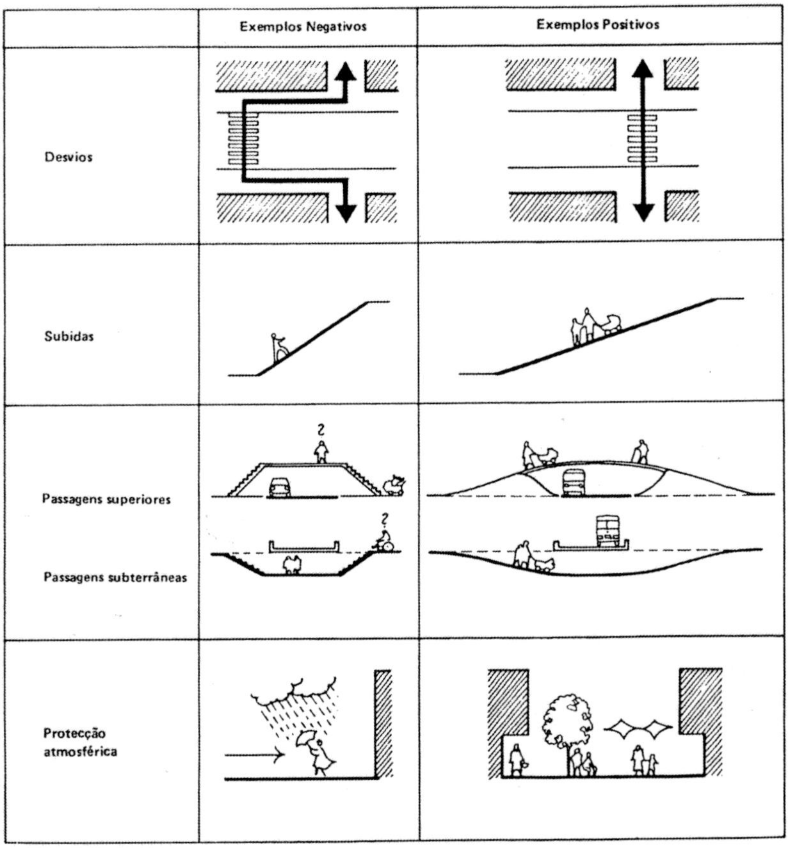

Fonte: Prinz, 1984

É de uma importância decisiva criar condições que estimulem a movimentação a pé, e que numa escala de graduação funcional e espacial concedam a prioridade ao trânsito de peões ou, pelo menos, uma igualdade de oportunidades.[221]

Pode-se notar que a preocupação em relação aos deslocamentos a pé já estava na pauta de autores e urbanistas estrangeiros, como Dieter Prinz (autor alemão) e Jane Jacobs (estadunidense), pelo menos desde a década de 1960. Situação que permitiu avanços consideráveis na caminhabilidade em relação ao presenciado no Brasil, já que esse tipo de discussão de modo

---

[221] PRINZ, 1984, p. 65.

aberto cria um letramento em urbanismo e uma civilidade na população capazes de modificar o senso de espaço comum, possibilitando, assim, o cuidado e a manutenção do espaço urbano.

Vasconcellos[222] salienta que uma das principais limitações para que tenhamos boas calçadas é o fato de sua responsabilidade de construção e manutenção ser do proprietário do lote, aliada a uma falta de punição no caso de descumprimento das regras estabelecidas pelo poder público. Interessante destacar que o governo municipal é responsável apenas pelo leito carroçável e pela definição de regras, por meio do código de obras, sobre os passeios e calçadas, refletindo claramente a dominação da ideologia do automóvel, como se este fosse "o" problema público e não o conjunto de testada a testada – a caixa da rua inteira.

Ou seja, apesar de a calçada ser um espaço público, sua construção e manutenção se dá de maneira privada pelo proprietário do lote, trazendo inúmeras consequências à experiência do caminhar, especialmente no que se refere à continuidade, já que cada proprietário constrói a calçada (quando constrói) de modo diferente da calçada do seu vizinho. Rampas, desníveis, alternância de tipo de piso, rampas de garagem avançando sobre o passeio, tudo isso são coisas que não deveriam existir, no entanto são comuns nas calçadas em diversas partes da cidade de Barreiras, como se pode averiguar por meio das fotos a seguir.

Fotografia 20 – Calçada na Avenida Clériston Andrade

Fonte: o autor, 2023

---

[222] VASCONCELLOS, 2018.

Fotografia 21 – Calçada no centro comercial de Barreiras

Fotografia 22 – Calçada no centro antigo

Fonte: o autor, 2024

Fonte: o autor, 2024

A Fotografia 20 apresenta a calçada em uma esquina em importante avenida da cidade, onde há um conjunto de rampa, escada e desnível que impossibilitam a utilização. É uma situação em que qualquer pessoa, ao se deparar com tamanho obstáculo, acaba optando por circular pelo asfalto. Na construção de edificações é necessário que o nível de acesso à edificação seja adequado e passível de ser vencido de maneira adequada e confortável, a fim de evitar situações como essa.

Já as fotografias 21 e 22 ilustram obstáculos e subdimensionamento da faixa livre de circulação. São encontradas calçadas dessa forma por toda a cidade, havendo dificuldades na escolha do que ser apresentado como exemplo significativo neste trabalho.

Por meio do Decreto nº 468/2015, a Prefeitura Municipal de Barreiras regulamentou a Lei nº 900/2010, na qual trata dos passeios públicos, elencando princípios a serem seguidos na execução, manutenção e conservação – acessibilidade, segurança, desenho adequado, continuidade e utilidade e nível de serviço e conforto. Assim como no caderno do Ministério das Cidades, é indicado que o passeio seja composto de faixa de serviço (mínimo 0,70 m), faixa livre (mínimo 1,30 m) e faixa de acesso (sem dimensão mínima).

Pode-se verificar que as diretrizes municipais estão alinhadas com as recomendações dos órgãos federais, como o esperado, apresentando as especificidades que, caso fossem seguidas, permitiriam calçadas minimamente caminháveis e acessíveis para os diferentes usuários. Porém, a cidade possui essa legislação a partir de 2010, tendo toda uma longa trajetória de construção e expansão sem uma regulamentação sobre esses espaços de circulação. Assim sendo, há uma necessidade de requalificação (ou qualificação) da grande parte das calçadas da zona urbana de Barreiras executadas até a regulação, bem como de todos os lotes sem construção ou com construções irregulares (que não passaram pelo crivo da Prefeitura Municipal de Barreiras). Como resultado tem-se uma cidade onde poucas calçadas atendem ao especificado, já que a forma de cobrar a execução é por meio dos diferentes alvarás e habite-se, que ficam condicionados ao projeto e à execução do passeio em conformidade.

Figura 44 – Rua Major José de Brito

Fonte: Google Earth, 2024

Uma demonstração clara do espaço dado ao pedestre e do (des) incentivo ao caminhar pode ser encontrado na Rua Major José de Brito (Figura 44), onde o espaço destinado ao trânsito de veículos motorizados tem, aproximadamente, 19,00 m e o espaço destinado ao pedestre é de, em média 1,50 m junto aos alinhamentos prediais. Em um local como esse, onde a rua possui tamanha dimensão, seria no mínimo razoável o alargamento numa reconfiguração da via, dando mais espaço para pedestres e ciclistas. Mesmo se forem adotados estacionamentos em ambos os lados, ainda assim sobraria espaço suficiente para uma ciclovia (ou ciclofaixa) e calçadas mais largas e qualificadas.

Uma solução interessante em relação à mobilidade a pé são as vias exclusivas, que podem ser encontradas no centro antigo da cidade de

Barreiras, popularmente conhecidas como "becos", onde se tem a possibilidade de encurtar as distâncias de caminhadas, diminuindo o tamanho da quadra para o pedestre. Porém é uma solução que não se difundiu com o crescimento da cidade, devido ao avanço do domínio dos veículos motorizados. Esse tipo de ambiente foi ganhando má fama devido ao baixo uso dessas passagens, tanto pelo esvaziamento de moradores no centro quanto pelas vias lindeiras a eles, que possuem papel de importante ligação interbairros, o que gera um tráfego constante que inibe a presença de pedestres. Com a diminuição de pessoas, esses espaços se tornam um lugar menos seguro.

Figura 45 – Passagens exclusivas de pedestres – becos – no centro antigo de Barreiras

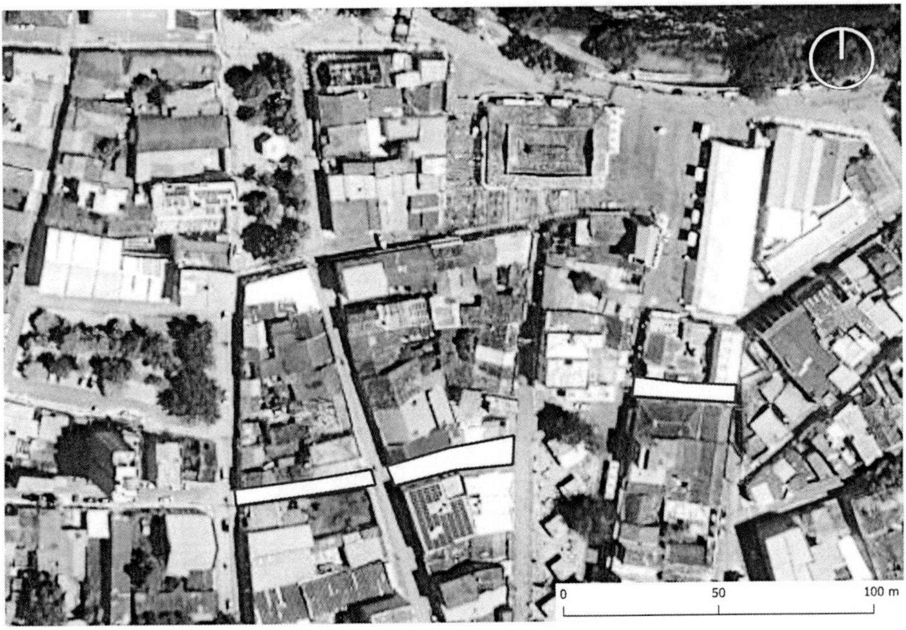

Fonte: elaborada pelo autor, 2024, com base em Google Maps, 2024

O descaso com esses espaços é tão grande que carros avançam sobre eles, chegando ao extremo flagrado na Fotografia 24, onde um carro de autoescola, que deveria ensinar como se portar no trânsito, está estacionado obstruindo esse espaço. Também é possível perceber, por meio da imagem, que os imóveis com fachadas voltadas para essa passagem

165

encontram-se, em sua maioria, bastante deteriorados e edificações antigas com valor patrimonial bastante descaracterizadas.

Fotografia 23 – Beco entre a Rua Benjamin Constant e a Rua Ruy Barbosa

Fonte: o autor, 2024

Fotografia 24 – Estacionamento indevido em espaço exclusivo para pedestres

Fonte: o autor, 2024

Esses espaços destinados a pedestres e, eventualmente, a ciclistas apresentam a característica de dividir quadras longas ao meio, tal como apresentado no capítulo anterior, possibilitando novas possibilidades de trajetos e podendo, ainda, criar um ambiente rico para o desenvolvimento e fortalecimento de uma cultura urbana local.

4.2 ACESSIBILIDADE UNIVERSAL

Santos *et al.*[223] trazem o artigo 5º da Constituição Federal, no qual se estabelece o direto de ir e vir de todos os brasileiros, assim, a calçada, enquanto espaço público, deve permitir o acesso a qualquer cidadão. Ou seja, para garantir o direito fundamental da Constituição Federal, é necessário que pessoas, independentemente de sua condição física ou motora, possam se locomover de maneira autônoma. Isso "inclui desde pessoas com restrição de mobilidade, como usuários de cadeira de rodas e idosos, até pessoas com limitações temporárias, como um usuário ocasional de muletas, uma mulher grávida ou pais com um carrinho de bebê."[224]

Permitir o acesso a todos é possível caso os manuais citados (Ministério das Cidades e WRI Brasil) sejam seguidos, porém a realidade, como já mencionado, é bem diferente. Optou-se por abrir uma sessão específica à acessibilidade universal como forma de trazer para o foco e chamar atenção de uma situação vivenciada por uma parte significativa da sociedade barreirense. Uma cidade, tal como Barreiras, já construída sem atenção à acessibilidade universal, ser adaptada para se tornar acessível necessita de um esforço, coordenação e recurso muito grandes, possuindo, ainda assim, situações extremamente complexas de serem resolvidas. Porém, precisa-se partir de algum lugar e, normalmente, parte-se das calçadas, espaços e prédios público e espaços privados de uso público.

O primeiro passo em direção a uma cidade mais inclusiva é permitir que uma pessoa com mobilidade reduzida possa acessar a calçada, obviamente partindo-se do pressuposto que a calçada já tem as condições mínimas de circulação, por meio de rebaixamento da calçada em esquinas, junto a faixas de pedestres e em pontos de interesse (farmácias, escolas, prédios públicos etc.). Esses rebaixos de calçada devem permitir a circulação contínua e autônoma de todas as pessoas. Para isso, a Associação

223 SANTOS, P. M. dos; CACCIA, L. S.; SAMIOS, A. A. B.; FERREIRA, L. Z. *8 princípios das calçadas*: construindo cidades mais ativas. São Paulo: WRI Brasil, 2017.

224 SANTOS; CACCIA; SAMIOS; FERREIRA, 2017.

Brasileira de Normas Técnicas – ABNT tem publicada a NBR 9050/2020[225] [226] onde são apresentados todos os "critérios e parâmetros técnicos a serem observados para projeto, construção, instalação e adaptação do meio urbano e rural, e de edificações às condições de acessibilidade."[227]

Cabe destacar, que a acessibilidade universal se refere a toda a população e não, somente, a pessoas com dificuldade de locomoção. Pessoas com deficiência auditiva ou visual precisam, também, de adaptações para terem autonomia na utilização dos espaços públicos e privados. O piso tátil e semáforos sonoros são essenciais para pessoas com deficiência visual, por exemplo. Como forma de conscientizar a população e o poder público, a publicação do WRI Brasil[228], em sua sessão que trata sobre a acessibilidade universal, destaca três itens principais a serem seguidos nos contextos urbanos: (1) rebaixamento de calçadas – nivelamento entre calçada e via; (2) piso tátil, tanto de alerta quanto direcional; e (3) inclinação longitudinal, de modo a acompanhar a via lindeira continuamente, preferencialmente com até 5% de inclinação.

Na cidade de Barreiras poucos são os itens observados. Semáforos sonoros são inexistentes, pisos táteis são inseridos em obras novas privadas, seguindo a legislação vigente, porém não garantem uma continuidade. Rampas de acesso à calçada são raras e, quando de sua existência, estão, quase sempre, em desacordo com o estabelecido em norma (por vezes com inclinação superior ao indicado, outras vezes em locais impróprios, ou, até mesmo, com o final direto na fachada de alguma edificação), o que torna quase impossível a circulação de pessoas com necessidades especiais de locomoção.

De acordo com o que versa o Decreto municipal nº 468/2015, que trata de calçadas, em seu artigo 11, os rebaixos de calçadas, guias ou meios-fios devem atender aos critérios previstos na legislação de acessibilidade, porém há somente uma recomendação quanto à utilização desse artifício quando houver faixa de pedestre ou vaga destinada ao estacionamento de veículos que transportam pessoas com deficiência. É uma recomendação e não uma obrigação segundo a legislação municipal. Quando em lei já é difícil que as soluções se materializem, não havendo obrigação, torna-se

---

[225] ABNT. *NBR 9050/2020*: acessibilidade a edificações, mobiliário, espaços e equipamentos urbanos. Rio de Janeiro: ABNT, 2020.

[226] Originalmente publicada em 1985 e com atualizações em 1994, 2004, 2015 e 2020.

[227] ABNT, 2020, p. 1.

[228] SANTOS; CACCIA; SAMIOS; FERREIRA, 2017.

quase uma questão de bom senso do cidadão construir o rebaixo na frente de seu comércio ou residência. Na Fotografia 25 é apresentada uma das poucas rampas encontradas na cidade, porém em desacordo com a NBR 9050/2020.

A cidade, a partir de sua estrutura física ineficaz, exclui pessoas com mobilidade reduzida do contexto urbano, invisibilizando-as perante a sociedade, já que ao não se observar esse público na vivência urbana, ocorre um "esquecimento" dessa população, não tendo suas demandas atendidas, sendo cada vez mais difícil que os artifícios para a acessibilidade sejam implementados.

Fotografia 25 – Rampa junto à faixa de pedestres no centro da cidade

Fonte: o autor, 2023

Pontos a serem evidenciados em relação ao descaso à acessibilidade são os locais que são responsabilidade do poder público, tais como praças, canteiros de avenidas e calçadas em frente a edificações públicas. No Parque Novo Tempo (Parque Multiuso Dom Ricardo Weberberger), construído e mantido pela prefeitura municipal, há problemas de continuidade de passeios, não possuindo rebaixos no sentido da caminhada, somente junto às vagas de veículos. Ou seja, para atravessar a rua é necessário que um cadeirante, ou uma pessoa com um carrinho de bebê, ande um grande trecho entre os carros para acessar o outro lado, como demonstrado nas fotografias 26 e 27.

Fotografia 26 – Ausência de rebaixo no Parque Novo Tempo

Fonte: o autor, 2023

Fotografia 27 – Rebaixo precário no Parque Novo Tempo

Fonte: o autor, 2023

Uma outra edificação pública traz um significado muito importante em relação à preocupação com a acessibilidade universal e à caminhabilidade. É a edificação que abriga a Prefeitura Municipal de Barreiras, que possui uma calçada lateral que não tem nem mesmo calçamento, onde há um bloqueio com um muro junto à esquina que obriga o pedestre a dividir espaço com os carros. Além de tudo isso, não possui rampa ou rebaixo do meio-fio para acesso à edificação. Se a Prefeitura Municipal, em seu prédio principal, não atende a essas questões, como poderá cobrar dos cidadãos que cooperem com a caminhabilidade e a acessibilidade? Essa situação encontrada diz muito sobre como os pedestres e as pessoas com mobilidade reduzida são tratadas em Barreiras.

Fotografia 28 – Edificação sede da Prefeitura Municipal de Barreiras (1)

Fonte: o autor, 2024

Fotografia 29 – Edificação sede da Prefeitura Municipal de Barreiras (2)

Fonte: o autor, 2024

Fotografia 30 – Muro da Prefeitura Municipal de Barreiras

Fonte: o autor, 2024

Fotografia 31 – Calçada lateral da Prefeitura Municipal de Barreiras

Fonte: o autor, 2024

Por último, para não ser muito repetitivo, já que os padrões se repetem com uma alta frequência, é apresentada a situação da ponte da BR-242, conhecida popularmente como Ponte de Cimento, a principal conexão entre as duas margens do Rio Grande. O acesso para pedestres, em sua lateral, ocorre com desnível, provavelmente oriundo da ausência de manutenção da ligação entre o acostamento e a própria ponte, tornando um obstáculo que impede o acesso em nível, jogando pessoas com mobilidade reduzida e ciclistas a dividirem o espaço destinado aos veículos motorizados. Há, ainda, um agravante devido a essa ponte ser utilizada por veículos pesados como única alternativa para o acesso à BR-135 sul, em direção ao município de São Desidério.

Fotografia 32 – Ponte da BR-242 sem acessibilidade universal (1)

Fonte: o autor, 2024

Fotografia 33 – Ponte da BR-242 sem acessibilidade universal (2)

Fonte: o autor, 2024

Não se tem a pretensão de esgotar, nesta obra, as discussões a respeito da acessibilidade universal em Barreiras, tampouco a situação encontrada em calçadas, ruas e espaços públicos pelos pedestres. A intenção é trazer algumas percepções iniciais e estimular que as condições de mobilidade ativa sejam continuamente objeto de discussão e pesquisas para obter-se, dessa forma, uma melhoria contínua.

4.3 MOBILIDADE POR BICICLETAS

Logo após o modo a pé, tem-se a micromobilidade, na qual se destaca o deslocamento por bicicletas, que expande o alcance das viagens cotidianas consideravelmente e, em cidades de porte pequeno a médio, pode atender, até mesmo, a totalidade da área urbana. Segundo estudo do Ministério das Cidades, os ciclistas realizam duas vezes mais deslocamento do que os pedestres, percorrendo distâncias muito maiores.[229]

A mobilidade por bicicletas possui diversos benefícios para os centros urbanos, com destaque para a questão ecológica e a isenção de custos por distância percorrida, sendo uma ótima opção para se vencer distâncias médias, não possíveis de atingir a pé. Segundo o caderno do

---

[229] BRASIL, Secretaria Nacional de Transporte e Mobilidade Urbana. *PlanMob*: construindo a cidade sustentável 1 – caderno de referência para elaboração de plano de mobilidade urbana. Brasília, 2007. p. 89.

Ministério das Cidades[230], a bicicleta é o veículo mais utilizado em cidades com menos de 50 mil habitantes, especialmente onde o transporte público praticamente não existe e o automóvel está fora do alcance da maioria da população.

Esse mesmo caderno destaca como características favoráveis ao uso da bicicleta o seu baixo custo, tanto de aquisição quanto de manutenção, a possibilidade de fazer viagens porta a porta, a alta eficiência energética, a baixa perturbação ambiental e a flexibilidade e rapidez para viagens curtas, para distâncias até 5 km. Já como pontos negativos o documento destaca o raio de ação limitada, a exposição do usuário às intempéries e a vulnerabilidade em relação aos acidentes de trânsito. Pode-se acrescentar aqui, também, a sensibilidade às rampas, por se tratar de um veículo movido por tração humana o esforço é maior em aclives, e a exposição à violência patrimonial, já que um ciclista pode ser facilmente abordado por pedestres, ciclistas ou motociclistas com a intenção de furtar os bens pessoais ou a própria bicicleta durante o percurso, bem como furtos devido à falta de estacionamento apropriado e seguro para esse tipo de veículo nos centros urbanos. Assim, "uma política que pretenda a ampliação do uso da bicicleta exige duas preocupações básicas dos administradores públicos e dos planejadores: a segurança física dos seus usuários no trânsito e a proteção dos veículos contra furto ou roubo"[231].

O ciclismo está presente na cidade de Barreiras de duas formas bem distintas. A primeira é a população de baixa renda, normalmente vivendo nas bordas da mancha urbana, que vê na bicicleta a única forma possível de deslocamento para médias distâncias e, consequentemente, uma forma de acessar localidades além do próprio bairro. Já a segunda forma são pessoas utilizando bicicletas como atividade esportiva, normalmente com equipamentos de custo mais elevado e rodando grandes distâncias. Esses usuários estão em outra faixa de renda, o que lhes permite ter um automóvel ou motocicleta para os deslocamentos pendulares diários, tendo o ciclismo somente como lazer. Essa situação segue um padrão já identificado pelo caderno no Ministério das Cidades em 2007.

---

[230] BRASIL, 2007.
[231] BRASIL, 2007, p. 89.

> [...] nas cidades médias e grandes, com raras exceções, o uso do transporte cicloviário está bem abaixo do seu potencial, tendo seu uso disseminado em apenas dois seguimentos bem distintos da população: a classe de renda média alta; e as classes de renda muito baixas. Os primeiros não usam a bicicleta como meio de transporte habitual, mas sim como um equipamento esportivo e costumam se destacar na paisagem com suas vestimentas coloridas, capacetes e equipamentos sofisticados que atingem preços elevados no mercado, às vezes comparáveis aos de veículos motorizados. Na outra ponta estão os integrantes das camadas de renda baixa, invariavelmente habitando a periferia dos grandes centros urbanos e cidades menores. Estes últimos são os grandes usuários da bicicleta no Brasil, fazendo uso regular deste veículo como um modo de transporte.[232]

Além disso, a cidade de Barreiras possui poucas ciclovias e ciclofaixas, cerca de 5,5 km, e as existentes foram dispostas de maneira desconectada, como demonstrado pela Figura 46, não favorecendo a utilização delas para deslocamentos urbanos. Inclusive, há o curioso caso de uma ciclofaixa circular junto a uma avenida da cidade, no Parque Novo Tempo (Figura 47), sendo essa a mais extensa da cidade, com 3 km.

A ciclofaixa se encontra junto ao canteiro central, com diversas interrupções, seja por acesso a vagas de estacionamento, seja por uma rótula com acesso preferencial para os automóveis e, consequentemente, como pode ser verificado na Fotografia 34, os ciclistas optam por não a utilizar para a mobilidade urbana. Com o fluxo rápido de veículos motorizados e a ausência de serviços, comércios e até residências, ela não possui atrativos para o uso em deslocamentos urbanos, sendo utilizada somente de modo recreativo e em dias e horários com pouco trânsito.

---

[232] BRASIL, 2007, p. 88-89.

Figura 46 – Ciclovias e ciclofaixas urbanas de Barreiras

Fonte: elaborada pelo autor, 2022

Figura 47 – Ciclofaixa do Parque Novo Tempo em Barreiras (1)

Fonte: elaborada pelo autor, 2022, com base em Google Earth (2022)

Fotografia 34 – Ciclofaixa do Parque Novo Tempo em Barreiras (2)

Fonte: o autor, 2022

Desta forma, para utilizar a bicicleta nos deslocamentos urbanos, o ciclista, obrigatoriamente, irá compartilhar vias com carros, motos, ônibus e caminhões, utilizando-se da faixa de rolamento e acostamento das vias. Essa ação é agravada pelo fato de o município ter um entroncamento rodoviário (o maior entroncamento rodoviário do oeste da Bahia) em meio à mancha urbana. O conflito com as motocicletas também é bem significativo, já que a rarefeita fiscalização de trânsito não impede a utilização do acostamento de rodovias por motociclistas em alta velocidade, bem como do estacionamento e comércio de produtos nessas áreas.

Soares e Guth, em seu levantamento em cidades pequenas de diferentes regiões do país, trazem a seguinte reflexão:

> O uso de bicicleta, contudo, parece não se atrelar a um padrão — seja socioeconômico, de porte de cidade ou de características geomorfológicas e/ou climáticas —, ainda que possa ser comprometido pelo crescimento da motorização. A diversidade de uso e ocupação do solo, o desenvolvimento de políticas cicloviárias, a facilidade e a praticidade do uso de bicicleta e a construção de identidades sociais que passam pela presença da bicicleta no cotidiano das pessoas e da paisagem urbana são algumas das variáveis que explicam os altos índices de ciclismo nessas cidades.[233]

---

[233] SOARES; GUTH, 2018, p. 21.

Outro aspecto trazido pelo estudo de Soares e Guth[234] é a caracterização de quem são os ciclistas urbanos e como eles se comportam. Nas cidades de pequeno porte estudadas, 34,9% das pessoas pedalando eram mulheres, frente a uma média de 7% nas capitais e grandes cidades. Verificou-se também que o capacete é um item praticamente ignorado em cidades desse porte, sendo utilizado em média por 1% dos ciclistas. Nesse aspecto, os ciclistas esportivos, em Barreiras, diferenciam-se por utilizarem todos os aparatos de segurança, desde capacete até luvas e sapatos específicos para a prática esportiva; já a população que se desloca diariamente por bicicleta para o trabalho ou para a escola, em sua grande maioria, não utiliza capacete e outros equipamentos de segurança.

A utilização de calçadas e a circulação na contramão aparecem de maneira significativa, em geral como recursos para as situações em que o desenho urbano está em desacordo com as características do deslocamento ativo. Outro aspecto relevante que aparece em cidades de pequeno porte é a presença massiva de bicicletas comuns (diferente de bicicletas esportivas) com participação acima dos 96%. Quando perguntada a motivação para começar a utilizar a bicicleta como meio de transporte, destacaram-se as falas: "É mais rápido e prático", "É mais barato" e "É mais saudável", adicionando a renda per capita levantada nessas cidades, onde quase 75% dos ciclistas recebem até três salários-mínimos e dois terços entre zero e dois salários-mínimos[235], situação que pode ser verificada pelos gráficos 11 e 12.

Largura[236] cita como vantagens à utilização de bicicleta no deslocamento os seguintes pontos: baixo custo de aquisição e manutenção (o mais barato entre os veículos urbanos), eficiência energética, baixa perturbação ambiental (somente ocorre durante o processo industrial), contribuição à saúde do usuário (física e mental), equidade (acessível a quase toda a população), flexibilidade, rapidez (em regiões densas é o mais rápido em deslocamentos "porta a porta"), menor demanda de espaço público (tanto em movimento quanto estacionada). Já as desvantagens citadas são: raio de ação limitado, sensibilidade às rampas, exposição às intempéries e à poluição, vulnerabilidade física ao ciclista e vulnerabilidade ao furto, sendo estes dois últimos os mais citados como barreiras para o uso da bicicleta como modalidade de transporte.

---

[234]   SOARES; GUTH, 2018.

[235]   SOARES; GUTH, 2018.

[236]   LARGURA, A. E. *Fatores que influenciam o uso da bicicleta em cidades de médio porte*: estudo de caso em Balneário Camboriú/SC. Dissertação (Mestrado em Arquitetura e Urbanismo) – UFSC, Florianópolis, 2012.

Gráfico 11 – Motivação para começar a utilizar a bicicleta

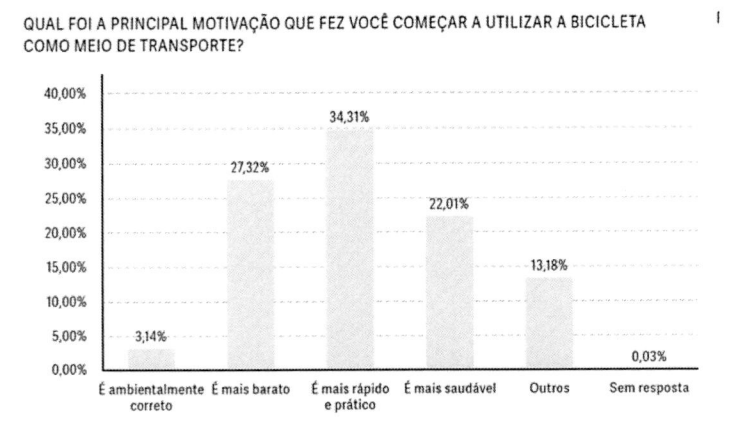

Fonte: Soares e Guth, 2018

Gráfico 12 – Renda per capita de usuários de bicicletas

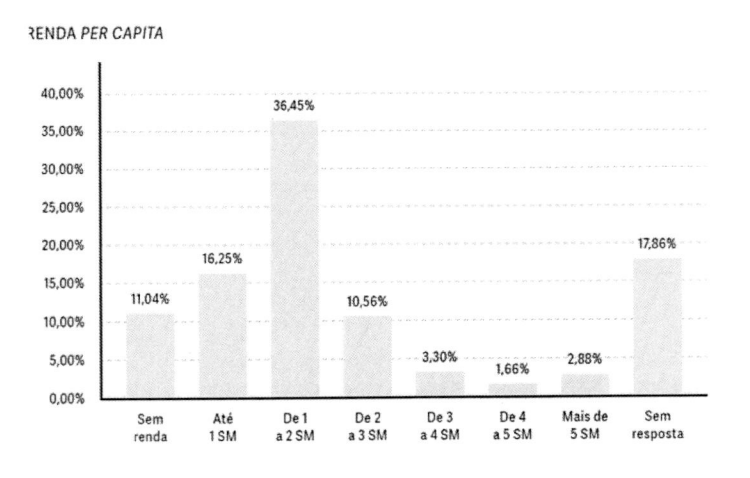

Fonte: Soares e Guth, 2018

Quando se leva em consideração a dimensão da cidade de Barreiras, a topografia, os pontos de interesse e os entraves no trânsito, o ciclismo parece ser uma opção eficiente, como já apresentado nas figuras 35 e 36, anteriormente. Se, em um mesmo tempo, durante o horário com maiores deslocamentos, um ciclista consegue atingir um raio maior do que um motorista em um carro, fica clara a eficiência desse modo de deslocamento.

No entanto, há vários entraves que impedem que isso ocorra, especialmente para a população que tem condições de ter um carro. A vulnerabilidade física ao dividir espaço com os demais veículos poderia ser contornada por meio da criação de uma infraestrutura cicloviária, preferencialmente separada da circulação de automóveis por barreira física ou, até mesmo, pelas próprias vagas de estacionamento, como apresentado na Figura 48, retirada do guia da NACTO[237].

Figura 48 – Diferentes configurações de ciclovias possíveis

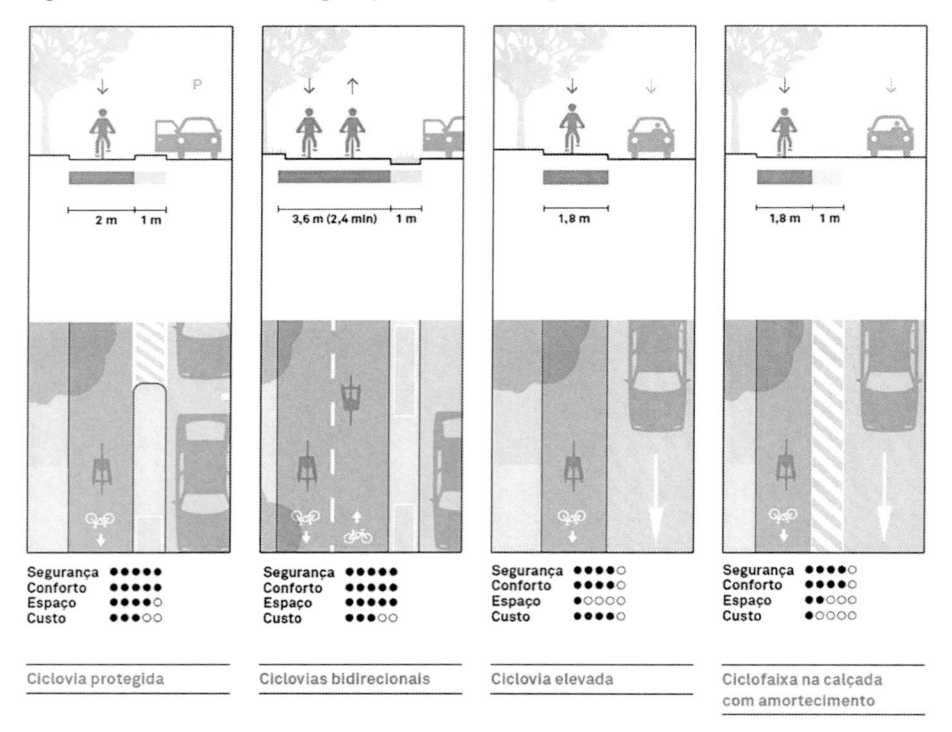

Fonte: NACTO, 2018

Quanto ao raio de ação limitado da bicicleta, a cidade de Barreiras possui uma dimensão com capacidade para grande parte dos deslocamentos serem feitos por bicicleta em um período de até 30 minutos e, caso sejam considerados os pontos de destino mais relevantes da cidade (que estão em sua grande maioria distribuídos na área mais central), poucos

---

[237] NACTO, 2018.

deslocamentos ultrapassariam 20 minutos. Sendo assim, o raio de ação limitado não seria um impeditivo para grande parte dos moradores da cidade. Obviamente uma parcela da população, seja pela localização da origem ou do destino, seja pela capacidade física individual, não teria como migrar para a bicicleta.

Já a exposição às intempéries pode ser considerada uma das grandes barreiras para os moradores optarem pela bicicleta no contexto local, podendo ser evidenciada pelos dados climáticos apresentados no Gráfico 13. A cidade de Barreiras possui um período do ano chuvoso e outro período seco, ambos apresentando desafios para os ciclistas. Também são registradas temperaturas elevadas durante grande parte do ano que, aliadas à baixa arborização urbana, impactam o conforto dos ciclistas.

Gráfico 13 – Precipitação acumulada (em mm) em Barreiras

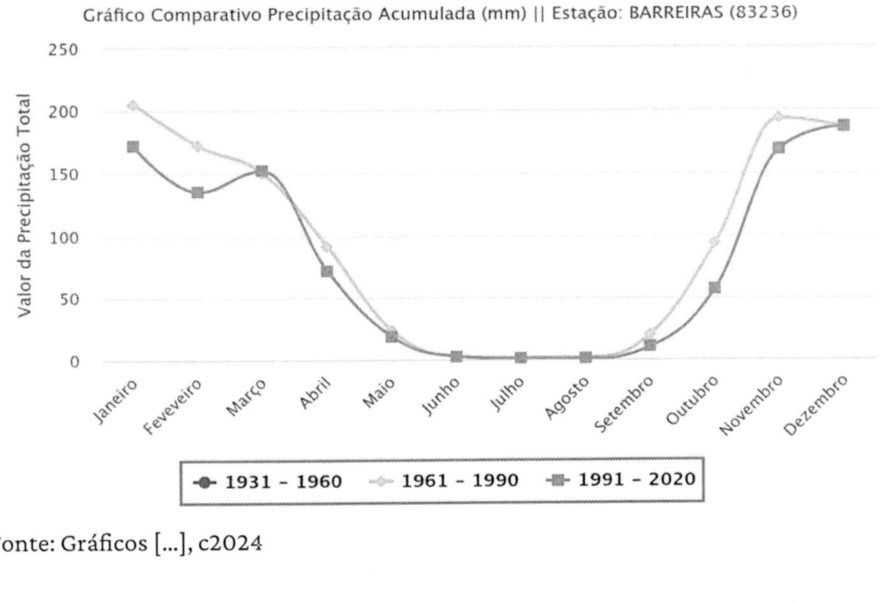

Fonte: Gráficos [...], c2024

A qualidade das infraestruturas cicloviárias, bem como a localização em relação à via e à insolação e a vegetação urbana poderiam contribuir significativamente para amenizar esse desconforto ao se pedalar no ambiente urbano, ampliando, assim, o número de ciclistas. Esses mesmos artifícios poderiam ajudar, também, na atenuação da poluição à qual os usuários de bicicleta estão expostos. A posição, normalmente junto ao meio-fio, das ciclovias faz com que, em períodos chuvosos, fiquem com água acumulada, necessitando, assim, de um sistema de drenagem adequado para manter a sua utilidade, como demonstrado na Fotografia 35.

Fotografia 35 – Ciclovia alagada em período de chuva no Parque Novo Tempo

Fonte: o autor, 2024

Quanto à sensibilidade às rampas e declividades, a cidade está disposta com desníveis com pouca inclinação em grande parte do território, tendo aclives mais acentuados nas extremidades da mancha urbana, mais especificamente onde a urbanização se aproxima das escarpas da Serra da Bandeira e da Serra do Mimo. Desta forma, parte significativa da população não está exposta a aclives que impossibilitem a utilização da bicicleta. A seguir é apresentada a Figura 49, na qual se nota onde estão os maiores aclives em relação à malha viária urbana, destacando que a cidade se encontra entre serras, porém sem significativos avanços às escarpas.

Figura 49 – Relevo de Barreiras

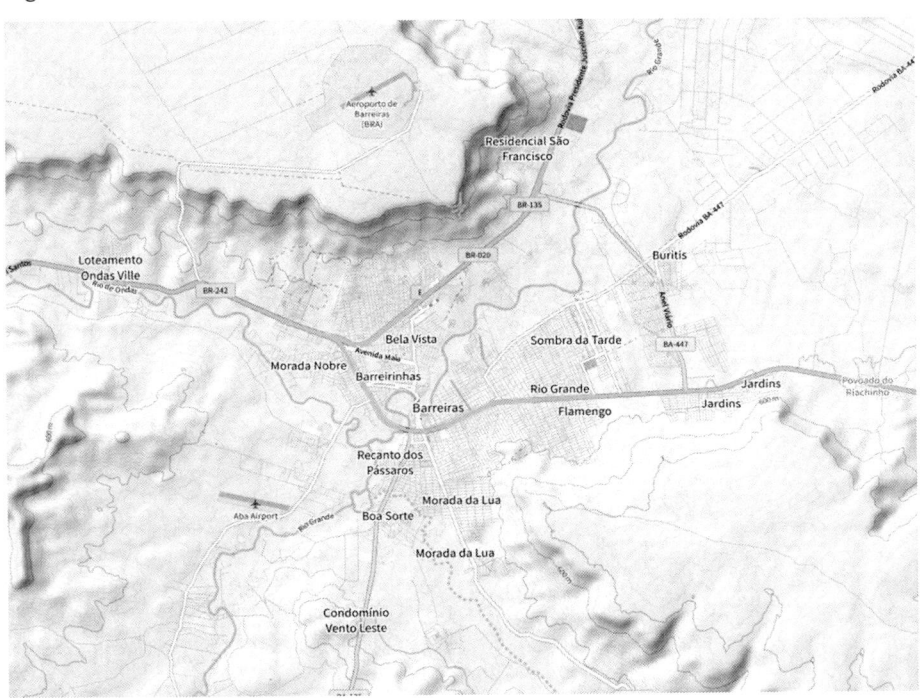

Fonte: Open Street Map, 2024

Por último, em relação à vulnerabilidade a assaltos e furtos, o usuário de bicicleta está exposto à violência urbana assim como os pedestres, porém, em alguns casos, com um equipamento (a própria bicicleta) que pode ser foco de atenção de ladrões. No entanto, ainda é difícil contabilizar o número de furtos devido à subnotificação e ao não registro de item específico em boletins de ocorrência. O que é importante ser destacado é que a configuração urbana, as fachadas ativas e a presença de pessoas nas ruas são geradores de segurança, já que um ambiente com mais usuários e, obviamente, com maior visibilidade e iluminação inibe ações de furto e de violência. Essas soluções trazem segurança para todos os usuários, especialmente os mais vulneráveis, que na mobilidade urbana são os pedestres e ciclistas.

Para que a cidade de Barreiras seja amigável ao ciclista necessita, primeiro, avançar em relação à segurança no trânsito como um todo. Segurança que começa na conformação do espaço público urbano – como estreitamento de faixas de rolamento, ampliação de calçadas em esquinas e pontos de travessia, travessias elevadas, limitação das ruas que permitem a conversão à esquerda e delimitação de espaços de circulação e parada para bicicletas – e vai até o comportamento humano, em que cordialidade no trânsito, respeito à legislação, educação em trânsito de todos (pedestres, ciclistas e motoristas) e, principalmente, fiscalização devem estar presentes.

Outro aspecto importante sobre a estrutura viária, que deve ser levado em consideração, é a continuidade do trajeto. Ciclovias desconectadas ou com muitas interrupções tornam-se irritantes e destroem o ritmo de pedalada do ciclista. O correto é deixar a ciclovia contínua e fazer com que o trânsito dê a preferência para o ciclista sempre que possível. Na já mencionada ciclovia do Parque Novo Tempo ocorre o oposto, há a indicação de "pare" para os ciclistas, dando preferência para os automóveis, fazendo com que, de maneira equivocada, a responsabilidade pela segurança no cruzamento passe para o ciclista. Essa situação pode ser verificada na Fotografia 36.

Fotografia 36 – Ciclovia no Parque Novo Tempo

Fonte: o autor, 2024

No plano diretor Barreiras 2030[238] há uma meta, ligada ao sistema viário, de incentivar o uso de bicicletas. Não são explicitadas claramente as ações a serem desenvolvidas. No entanto, é citada a intenção de criar

---

[238] BARREIRAS, 2016.

vias exclusivas para esse modo de transporte, em especial no centro mais adensado da cidade. Desde a publicação do documento, não houve avanços significativos. Outros itens essenciais para o ciclista são ignorados, como locais de apoio e estacionamento seguro para bicicletas. A legislação poderia, inclusive, ser modificada com a finalidade de incentivar a construção de bicicletários (vigiados ou não) ou até mesmo exigir a construção de vagas para bicicletas em novas edificações, da mesma forma que ocorre em relação às vagas para automóveis, como forma de promoção do ciclismo.

Os ciclistas que fazem o uso diário da bicicleta como modo de locomoção urbana, bem como os ciclistas esportistas, devem ser escutados e opinar na construção de um plano cicloviário municipal, até porque é impensável a criação de normas e legislações acerca desse modo de transporte por um corpo político "dentro" de seus automóveis particulares. Somente os usuários podem trazer as dificuldades que vivenciam cotidianamente a fim de contribuir na elaboração de políticas públicas mais assertivas.

No Plano de Mobilidade Urbana de Barreiras[239] foram apresentados mapas com linhas representando uma rede de ciclovias e/ou ciclofaixas, sem diferenciação por tipologia de rua, somente indicando os anéis cicloviários externo e interno, adicionados de ciclovias complementares. Além disso, há vazios preocupantes em pontos com grande densidade populacional, como o setor sudeste (onde se situam os bairros: Sandra Regina, Jardim Ouro Branco, Bandeirantes, Novo Horizonte, Serra do Mimo e Flamengo) e o setor noroeste (com os bairros: Barreiras I, São Sebastião, Vila Amorim, Santo Antônio Vila Rica e Vila dos Funcionários), onde não há previsão de estrutura cicloviária.

Foram apresentados, também, perfis "genéricos" de vias (que não correspondem com a realidade local), onde as ciclofaixas são dispostas na lateral do leito carroçável, sem elemento de proteção ou amortecimento na maior parte das situações propostas e com larguras subdimensionadas em relação às melhores práticas destacadas no Guia Global de Desenho de Ruas da NACTO[240] ou no caderno do Ministério das Cidades.

Quanto a equipamentos de apoio ao ciclista, como paraciclos, bicicletários, sinalização ou passagens exclusivas, não se tem previsão, assim como no plano Barreiras 2030. Também não foram mencionados siste-

---

[239] PLANO [...], 2021.
[240] NACTO, 2018.

mas de compartilhamento de bicicletas, nem tampouco o tratamento de transferência entre modos de transporte com estrutura adequada. Gehl salienta a importância dessas estruturas de apoio, especialmente junto às estações de outros modos de transporte.

> Outra importante ligação em um sistema integrado de transporte é a possibilidade de estacionar bicicletas com segurança em estações e terminais. É também preciso ter boas opções de estacionamento para bicicletas ao longo das ruas em geral, em escolas, escritórios e residências. Novos edifícios industriais e de escritórios deveriam incluir estacionamento para bicicletas, vestiários e chuveiros para ciclistas como parte normal de seu programa.[241]

A ausência desses equipamentos de apoio faz com que a população utilize elementos urbanos diversos para estacionar e prender as suas bicicletas, situação exemplificada nas fotografias 37 e 38.

Fotografia 37 – "Árvore de Bicicletas"

Fonte: o autor, 2022

---

[241] GEHL, J., 2015, p. 185.

Fotografia 38 – Bicicletas presas em poste em área central de Barreiras

Fonte: o autor, 2022

Ao se referir ao incentivo às bicicletas, surge de modo muito natural a referência aos sistemas de aluguel de bicicleta por aplicativo, os conhecidos sistemas de bicicletas compartilhadas. A criação e implementação de um sistema assim pode ajudar a difundir a utilização da bicicleta como modo de deslocamento diário, extrapolando a sua utilização como lazer. Ao permitir o aluguel ou o empréstimo por um curto período, pode-se oferecer a oportunidade para despertar o ciclista adormecido em parte da população adulta e vivenciar a cidade em uma velocidade diferente, gerando percepções diferentes sobre o espaço. São diversos os exemplos de compartilhamento de bicicletas em cidades ao redor do mundo e no Brasil, especialmente em capitais e cidades turísticas.

No entanto, um sistema de compartilhamento de bicicletas deve ser uma ação que venha após tornar a cidade ciclável, pois, caso contrário, pode ser uma ação que torna a pedalada mais insegura. Sistemas compartilhados em locais sem ciclovias ou ciclofaixas irão empurrar mais ciclistas para disputar espaço com os carros e, nessa disputa, a bicicleta é o veículo mais vulnerável.

> O tráfego de bicicletas e a segurança de tráfego devem ser levados a sério, a experiência de boas cidades ciclísticas deve ser incorporada antes de se experimentar com campanhas

de bicicletas baratas, de aluguel. As bicicletas públicas devem ser um elo nos esforços para se construir e reforçar a cultura ciclística, não sua ponta de lança.[242]

Dentro da micromobilidade temos, ainda, outras formas de deslocamento pelo espaço urbano que, apesar de não serem muito presentes ainda nas cidades pequenas e médias, já são realidade em capitais e cidades de grande porte. Segundo o ITDP Brasil, estão classificados assim os veículos leves de propulsão humana ou elétrica, particulares ou compartilhados, e com baixa velocidade (até 25 km/h) ou velocidade moderada (até 45 km/h). Assim sendo, esse grupo é composto, além das bicicletas, de skates, patinetes, triciclos e bicicletas de carga (desde que atendam aos critérios supracitados), tanto de propulsão humana quanto elétrica, ficando excluídas as motos elétricas.

Quanto o local de circulação, o ITDP orienta que veículos de baixa velocidade utilizem a ciclovia e os de velocidade moderada utilizem o leito carroçável, podendo utilizar a ciclovia se não ultrapassarem a velocidade de 25 km/h e podendo, ainda, ser construídas ciclovias expressas em vias arteriais ou coletoras para permitir maior velocidade para os veículos de velocidade moderada e ciclistas esportistas.

A ausência de uma legislação e um consenso, principalmente sobre os patinetes elétricos compartilhados, gerou grandes transtornos nas cidades de grande porte, sendo retirados de circulação e não chegando a se concretizar em cidades menores. A exploração do espaço público para estacionar veículos compartilhados de empresas privadas, independentemente do porte, necessita de maiores discussões, bem como da criação de legislações específicas, especialmente quanto à concessão pelo poder público de licença para esse fim.

Os patinetes elétricos compartilhados por aplicativo não possuíam uma instalação, ocupando parte das calçadas de vias urbanas. Uma forma de parasitar o ambiente urbano, já que as empresas por trás desses serviços se utilizavam de toda a infraestrutura urbana já construída para lucrar. Da mesma forma que a febre dos patinetes elétricos veio, ela foi embora, de modo repentino e com prejuízos para as empresas.

No entanto, patinetes elétricos e afins podem dar uma contribuição grande para a mobilidade urbana. Por ser um transporte com baixa emissão e baixo ruído, as externalidades estão mais ligadas ao acesso inicial para

---

[242] GEHL, 2015, p. 189.

aquisição de um veículo (ou do aluguel) e à disputa de espaço urbano em relação aos outros meios de transporte. Na situação de complementação de viagem, esses veículos funcionam muito bem. Por exemplo, na situação de utilização do transporte coletivo, o usuário poderia fazer o deslocamento da origem até o ponto de ônibus e do ponto de ônibus até o destino por meio de patinete elétrico, dada a sua capacidade de ser transportado facilmente, tornando mais rápido e, consequentemente, seguro o trajeto inicial ou final (denominado como *last-mile* em diversas fontes bibliográficas sobre mobilidade urbana – última milha ou quilometro). A micromobilidade pode ampliar o acesso à cidade, aumentar o acesso ao transporte público, além de permitir, por meio da micromobilidade elétrica, ampliar a distância média que as pessoas podem se deslocar sem utilizar carro.

A mobilidade por bicicletas ou patinetes (e afins) pode contribuir muito para uma melhoria do ambiente urbano, porém são necessárias ações do poder público e privado (por meio da sociedade civil organizada) com a finalidade de propiciar espaço seguro e confortável para a circulação desses veículos. Se a infraestrutura for ofertada, certamente mais usuários irão optar por esses meios. Se mais pessoas estiverem nas ruas como pedestres, ciclistas ou usuários de patinete, maior será a apropriação do espaço urbano, trazendo mais vida, segurança e qualidade às ruas. É um processo em que toda a população urbana será beneficiada. As ciclovias, bem como qualidade das calçadas, são elementos fundamentais para uma transformação positiva nas cidades.

Assim como na mobilidade a pé e na acessibilidade universal, não se deseja fazer um encerramento ou uma conclusão a respeito da mobilidade por bicicletas e afins. Aqui foram levantados pontos importantes que necessitam de estudos e debates públicos para serem corrigidos, implementados ou incentivados.

4.4 TRANSPORTE PÚBLICO COLETIVO

Ao iniciar a discussão a respeito do transporte público (coletivo), é necessário dar o destaque em relação ao seu funcionamento de estação a estação (parada a parada), não sendo um modo de transporte que alcança todas as localidades em uma cidade. Quando o transporte é sobre trilhos ou sobre pneus em corredores exclusivos (como BRTs) fica mais fácil compreender o trajeto rígido, já que sem trilhos ou faixa exclusiva há a impossibilidade de locomoção. Nos ônibus urbanos ocorre de modo similar, porém a rigidez do trajeto é mais abstrata, de um modo geral, por não haver diferenciação física em relação aos demais veículos.

Essa rigidez no trajeto é planejada na implementação da linha a fim de atender ao maior número possível de habitantes, bem como atingir pontos de atração no contexto urbano, mantendo um tempo de viagem adequado para a realidade local. Ao se escolher um caminho para a circulação do transporte público em detrimento do outro, a acessibilidade de todo o entorno será afetada, podendo ser beneficiada com o maior número de pessoas, tornando-se um local com forte vocação para o comércio, ou ter a acessibilidade reduzida, tornando o ambiente menos movimentado, podendo ser benéfico para uma área residencial.

Partindo deste ponto inicial levantado, é importante ter a consciência de que o transporte público não atenderá à população em sua totalidade. Pessoas em bairros com poucos moradores ou desconexos em relação à mancha urbana dificilmente terão uma linha regular de ônibus disponível. O cidadão que necessita fazer um deslocamento encadeado, que para a cidade apresenta vantagens por reduzir o deslocamento total, terá dificuldades em utilizar o sistema de ônibus urbano. Da mesma forma, pessoas que desejem se deslocar fora do horário de pico, independentemente de sua localização, terão dificuldades devido à baixa oferta de veículos (frequência), tendo que aguardar longos períodos na parada de ônibus. A falta de oferta fora do horário de pico surge com a origem do transporte público que foi dimensionado, há muito tempo, para os trabalhadores, em geral homens, se deslocarem de suas casas até as indústrias, não sendo pensado para os demais usuários com tempo e destinos mais diversificados[243], situação com enfoque claramente capitalista já que prioriza a produção em detrimento da necessidade de outros usuários. Essa situação se espalhou em cidades menores e do interior conforme eram implantados serviços de ônibus urbanos nesses locais se baseando nos sistemas já em funcionamento.

Outro fator importante é que parte da população, mesmo tendo fácil acesso ao transporte público, optará por não o utilizar, seja pela comodidade e autonomia de dirigir um carro particular, seja pelo preconceito envolvido. Vasconcellos[244] destaca a relação da imagem do transporte

---

[243] VASCONCELLOS, 2018, p. 56.
[244] VASCONCELLOS, 2018, p. 53.

público perante as diferentes classes sociais e respectivas faixas de renda, destacando o preconceito e a visão negativa dos grupos sociais de renda média e alta desse modo de transporte, qualificando-o como um modo de deslocamento "incorreto" para eles. Situação que o autor destaca ser frequentemente reforçada pela propaganda de venda de veículos.

Herce[245] afirma que em qualquer proposição para a redução do uso massivo dos carros em deslocamentos urbanos passa, obrigatoriamente, pelo transporte público. Torná-lo acessível e suficientemente confortável para grande parte da população é um desafio a ser enfrentado por qualquer cidade média ou grande. O autor traz, ainda, o "tripé" de ações para atingir uma mobilidade sustentável (Figura 50). Para avançar nessa temática, é necessário, primeiramente, superar um modelo antiquado e viciado na forma de contratação e na engenharia financeira da operação para que o poder público tenha um pouco mais de autonomia no gerenciamento de linhas e fiscalização do sistema.

Figura 50 – Combinação de ações para alcançar mobilidade sustentável

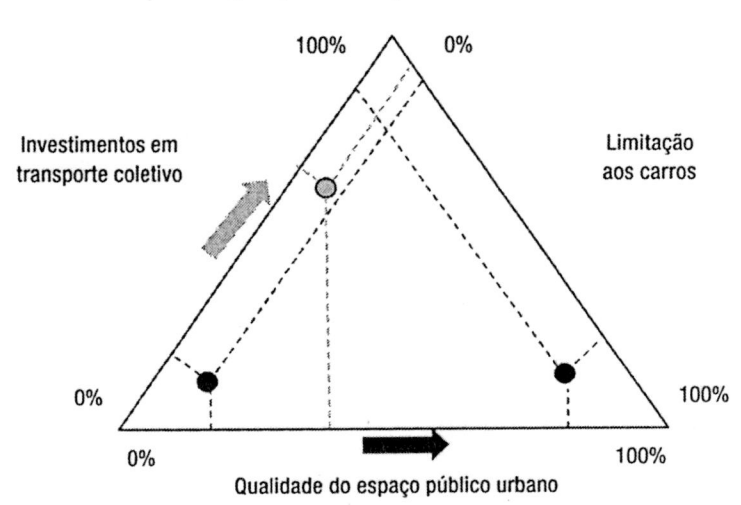

Fonte: Herce, 2022

Para tornar mais fácil o entendimento do resultado esperado com as ações propostas, Herce apresenta em um infográfico (Figura 51) a situação atual da mobilidade, o cenário futuro sem intervenções e, por último, o

245 HERCE, 2022, p. 22.

resultado esperado caso as ações de mobilidade sustentável façam efeito. Nota-se que o objetivo são menos carros, ampliação do transporte coletivo e ampliação da mobilidade ativa. Essas três ações podem ser um ponto de partida para começar a transformação no modo de deslocamento e acessibilidade de toda a população urbana de Barreiras.

Figura 51 – Os desafios para a política de mobilidade sustentável

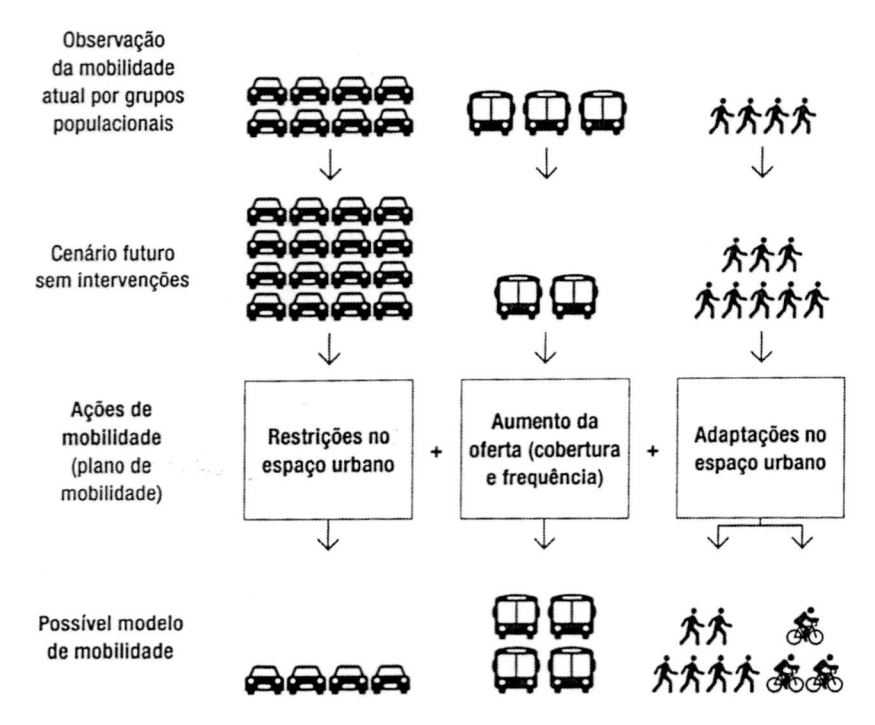

Fonte: Herce, 2022

A importância do transporte público urbano é evidenciada como forma de ampliar o alcance da população que não possui carro ou moto na cidade. Bertaud complementa que "o objetivo principal de uma estratégia de transporte urbano deve ser minimizar o tempo necessário para se alcançar o maior número possível de pessoas, empregos e amenidades"[246]. O transporte público é um modo de deslocamento que, em sua função principal, deve servir à população. Parece óbvio, mas não é o caso da

---

[246] BERTAUD, 2023, p. 143.

grande parte dos serviços de ônibus urbano no Brasil, onde grande parte das prefeituras deixa sob responsabilidade das empresas vencedoras da concorrência toda a gestão estratégica e financeira da operação, sendo o espaço urbano parasitado por empresas que visam ao lucro em detrimento de nível de serviço. O nível de serviço para o transporte público pode ser compreendido pela passagem a seguir.

> Para o transporte público, o nível de serviço deve ser representado pelas condições médias ofertadas aos usuários em termos de ocupação média dos veículos (conforto), de possibilidades efetivas de embarque (que se refletem no tempo de espera, incluído na macroacessibilidade) e de qualidade da sinalização e da informação disponíveis aos usuários.[247]

Em relação ao transporte público municipal em Barreiras, a população é atendida por um sistema de ônibus intraurbano, por meio de uma única empresa, cuja operacionalização de recursos adotada foi o controle direto pelo operador, como ocorre na grande maioria dos municípios brasileiros, ou seja, é dada a concessão para explorar o sistema de transporte e a empresa operadora controla toda a engenharia financeira. Esse tipo de operacionalização traz um incentivo perverso, onde a máxima capitalista é buscada, já que as empresas, em geral, buscam a redução de custos (por meio de menores frequências, maiores intervalos e não renovação de frota) com a maximização de passageiros (altos níveis de ocupação e falta de serviço em locais de menor demanda). Esses aspectos podem ser evidenciados em pesquisa realizada por Santos[248] em Barreiras e teoria apresentada por Vasconcellos, evidenciada na passagem a seguir.

> [...] a redução do intervalo de tempo entre dois veículos sucessivos melhora o serviço, mas reduz a rentabilidade. Ao contrário, o aumento do intervalo entre veículos aumenta a rentabilidade, mas pode causar grande queda no nível de serviço. Existe, portanto, um balanço delicado entre oferta e custo, que se reflete na rentabilidade do sistema e na eventual necessidade de subsídios.[249]

Por meio de uma rede de transporte coletivo, carregada de interesses particulares e expressa por uma funcionalidade especificamente econômica de mobilidade, como o caso de Barreiras, a integração interna do territó-

---

[247] VASCONCELLOS, 2018, p. 147.

[248] SANTOS, 2015.

[249] VASCONCELLOS, 2018, p. 168-169.

rio urbano, na prática, ficou condicionada a um movimento racional. Na relação dialética rede-demanda-espaço, o sócio das empresas atuantes – Viação Cidade de Barreiras e Soluções Transporte (hoje absorvida pela Viação Cidade de Barreiras) – afirmou que as linhas perpassam os lugares onde há demanda de usuários; por conseguinte, aumentar a frota de veículos ou criar mais linhas seria um contrassenso para a empresa, devido ao fato de a rede obedecer a uma lógica econômica.[250]

No Brasil, os recursos para cobrir as operações de transporte público vêm, quase que em sua totalidade, das tarifas pagas pelos usuários, como demonstrado no gráfico a seguir. Algumas poucas cidades operam com sistemas de subsídios por meio de recursos públicos, para manter um sistema com qualidade sem extrapolar os valores do bilhete. Entre estas, cabe destacar os exemplos de São Paulo, Brasília e Curitiba. Manter o caixa positivo em uma operação de transporte público urbano por meio, somente, da tarifa é possível em casos específicos, normalmente em cidades que possuem maior densidade populacional distribuída por grande parte da zona atendida pelo sistema. Quando há uma área com pouca densidade de moradores, há uma tendência de não haver rentabilidade para a operação.

Gráfico 14 – Quem paga o transporte público no Brasil

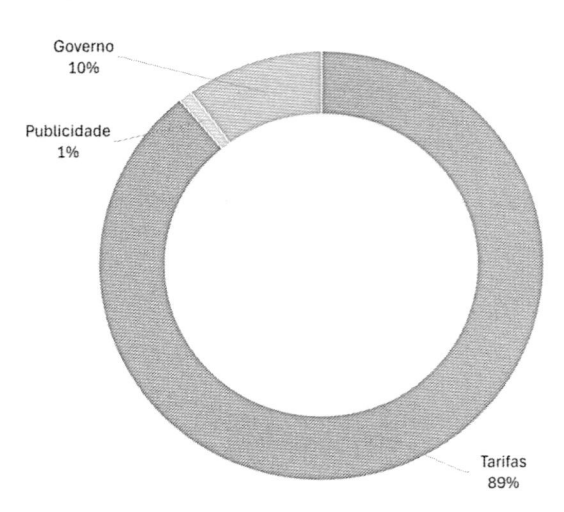

Fonte: adaptado de Manhas, 2019

---

250 SANTOS, 2015, p. 63.

Outro fator impactado nessa equação é o preço do ticket, já que para sustentar as despesas e equilibrar o orçamento sem comprometer o nível de serviço a única forma é elevando a tarifa. Conforme o Gráfico 14, no Brasil 89% do custo do transporte é sustentado por elas. E com a elevação da tarifa menos pessoas, especialmente as com menos recursos financeiros, utilizarão o sistema. Podendo ter o modo de transporte substituído pelo modo a pé, de bicicleta, moto ou, até mesmo, imobilizar o cidadão, fazendo com que tenha acesso, somente, até onde o caminhar seja possível. Ou seja, a tarifa do transporte público está diretamente ligada ao direito à locomoção da população, já que pode ampliar ou negar a acessibilidade em detrimento da condição financeira do cidadão.

Quanto aos custos relacionados ao transporte público, Vasconcellos[251] fez o levantamento de quanto cada item impacta, percentualmente, as despesas do operador do sistema, conforme o Gráfico 15.

Gráfico 15 – Itens de custo das tarifas de ônibus e seu peso no custo total

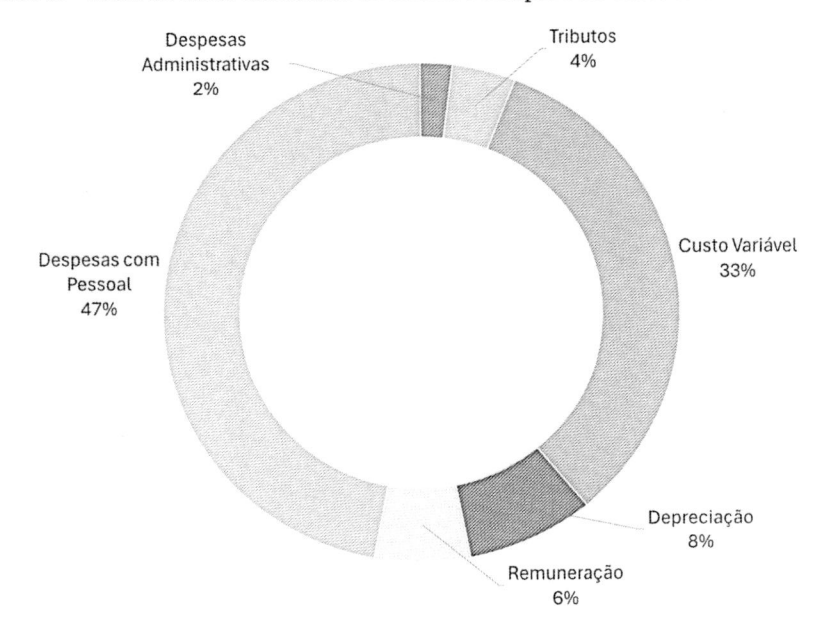

Fonte: adaptado de Vasconcellos, 2018

---

[251] VASCONCELLOS, 2018.

Percebe-se que os dois maiores custos – custo variável e despesas com pessoal – estão diretamente ligados ao serviço, totalizando 80% da despesa. Essa despesa é direta e ocorre quando o ônibus está em circulação, ou seja, mais ônibus circulando acarretam mais despesas para a empresa. No caso de um contrato que dê autonomia na disponibilização de veículos à empresa, ela poderia (e geralmente o faz) diminuir o número de veículos na rua para evitar despesas, impactando a lotação dos veículos e o tempo de espera nas paradas de ônibus.

O Instituto de Estudos Socioeconômicos (Inesc) destaca o círculo vicioso da utilização do transporte individual motorizado em relação às tarifas do transporte público, por meio da imagem a seguir, em que podemos relacionar o avanço na taxa de motorização e os congestionamentos no sistema viário com o valor das tarifas e o seu efeito nos usuários.

Figura 52 – Círculo vicioso entre transporte público e motorização

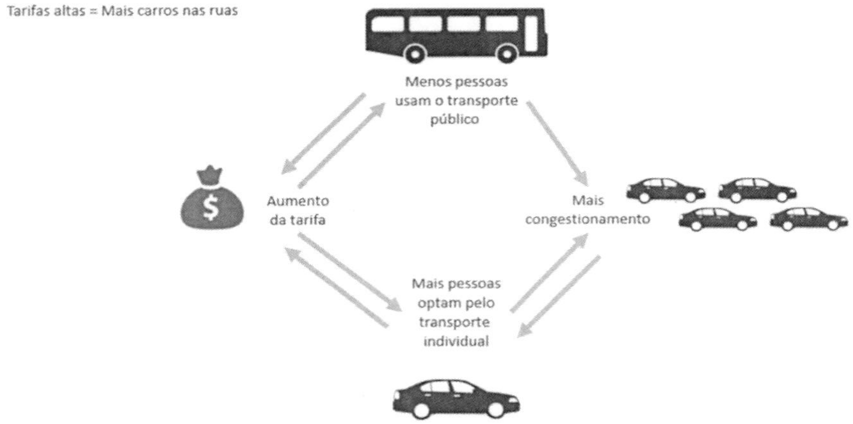

Fonte: adaptado de Manhas, 2019

A Figura 52 expõe que quando menos pessoas utilizam o transporte público, a tendência é que mais carros circulem nas ruas, gerando mais congestionamentos. Da mesma forma, a diminuição de passageiros força as tarifas para cima, e esse aumento tira mais usuários do transporte público, retroalimentando o círculo vicioso e empurrando a população para modos de transporte motorizados individuais.

Ainda em relação à tarifa do transporte público urbano, cabe trazer a situação das gratuidades e dos descontos. Vasconcellos[252] salienta que, por meio de legislações de diferentes esferas do governo, muitos usuários recebem descontos e alguns não precisam pagar. Esse custo do desconto ou da gratuidade é repassado para os demais usuários que, dessa forma, subsidiam os que têm desconto. Ou seja, o Estado obriga o operador do sistema a transportar certos passageiros com tarifas reduzidas, mas não é o Estado que paga esse custo, sendo repassado aos usuários. Assim, o valor da tarifa para viabilizar o serviço poderia ser mais barata caso os descontos e gratuidades fossem subsidiados pelo poder público. Vasconcellos[253] afirma que essas gratuidades e descontos impactam de 20% a 25% na tarifa cobrada dos demais usuários, sendo que boa parte dos pagantes estão nas camadas mais pobres da sociedade. Obviamente, caso existam subsídios com verba pública, deveriam ser criados mecanismos de controle para que não ocorram fraudes na contabilização de passageiros e nos valores repassados.

Por o sistema de ônibus urbano de Barreiras oferecer um baixo nível de serviço, há a operação de vans e carros particulares, complementando a oferta de transporte. O baixo nível de serviço pode ser claramente exemplificado pela disponibilidade de linhas e horários que atendem ao principal campus da CRES – UFOB (principal centralidade a ser atingida fora do centro da cidade), apresentada na Figura 53, que possui a frequência com intervalos de, em média, 45 minutos em horários de alto volume de estudantes e servidores e é acessível, somente, por localizações centrais no município. Há a possibilidade de integração entre a linha 15 (UFOB) e as demais linhas somente para estudantes que possuam um cartão específico do transporte público, não sendo acessível para os demais funcionários, servidores e população em geral.

---

[252] VASCONCELLOS, 2018, p. 169.
[253] VASCONCELLOS, 2018, p. 89.

Figura 53 – Linha de ônibus que atende o CRES – UFOB

Fonte: elaborada pelo autor, 2023, com dados do app da VCB, c2022

A falta de transparência dos dados da operação, uma baixa participação popular e falta de agências reguladoras ou fiscalizadoras por parte dos governos estaduais e municipais agrava ainda mais a situação. Em Barreiras sequer existe uma secretaria especifica para cuidar da mobilidade urbana ou do transporte público, dando um campo fértil para a Viação Cidade de Barreiras (VCB), responsável pelo transporte público municipal, tomar decisões que deveriam ser do poder público. Com todas essas deficiências, há um claro desincentivo a esse modo de transporte na cidade, como frequência, horários e trajetos das diferentes linhas.

Figura 54 – Linhas de ônibus urbanos de Barreiras

Fonte: elaborada pelo autor, 2023, com dados do app da VCB, c2022

Ao aproximar-se da operação do sistema de ônibus da VCB em Barreiras, há algumas questões que valem ser apresentadas. Os ônibus circulam com apenas um funcionário, que acumula a função de motorista e cobrador, situação que atrasa a circulação do veículo pela impossibilidade de realizar as duas atividades simultaneamente. É uma clara tentativa de reduzir custos na operação em detrimento da qualidade do serviço.

Os pontos de parada de ônibus espalhados pela cidade apresentam situações diversas: alguns possuem abrigo e banco, outros somente abrigo ou banco e, na grande maioria dos pontos, não há estrutura alguma. A proteção às intempéries é essencial para o conforto do usuário durante a espera do veículo. A sombra e a proteção à chuva em Barreiras são essenciais.

Fotografia 39 – Pontos de parada de ônibus em Barreiras (1)

Fonte: o autor, 2024

Fotografia 40 – Pontos de parada de ônibus em Barreiras (2)

Fonte: o autor, 2024

Na Fotografia 39 é apresentada uma parada de ônibus em bom estado de conservação, com banco e proteção a intempéries. Poderia ter espaços para informar as linhas que passam por esse ponto como forma de melhorar o dia a dia dos usuários, especialmente os usuários não frequentes que necessitam de mais informações. Já a Fotografia 40 mostra um banco feito com perfis metálicos disposto junto ao passeio que serve como ponto de ônibus. Em ambos os casos não há sinalização vertical e horizontal, indicando que ali é um ponto do transporte público municipal de Barreiras.

Em parte dos pontos de parada, chega-se ao extremo de não haver espaço destinado para o ônibus pararem com proibição de parada e estacionamento para os demais veículos, fazendo com que a parada ocorra no meio da faixa de circulação mais à direita da via, interrompendo o trânsito momentaneamente, como na Fotografia 41.

Fotografia 41 – Ponto de parada de ônibus em Barreiras (3)

Fonte: o autor, 2024

Percebe-se que o local junto ao meio-fio possui veículos estacionados, sem espaço para o ônibus se aproximar. Minimamente deveria ser suprimido o estacionamento para que houvesse o embarque e desembarque dos passageiros. Nesse ponto não há, também, abrigo, bancos ou informações sobre as linhas, demonstrando o desrespeito ao usuário do transporte coletivo.

Cabe destacar, ainda, que em 2015, por meio da Emenda Constitucional 90 /2015, de autoria de Luiza Erundina (PSOL), o artigo 6º da Constituição Federal passou a considerar o transporte como direito social e que deve ser assegurado pelo Estado. Esse avanço foi fruto da mobilização e luta dos movimentos populares, desde os primeiros anos da década de 2000, com o surgimento do Movimento Passe Livre (MPL) em várias cidades brasileiras, evidenciando a dificuldade de a população arcar com as altas tarifas do transporte coletivo. No Brasil, vários municípios já adotaram a Tarifa Zero no transporte municipal, destacando, devido ao porte, Maricá – RJ (143.111 habitantes) e Caucaia – CE (361.400 habitantes), havendo ainda diversos municípios com experiências de subsídios parciais ou gratuidade em dias e/ou linhas específicas.

A gratuidade para toda a população pode ser um projeto interessante por propiciar a livre locomoção da população por toda a zona urbana. Se forem levantadas as despesas que a prefeitura tem com vale-transporte e os subsídios dados às empresas presentes no município, pode ser que se chegue a um valor que permita reduzir ou eliminar as tarifas, beneficiando toda a população, especialmente os mais pobres que, de modo geral, não são beneficiados diretamente pelos subsídios às grandes empresas.

Por fim, o sistema de transporte público, em sua essência, não é feito para dar lucro para a municipalidade. A busca pelo lucro é um gerador de baixa qualidade e alto custo para o usuário e vai de encontro ao direito ao transporte público, previsto na Constituição Federal. Entender o transporte como direito e não como serviço é justamente o primeiro passo para enfrentar a lógica de ter que operar linhas sempre no limite, com lotação máxima para garantir o equilíbrio no orçamento.[254]

O sistema de transporte público urbano é um tema complexo, necessitando de estudos dirigidos especificamente ao tema. Aqui se buscou fazer uma primeira aproximação ao tema como forma de despertar a atenção, especialmente pelo não comparecimento do sistema de ônibus municipal no Plano de Mobilidade produzido para a cidade de Barreiras.

---

[254] SANTINI, D. *Passe livre*: as possibilidades da tarifa zero contra a distopia da uberização. São Paulo: Autonomia Literária, 2019. p. 18.

4.5 A AUTOPIA[255] DO TRANSPORTE MOTORIZADO INDIVIDUAL

Ninguém nasce motorista: torna-se motorista.
(PLANKA.NU, 2020)

Em relação à motorização dos deslocamentos, há muitos pontos que o favorecem, em especial na realidade das cidades médias e pequenas brasileiras. Nelas o transporte público, em geral, apresenta menor cobertura. Na maioria não há taxação dos estacionamentos públicos e o trânsito ainda não chegou ao colapso, sendo o modo de deslocamento mais atrativo para grande parte da população. Devido a essa atratividade, acaba gerando um excesso de motorização, que, aliada à falta de planejamento e fiscalização do trânsito, torna o ambiente urbano hostil para o desenvolvimento de atividades ao ar livre, desde a permanência e ocupação das ruas e praças até um simples deslocamento a pé, de skate ou bicicleta.

As acessibilidades variam ainda de acordo com os veículos utilizados. Variam, portanto, com as classes sociais: com a distinção, por exemplo, entre acessibilidade para quem depende de transporte público e para quem possui transporte individual[256]. Para os proprietários de veículos motorizados individuais, há uma maior possibilidade de destinos, possibilitando, inclusive, viagens praticamente porta a porta. Um dos atrativos do automóvel para uma comunidade rarefeita e relativamente subequipada, segundo Banham[257], está no fato de ele exigir, em essência, poucas instalações especializadas – sendo capaz de transitar relativamente bem em qualquer superfície mais ou menos plana e dura.

Os congestionamentos, que antes eram problemas de metrópoles e cidades maiores, são cada vez mais frequentes em cidades médias, devido, entre outros motivos, à não existência de corpos técnicos especializados ou órgãos de planejamento e controle da mobilidade urbana. Ainda há uma dissociação entre o planejamento urbano e a engenharia de tráfego ou planejamento de mobilidade urbana que, em grande parte dos casos, propõe soluções conflituosas entre si. Não tem como planejar a mobilidade sem levar em consideração as ações de planejamento e expansão

---

[255] Autopia se refere a uma utopia em que todos os deslocamentos seriam feitos por automóveis. É um termo utilizado por Banham (2013) como forma de criticar cidades altamente dependentes dos carros particulares, tal como Los Angeles, nos Estados Unidos da América, objeto de estudo do autor.

[256] VILLAÇA, 2001.

[257] BANHAM, R. *Los Angeles*: a arquitetura de quatro ecologias. São Paulo: Martins Fontes, 2013.

urbana ou vice-versa. Sim, em uma citação, faz referência a essa relação: "O congestionamento e a segregação estão fortemente relacionados, pois a distribuição física causada pela segregação requer mais espaço, e isso cria mais tráfego"[258].

A veneração ao carro tem origem na propriedade privada, ênfase na autonomia e na liberdade individual de consumo, mitos sedutores do capitalismo[259]. Qualquer restrição de domínio do veículo privado é interpretada como uma mutilação da liberdade individual. Planka.nu[260] se refere à "automobilidade"[261] como um discurso de que o automóvel seria o motor central dos tempos atuais, associando-o a liberdade, progresso, movimento, individualidade e independência. Montaner[262] conclui que se o domínio do automóvel é reduzido na cidade, considera-se que estão sendo atacados dois argumentos básicos do capitalismo: o desejo de dar visibilidade ao status social e a prioridade da liberdade individual. Desta forma, a crítica direta ao modo de transporte vai de encontro à opinião pública, que sente que seus direitos de circulação são "castrados" quando há políticas de redução do uso do automóvel. Herce[263] afirma que, em igualdade de condições, o carro será mais versátil e atraente, além de produzir viagens mais eficientes pelo ponto de vista do usuário, já que o deslocamento pode ser feito de porta a porta, como já mencionado anteriormente.

O egocentrismo é um sentimento que, na maioria dos casos, está diretamente ligado ao motorista de automóvel. Estar dentro de um carro traz um distanciamento em relação à cidade e o que ocorre nas calçadas, quase como um ambiente aquém do que ocorre do lado de fora. Há uma invisibilização do mundo ao redor, gerando a falta de empatia com as demais pessoas. Sim afirma que "quando se dirige direto para dentro de uma garagem subterrânea e, em seguida, toma-se um elevador até a casa ou escritório, tem-se negada a oportunidade de se relacionar com o lugar, as pessoas e o planeta"[264]. Isso faz com que o motorista se torne

---

[258] SIM, 2022, p. 97.

[259] MONTANER, 2021.

[260] PLANKA.NU. *A estrutura do poder do trânsito*. São Paulo: Fundação Rosa Luxemburgo, 2020.

[261] Termo que aparece em Plank.nu (2020) se referindo a todas as instituições e práticas que determinam o papel social do automóvel. Pode ser decomposta em autonomia e mobilidade, onde há falsa ideia de que a autonomia só pode ser alcançada por meio da mobilidade, e a mobilidade só pode ser por meio da autonomia, nas palavras do livro *A estrutura do poder do trânsito*.

[262] MONTANER, 2021.

[263] HERCE, 2022.

[264] SIM, 2022, p. 107.

insensível ou indiferente às mazelas que acometem a população, o meio ambiente ou o clima. "A simples separação entre a garagem e a casa ou o local de trabalho, exigindo uma breve caminhada, além de trazer alguns benefícios óbvios para a saúde, abre a possibilidade de conexão"[265].

Um efeito evidente no indivíduo que se torna motorista é a automática transformação em um competidor pelo espaço urbano. Situado atrás do volante, parece que há um egoísmo que é aflorado, na percepção deste cidadão, há impressão de todos estarem contra o direito de locomoção, originando comportamentos hostis para com os demais motoristas, transporte público, ciclistas e pedestres. Acaba evidenciando "quão arraigada se tornou a convicção liberal da separação entre indivíduo e sociedade"[266].

> O trânsito de automóveis nos transforma em competidores. Quem nunca se sentiu transformado depois de pegar no volante? Dirigir parece nos levar, quase inevitavelmente, a um comportamento egoísta. Todas as pessoas tentam ganhar à custa das outras. Nossos semelhantes – outros motoristas, ciclistas, pedestres, passageiras e passageiros no transporte público – tornam-se obstáculos. Sejamos honestos: quem nunca sentiu a agressividade e o egoísmo competitivo causados pelo automóvel?[267]

O livro ainda traz uma citação sobre a violência no trânsito. Cabe reproduzi-la aqui, para esclarecer como ela ocorre no contexto de despersonificação dos demais participantes do trânsito.

> Dirigir um carro coloca você em uma posição muito especial. O tipo de interação social que se empreende difere essencialmente da maior parte das interações sociais da vida cotidiana. Quando alguém fura uma fila de supermercado, você é capaz de ter uma percepção da pessoa, você pode, por exemplo, ver sua expressão facial. E esse não é o caso no trânsito de automóveis; pois é difícil saber por que outros motoristas se comportam de determinada maneira, ou se agem de forma consciente ou não. Esse fato tem duas consequências: primeiro, mal-entendidos ocorrem muito facilmente; segundo, outros participantes do trânsito são vistos como sujeitos anônimos ("a mulher dirigindo o Ford

---

[265] SIM, 2022, p. 107.
[266] PLANKA.NU, 2022.
[267] PLANKA.NU, 2022, p. 16.

> vermelho") em vez de indivíduos em um contexto social ("a mulher cansada e triste que estava indo visitar sua mãe no hospital"). Assim, é muito mais fácil que ocorram agressões no trânsito, porque dificilmente as pessoas afetadas terão uma chance de reagir.[268]

Podemos considerar que o colapso do trânsito é uma "tragédia dos comuns", onde as ações individuais para melhorar a acessibilidade às diferentes centralidades urbanas, em especial por meio do deslocamento por modo motorizado individual, gera o congestionamento. Em cidades em que não há vias exclusivas para o transporte coletivo, esse congestionamento impacta também esse modo de transporte, acarretando uma diminuição no nível de serviço e, consequentemente, uma menor atratividade, reforçando o círculo vicioso do transporte coletivo, como demonstrado na Figura 55.

Figura 55 – Círculo vicioso dos transportes e pontos possíveis de intervenção

Fonte: Ortúzar; Willumsen *apud* Barboza *et al.*, 2021

A figura traz, em vermelho, ações que podem ser executadas com a finalidade de romper o círculo vicioso. Pode-se agir dando subsídios para manter a tarifa baixa ou para ter maior frequência nas linhas de ônibus, podem ser criados corredores para o transporte coletivo para que o nível de serviço e o tempo de deslocamento sejam otimizados e pode-se, ainda, criar restrições para a utilização de carros particulares, a fim de desincentivar as viagens por esse modo de transporte.

---

[268] METTE MØLLER, 2007 *apud* PLANK.NU, 2020, p. 38.

Como alternativas para desincentivar a utilização de automóveis nas cidades, foram criados métodos de precificação em diversas municipalidades ao redor do mundo, a maioria delas nos países do Hemisfério Norte. Essa precificação pode ocorrer de diversas formas, sendo as mais usuais:

- a precificação por congestionamento (por área ou corredor);
- a precificação baseada na distância (com base nos quilômetros percorridos ou aplicada nos combustíveis ou seguros veiculares);
- a precificação por ocupação (destinando pistas exclusivas para veículos com mais viajantes e tarifando as demais);
- a taxação de estacionamentos (zona azul via parquímetros ou aplicativos;
- a precificação por emissão de poluentes.

Esse artifício é utilizado para que as pessoas que se deslocam em veículos individuais paguem pela infraestrutura ofertada, além dos impactos ambientais, sociais, econômicos e na saúde de toda a população, sejam usuários de carros ou não usuários. O ITDP afirma que há um custo incidente sobre toda a população para que alguns desfrutem da comodidade desse modo de deslocamento.

> O grande desafio por trás dessas medidas (precificação para o uso do automóvel) é a equidade. É fundamental que estas existam como ferramentas redistributivas, e não ampliadoras das desigualdades existentes. Nas cidades com transporte público desigual, precário e excludente, que obrigam os cidadãos a percorrer longas distâncias em condições degradantes rotineiramente, a precificação pode ampliar a imobilidade da população periférica. Devemos considerar que essa é a realidade experienciada em muitas cidades brasileiras, e que muitas vezes a escolha pelo automóvel particular ou pela moto é inevitável – ainda que signifique o endividamento de grupos economicamente vulneráveis. Assim, medidas de precificação acabariam por onerar exatamente este grupo.[269]

Na cidade de Barreiras, o planejamento e a produção do espaço urbano foram e ainda são produzidos com o enfoque no transporte individual. O amplo projeto de pavimentação asfáltica praticada entre os anos de 2018 e 2022, sem a preocupação de criação de ciclovias ou ciclofaixas – situação de, relativamente, baixo custo já que a pavimentação já

---

[269] GESTÃO [...], 2021.

foi executada – ou qualificação e ampliação de calçadas, deixa clara as intenções do poder público municipal. O domínio do automóvel pode ser destacado pela Figura 56, na qual aparece a travessia urbana da BR 242, hoje já municipalizada, com suas vias marginais que, de calçada a calçada, têm 50 metros de largura (sem a presença de ciclovia ou corredor de ônibus), e Figura 57, que destaca a situação da Praça Castro Alves (popularmente conhecida como Praça das Corujas).

Figura 56 – Travessia urbana da BR-242

Fonte: Trecho [...], 2023

O grande eixo rodoviário que corta a zona urbana de Barreiras de oeste a leste, constituído pela BR-242 e vias marginais, impacta a circulação urbana de diversas formas. Como já mencionado anteriormente, ela ajuda na diminuição da densidade populacional da região central, afastando edificações e pontos de atração de público entre os dois lados da cidade.

Devido à baixa conectividade por vias entre os bairros ao norte e ao sul dessa via, ela funciona como uma grande barreira onde se faz necessário um trajeto motorizado grande para, simplesmente, pegar a via marginal ou fazer o retorno. Situação que gera gargalos nas extremidades onde estão as rótulas que permitem a alternância de vias.

Já na imagem da Praça das Corujas, na página a seguir, há uma edificação pública no centro, um lado com um ponto protegido do transporte público e três lados com estacionamentos, inclusive em forma de "bolsão", reduzindo drasticamente a área destinada ao lazer passivo, que deveria ser o foco para um espaço público como este. Há uma apropriação de um espaço público de prazer pelos veículos, ou melhor, há uma supressão de área pública em detrimento do direito de uso de alguns motoristas utilizarem o estacionamento por um período determinado, um tipo de apropriação do espaço público urbano.

Figura 57 – Praça Castro Alves no Centro de Barreiras

Fonte: Google Earth, 2022

Por meio das duas figuras, percebe-se o grande espaço destinado aos carros no espaço público urbano, chegando ao cúmulo de sacrificar áreas de lazer, como a Praça Castro Alves, para acomodar mais veículos. Essas ações favorecem uma parcela da população, já que várias pessoas não possuem automóvel e não são beneficiadas com abertura de vias ou vagas. No entanto, praticamente toda a população perde quando se sacrifica as poucas áreas públicas de lazer para abrigar automóveis. É um sacrifício do comum em detrimento do particular.

Apostar em ações destinadas ao tráfego de veículos automotores sem agir sobre os outros modos de transporte é dar prioridade ao carro e estimular que a população se utilize desse modo. Além disso, agir para beneficiar o escoamento fluido do tráfego é beneficiar uma parcela da população que, em geral, já possui a melhor acessibilidade no contexto urbano, os motoristas. Herce traz uma visão crítica dessa situação.

> O espaço da cidade não pode ser o espaço de um grupo social, dos usuários de um determinado modo de transporte, e a rua deve ser projetada com base na convivência de funções, na atenção a muitos tipos de usuários com requisitos diferentes e, em qualquer caso, como um local de mudanças e usos alternativos ao longo do tempo.[270]

Grandes vias, com muitas faixas, como é o caso da BR-242 e suas marginais (Avenida Clériston Andrade e Avenida Antônio Carlos Magalhães) se constituem a partir de uma ilusão que mais vias farão o tráfego de veículos fluir melhor. Porém, já é bastante difundido o efeito da demanda induzida, onde mais vias geram mais tráfego. Gehl traz em uma passagem essa questão.

> Nos esforços para lidar com a maré crescente de automóveis, todo espaço disponível da cidade era simplesmente preenchido com veículos em movimento e estacionados. Cada cidade tinha exatamente tanto tráfego quanto seu espaço permitia. Em todos os casos, as tentativas de construir novas vias e áreas de estacionamento para aliviar a pressão do tráfego geraram mais trânsito e congestionamento. [...] construir vias adicionais é um convite direto à aquisição e ao uso de mais automóveis.[271]

Herce[272] afirma que é inapropriado fazer um tratamento indiferenciado nas ruas sem delimitar o espaço para cada modo de transporte, já que o carro tem uma capacidade de ocupar todo o espaço no qual ele não é impedido. O autor corrobora, ainda, com a reflexão de Gehl, trazendo também a questão ambiental envolvida na utilização do carro, afirmando que:

> A resposta tradicional aos problemas de congestionamento, mediante o aumento da capacidade viária, incentiva o uso do carro e gera mais congestionamento, alimentando um

---

[270] HERCE, 2022, p. 115.
[271] GEHL, 2015, p. 9.
[272] HERCE, 2022, p. 67.

> ciclo vicioso responsável pela degradação da qualidade do ar e pelo aquecimento global, comprometendo a qualidade de vida nas cidades.[273]
>
> A realidade é que o veículo particular ocupa todo o espaço fornecido, e quanto maior a disponibilidade de circulação e estacionamento, maior o uso, mesmo em viagens nas quais seu uso não é eficaz. E [...] a predominância do automóvel na cidade significou a expulsão do espaço público de outras formas de mobilidade.[274]

Da mesma forma, Gehl[275] afirma que ao incrementar o tráfego há uma clara diminuição das oportunidades de autoexpressão e da qualidade de vida para grandes grupos da população, especialmente os mais pobres. Mais carros circulando criam um ambiente mais hostil nas ruas, fazendo com que menos pessoas passem mais tempo do que o necessário no ambiente urbano. As trocas que ocorrem nos encontros de diferentes pessoas e ideias é o que faz ebulir criatividade e oportunidade para a produção de conhecimento e novas economias, tal como já afirmava Glaeser.[276]

Ao voltar-se, momentaneamente, para a rede viária da cidade de Barreiras, existem algumas considerações que devem ser feitas e que evidenciam como alguns aspectos morfológicos impactam o entrave no tráfego urbano. A existência de um entroncamento rodoviário dentro do perímetro urbano, como mencionado no capítulo anterior, é um dos pontos que merecem atenção e, aparentemente, está em discussão pelos poderes públicos municipal, estadual e federal. Há uma previsão pelo plano diretor municipal e pelo plano de mobilidade urbana em se concluir o contorno viário que, hoje, faz a conexão leste e norte, mas não o contorno sul, como se pode verificar na Figura 58.

---

[273] HERCE, 2022, p. 56.
[274] HERCE, 2022, p. 150.
[275] GEHL, 2015, p. 219.
[276] GLAESER, 2016.

Figura 58 – Novas vias e complementação do anel viário no PlanMob

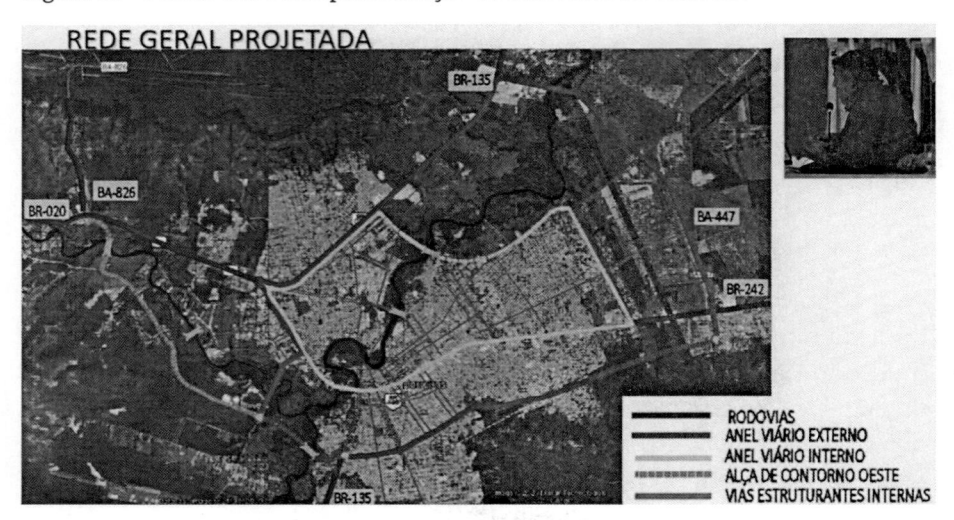

Fonte: Plano [...], 2021

O anel viário tem o objetivo principal de evitar o acesso de veículos pesados no interior da zona urbana de Barreiras, porém pode trazer opções de rotas entre pontos da zona urbana de modo a evitar utilizar as vias mais carregadas do sistema. Grande parte dos veículos que transitam pela Avenida Benedita Silveira, onde ocorre o afunilamento da BR-242 em seu trecho urbano, têm origem e destino em diferentes regiões da cidade, sendo obrigados a utilizar esse caminho pela quase inexistência de vias alternativas.

A solução para fluir o tráfego nesse trajeto passa, diretamente, pela criação de vias alternativas que façam a ligação entre regiões da cidade, sem passar por esse trecho que, somente com os veículos com destino a essa localidade, já estaria sobrecarregado. A Avenida Benedita Silveira tem de um lado o centro antigo da cidade e do outro, o centro novo, com um comércio mais desenvolvido, estando em uma situação que recebe tráfego com destino a essas duas centralidades, tendo, ainda, que suportar o tráfego de passagem.

Figura 59 – Localização da Avenida Benedita Silveira

Fonte: Google Earth, 2024

Essa situação de circulação de passagem presente em Barreiras é relativamente comum em diversas cidades, tal como Herce[277] apresenta em seu livro. Quando há rodovias cortando a mancha urbana, a tendência é que essa via receba tráfego de passagem, porém com o crescimento da cidade vai ocorrendo a saturação até atingir o esgotamento da capacidade da via em horários de pico. A construção ou o gerenciamento de vias, a fim de criar alternativas viárias, acaba sendo a saída utilizada para minimizar o problema e desviar o tráfego, já que a ampliação desses corredores acarretaria mais tráfego por meio da demanda induzida, já mencionada.

Situação semelhante ocorre em ruas centrais devido a serem o trajeto do transporte público da cidade. As ruas Floriano Peixoto, 26 de Maio, Coronel Magno, assim como a própria Avenida Benedita Silveira, sofrem impactos, como pode ser verificada a concentração de linhas na Figura 60, com 11 linhas urbanas utilizando essas vias, além das linhas rurais e intermunicipais. Por não dispor de corredor ou faixa exclusiva para o transporte coletivo, ocorre um acúmulo de ônibus que interfere na circulação de ambos os modos de transporte, atrasando o deslocamento de usuários do transporte coletivo e motoristas de veículos particulares.

---

[277] HERCE, 2022.

Figura 60 – Sobreposição de linhas de ônibus na região central de Barreiras

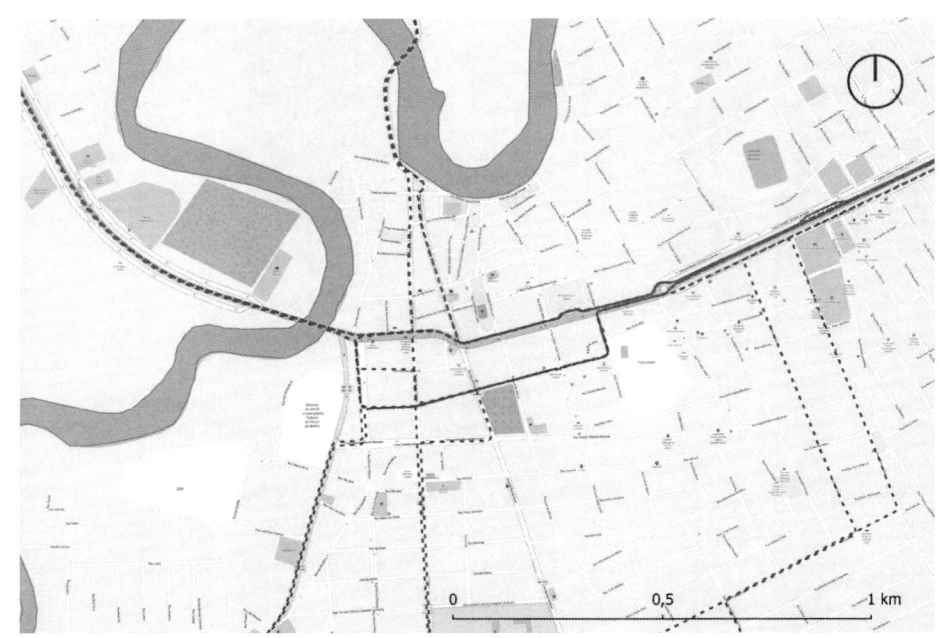

Fonte: elaborada pelo autor com base em Open Street Map com informações da VCB, c2022

Assim, percebe-se que ao se produzir vias com segregação para modos de deslocamento, tal como ciclovias (ou ciclofaixas), corredor de ônibus, calçada qualificada e faixa de rolamento para veículos, há um incremento na mobilidade de todos os modos, facilitando, inclusive, a fluidez do tráfego de automóveis.

Nas ruas centrais ocorre esse conflito dos automóveis com o transporte público, porém em diversas outras áreas ocorre o conflito com o ciclista e o pedestre, que, devido à não existência de calçadas ou da baixa qualidade e continuidade delas, gera uma circulação pelo leito carroçável. Da mesma forma, essa situação poderia ser mais bem gerida com a segregação dos modos, sempre que possível. Ruas locais irão ter, inevitavelmente, o compartilhamento dos modos de transporte, porém vias coletoras e arteriais necessitam da segregação das faixas, pelo menos com uma calçada em boas condições e uma ciclofaixa separada do trânsito de veículos automotores, de modo a aumentar a segurança de todos os usuários da via.

Herce aponta para um caminho na distribuição das faixas para os diferentes modos de transporte em uma mesma via, destacando que ao se reduzir a largura da pista, a velocidade dos veículos será diminuída, favorecendo, assim, a segurança.

> Muitas cidades, a fim de manter a ordem e a disciplina do tráfego, optaram por reduzir a largura das faixas, como por exemplo, Barcelona, onde se escolheu uma largura de 2,5 m. O estreitamento das pistas pode resultar em um aumento na capacidade de uma via, porque onde havia três faixas, passam a existir quatro, estratégia que a Prefeitura de Salvador (Bahia) adotou na Avenida Paralela. [...] a diminuição da largura das faixas de rolamento possibilita ampliar o espaço para pedestres ou construir uma ciclovia, como fizeram muitas cidades europeias. [...] O estreitamento das faixas tornou-se, hoje, uma das ferramentas mais poderosas para a pacificação do tráfego, com importantes consequências na redução do número de acidentes, porque não só termina com as ultrapassagens indevidas, mas aumenta a capacidade da via.[278]

Outros aspectos que impactam diretamente o tráfego de veículos na cidade de Barreiras já foram levantados em capítulos anteriores. A quantidade de veículos por habitante ser superior à média estadual e nacional (0,51 veículos/habitante) contribui significativamente para a sobrecarga no sistema viário. Com a situação de a cidade ser o principal centro comercial da região oeste da Bahia, há uma contribuição de veículos de cidades próximas que necessitam se deslocar até Barreiras para acessar comércios e serviços diversos. Essa grande quantidade de veículos precisa, além de circular, de um local para estacionar, criando um outro problema.

Os estacionamentos, na parte central da cidade, foram transformados em zona azul, com cobrança por período de permanência na vaga. O objetivo com a ação foi a de liberar vagas, durante o período do dia, para que clientes possam estacionar próximo dos estabelecimentos comerciais e de serviço, melhorando a acessibilidade ao comércio local. A ação tende a evitar que as vagas sejam ocupadas por um único veículo durante grande parte do dia. Porém, após reinvindicações da CDL de Barreiras, o estacionamento pago passou a permitir 4 horas de ocupação, frente às 2 horas inicialmente previstas, gerando uma alta taxa de ocupação no sistema e voltando ao problema da falta de vagas.

---

[278] HERCE, 2022, p. 205.

Fotografia 42 – Placa indicativa da zona azul na região central de Barreiras

Fonte: o autor, 2023

Cabe salientar aqui que um sistema de cobrança sobre estacionamento, ou qualquer taxação de circulação de veículos, gera uma externalidade negativa para a parte da população mais vulnerável, já que a pessoa que tem melhor condição financeira é pouco impactada pela cobrança, mas a pessoa mais pobre necessitará dispor de uma porcentagem muito maior do seu salário para a locomoção ou perderá em acessibilidade, tendo que estacionar mais afastado ao destino desejado.

Montaner[279] salienta que o capitalismo tende a se apropriar continuamente de bens comuns a fim de explorar financeiramente, e essa é uma situação que cria uma fonte de renda sobre um espaço público sem uma contrapartida à cidade. Se esse valor arrecadado fosse revertido em melhores condições de acesso ou subsídio ao transporte público, de modo a ficar mais rápido e barato o deslocamento para a população mais vulnerável, a cobrança faria sentido, porém não é o caso, já que não é prevista, em lei, a destinação deste recurso, tendo, ainda, o repasse de apenas 10% da arrecadação do sistema para o município (cláusula 25 do contrato 067/2022 da Prefeitura Municipal de Barreiras).

Como forma de compensação, o poder público necessitaria promover outros modos de transporte para suprir essa externalidade. Melhorar o sistema de ônibus municipal, qualificar as calçadas de modo que quem

---

[279] MONTANER, 2021.

estacionar mais distante (fora do sistema da zona azul) possa caminhar com segurança e conforto, bem como promover, por meio de ciclovia e estrutura de apoio, o ciclismo urbano.

Herce[280] aponta para uma tendência de reinvindicações, por grupos da sociedade, com a intenção de recuperar espaços das ruas, substituindo estacionamentos por ciclovias, faixas de ônibus, ampliação de calçadas etc. A ocupação de espaço para estacionar veículos particulares na rua, especialmente quando não envolve custo por tempo ou espaço, é considerada uma apropriação do espaço público para um interesse privado, estando Herce e Bertaud em comum acordo nesse ponto. Quando Bertaud[281] fala que se deve relacionar o espaço público como área vendável, como ocorre no mercado imobiliário, a ocupação de uma vaga de estacionamento deveria ter uma precificação de acordo com o "ponto" da cidade, evitando, assim, um fenômeno de "privatização" momentânea do espaço público.

Pode-se notar que a questão do estacionamento em via pública é um assunto com várias nuances, necessitando ser regulado e taxado para que se cumpra a função pública do espaço urbano, porém são necessárias discussões para que não seja uma ação punitiva que impacte as pessoas mais vulneráveis.

Quanto à quantidade de estacionamento disponível, Herce também aponta equívocos no entendimento de técnicos municipais e defasagem em legislações que obrigam a presença massiva de vagas na cidade.

> No Brasil, por exemplo, ainda é necessário um "estudo de vizinhança" de todas as grandes instalações, que devem detectar impactos de sua construção, mas que, infelizmente, se limita à estimação do número de vagas necessárias, considerando que todas elas serão ocupadas ao mesmo tempo. A combinação da atitude de muitos técnicos municipais e do Ministério Público parece mostrar que eles não entenderam que a existência desses espaços constitui um incentivo ao uso do carro particular.[282]

Herce[283] propõe, ainda, que um passo inicial para a diminuição dos estacionamentos estaria na redução ou total remoção de vagas em órgãos públicos, fazendo com que funcionários e autoridades utilizem os modos

---

280 HERCE, 2022, p. 225.

281 BERTAUD, 2023.

282 HERCE, 2022, p. 229.

283 HERCE, 2022.

ativos ou coletivos para acessarem seus postos de trabalho. Parece um pouco utópica essa ideia, porém com a necessidade de se utilizar outros modos de deslocamento, os integrantes do poder público municipal voltariam sua atenção a promover ciclovias e qualificar o transporte público, já que nada melhor do que ser um usuário para compreender as questões envolvidas no sistema. Como, na atualidade, eles se deslocam por meio de veículos particulares, as propostas de melhoria estão voltadas à fluidez do trânsito, como bem descrevem as ações do Plano de Mobilidade de Barreiras.

Há, dentro da mobilidade motorizada, um outro item de extrema importância a ser levado em consideração no planejamento das cidades, que é o abastecimento e o transporte de mercadorias. Deve haver um planejamento para que não impacte os deslocamentos da população, principalmente em horários de pico, mas também para que não haja um desabastecimento no comércio. Dessa forma, devem ser elaborados planos com rotas e horários específicos para esse tipo de transporte. Devido à complexidade do tema e à abordagem ampla na movimentação de pessoas pelo espaço urbano, este trabalho não adentra esse tema, porém alerta para a importância no contexto urbano.

Por fim, mas sem encerrar as discussões, a presença massiva do modelo de negócio dos aplicativos de intermediação de contratação de motoristas e entregadores, tal qual Uber, Ubiz Car e Cabify, que vieram aproveitar a insatisfação em relação ao transporte público e a alta taxa de desemprego, é um agravante para a motorização das cidades. Segundo Santini[284], o problema é que esses aplicativos não mudam o paradigma das cidades formatadas para priorizar a locomoção de veículos privados e tampouco solucionarão a crise de mobilidade. A médio prazo, esse modelo de negócio levará à superutilização de vias, funcionando de maneira parasitária sobre a infraestrutura urbana construída e mantida com recursos públicos.

> Se por um lado oferecem soluções imediatas de baixo custo para uma população desesperada para conseguir se locomover minimamente, por outro reforçam o entendimento de que a mobilidade é algo comercializável, tornando a população refém de variações de preço, conforme oferta e demanda em sistemas regulados sem transparência ou participação democrática.[285]

[284] SANTINI, 2019.
[285] SANTINI, 2019, p. 18.

Os carros vinculados a esses aplicativos geram, também, um impacto grande nos estacionamentos gratuitos da cidade, uma vez que ocupam espaços centrais, inclusive reservando arbitrariamente e ilegalmente vagas públicas, chegando a formar uma "fila dupla", enquanto os colegas de trabalho não liberam a vaga. Situação que acontece na cidade de Barreiras, porém pode ser verificada em praticamente qualquer cidade onde houver a disseminação deste tipo de transporte.

Ou seja, os aplicativos de "mobilidade" (uso da palavra de uma forma um tanto quanto individualista) trazem mais problemas do que solução para o ambiente urbano. Se os modos ativos e coletivos fossem eficazes no seu propósito de tornar o ambiente urbano acessível a toda a população, não seriam necessários sistemas de suporte parasitando as vias urbanas.

O modo de deslocamento por automóveis dificilmente será superado, dadas as vantagens que ele propicia ao indivíduo. Carros estarão nas cidades e, mais que isso, serão necessários para compor as diversas opções do cidadão para se deslocar em um futuro utópico. Ainda, haverá pessoas que, devido à sua condição física ou espacial, necessitarão ou terão no carro a sua única forma possível de deslocamento, porém para as demais pessoas busca-se em um tempo o mais curto possível possibilitar a escolha entre diversos modos, tornando o carro menos atraente em relação aos modos ativos e coletivos.

CONSIDERAÇÕES FINAIS

Partindo-se do material levantado durante o processo de pesquisa desta obra, pode-se se constatar que a questão inicial, correlacionando-se as dinâmicas espaciais à mobilidade urbana, se mostrou verdadeira, uma vez que as dinâmicas espaciais revelam que a forma de captura da mais-valia do solo urbano durante o processo de crescimento da cidade gera uma realidade com grande segregação residencial, por meio de um tecido urbano descontínuo e fragmentado em Barreiras.

As ações de transformação do espaço durante o processo de crescimento da cidade ocorreram majoritariamente de maneira individual por agentes modificadores do espaço, sem pensar a cidade de modo mais abrangente ou com visão de futuro. A produção de terra urbana com a finalidade de retirar a mais-valia do solo foi a prioridade dos produtores do espaço urbano em Barreiras. Utilizando-se da transformação de terra rural em urbana e da especulação imobiliária como ferramentas ampliou-se a mancha urbana. Entretanto, o bem-estar social e a perspectiva de igualdade de condições quase sempre são excluídos da pauta, já que onde há o pensamento do máximo ganho de capital possível, necessariamente haverá a apropriação e exploração do trabalho alheio.

A cidade resultante, que apresenta valor fundiário com base nas camadas de trabalho e da história vivida, acaba sendo forte atrativo para os forasteiros (não territorializados na cidade) explorarem, valendo-se da cidade como produto[286]. Por sua vez, o capital financeiro produzido no campo e reproduzido na cidade de Barreiras leva à tendência de criar mais segregação com base na hegemonia do capital do agronegócio[287], efetivando a "cidade dos ricos" e a "cidade dos pobres", tal como Secchi[288] teorizou. Ao se promover desigualdade, produz-se segregação, e essa segregação é uma barreira para a cidadania plena, impactando a capacidade de par-

---

[286] MARICATO, 2015.

[287] ELIAS, 2016.

[288] SECCHI, 2019.

ticipação na cidade formal da parte mais vulnerável da população, o que faz ser criado um círculo vicioso no qual se amplia o capital dos ricos e se empurra os pobres para situações cada vez mais vulneráveis.

A autossegregação de uns impõe a segregação ao restante da população, já que é um movimento de duas vias. O valor da terra é atribuído de modo a evitar uma "vizinhança indesejada", fazendo uma barreira a partir da precificação do solo. Esse cenário de preconceitos ajuda a potencializar a especulação imobiliária. Mesmo com as tentativas de regulação do solo urbano por meio das ferramentas propostas pelo Estatuto das Cidades, ações para conter a especulação quase não são percebidas em Barreiras. Como levantado no capítulo 3, o próprio Estado, composto, muitas vezes, de "elites" financeiras e políticas, age em favor do interesse do capital e da reprodução de capital no solo urbano, tal como Harvey[289] salienta. Ter o perímetro urbano muito além da mancha urbana permite que loteamentos afastados sejam produzidos, sendo uma ação estatal associada ao capital, com impacto direto na produção da fragmentação.

Como resultado tem-se a cidade labiríntica, formada tal como uma colcha de retalhos, em que cada loteamento ou bairro é pensado ensimesmado, sem muitas preocupações em se adaptar ao existente ou se preparar para adições futuras. O loteamento Parque das Cidades, apontado no capítulo 4, é um exemplo de como se pensa novas adições no tecido urbano. Desconectado com a malha viária, com traçado fechado sem a possibilidade de ligação aos futuros loteamentos ao seu redor, de modo que pode ser considerado um gerador de segregação residencial. Não é exceção e sim a regra de loteamentos com alto valor do solo, limitam-se as conexões para que os "indesejados" não circulem na vizinhança. Passados mais de 20 anos da publicação da legislação que institui o Estatuto das Cidades, os equívocos no planejamento urbano continuam e pode até se dizer que, em se tratando de média e alta rendas, eles se acentuam em Barreiras, visto que os instrumentos de gestão e de planejamento nessa cidade não são aplicados para combater a segregação e a desigualdade, excluindo temáticas importantes, tal como o transporte coletivo urbano no PlanMob.

O projeto de cidade neoliberal foi e é pensado para a extração da mais-valia do solo, tendo a especulação e a segregação como ferramentas e a cidade fragmentada como produto. Harvey[290] destaca o projeto de fragmentos urbanos em vez do planejamento urbano abrangente e

---

[289] HARVEY, 2005.
[290] HARVEY, 2004, p. 181.

Souza[291] corrobora ao afirmar que a fragmentação é produto da produção de enclaves territoriais. No caso de Barreiras, onde há uma reprodução do capital do agronegócio na cidade, tal como Elias[292] teoriza, há uma potencialização da especulação, tornando a cidade formal inacessível, restando loteamentos distantes e a informalidade como alternativa.[293]

A morfologia e a segregação se mostraram com grande impacto na mobilidade urbana. Quando se tem densidades residenciais mais altas nas áreas periféricas e os empregos estão concentrados na área central (com pouca moradia disponível), será necessário o deslocamento de grande parte da população diariamente. Com os altos valores praticados no mercado imobiliário, a parte da população mais vulnerável está sendo obrigada a residir cada vez mais distante e necessita de deslocamentos maiores. Em outras palavras, não tem como se pensar em mobilidade sem analisar a cidade de maneira integral. As dinâmicas espaciais estão diretamente conectadas com a mobilidade e a acessibilidade da população.

A promoção de transporte ativo necessita de infraestrutura adequada e segura. Da mesma forma, necessita do uso eficiente do solo, promovendo densificação em áreas dotadas de infraestruturas e empregos, potencializando as centralidades. Ou seja, promover a mobilidade ativa vai muito além de dotar a cidade de calçadas e ciclovias adequadas, pois necessita-se dar condições de a mobilidade ativa ser possível e atrativa.

No que tange à morfologia urbana de Barreiras, percebe-se que ela está diretamente conectada com a produção do espaço urbano, já que a expansão horizontal acentuada com a intenção de transformar solo rural em urbano criou ondas de aumento do valor do solo urbano que acarretaram esvaziamento de zonas centrais em detrimento do adensamento periférico. A pesquisa revela que a especulação imobiliária, a segregação espacial e a reprodução do capital no solo urbano estão presentes nas quatro escalas analisadas. Percebe-se que até mesmo ao nível do lote há o fechamento para o espaço comum urbano, criando-se espaços comuns privados, tal como nos condomínios horizontais e verticais, cada vez em maior quantidade.

Por meio dos estudos de sintaxe espacial, pode-se afirmar que os loteamentos foram sendo feitos sem a responsabilidade com a cidade como um todo, já que eles se demonstraram coesos e com boa integração em

---

[291] SOUZA, 2020, p. 90.

[292] ELIAS, 2016.

[293] NASCIMENTO, 2016.

seu interior, porém pouco integrados à cidade. Essa característica continua sendo reproduzida nos loteamentos mais recentes, necessitando que ações sejam tomadas para frear o processo de criação de fragmentação.

O tamanho das quadras da cidade, bem como o traçado das ruas com predominância de intersecções em "T" em grande parte do tecido urbano, são atributos que tornam a cidade mais labiríntica, havendo maior dificuldade de compreensão do espaço urbano. Da mesma forma, esses atributos fazem com que a vida na rua seja reduzida por impedir a possibilidade de caminhos, tornando a caminhada menos proveitosa e prazerosa.

Sobre a mobilidade urbana de maneira mais ampliada, pode-se afirmar que esta é fator determinante para as relações sociais. Se houver muitas pessoas circulando na cidade por modos ativos ou modos coletivos haverá conexões e empatia. De modo diferente ocorre quando a maior parte da população está utilizando um veículo motorizado particular, seja moto ou carro. Há uma certa separação em relação aos outros usuários da via, transformando-os em competidores por espaço em meio ao trânsito urbano, tendendo a serem mais hostis uns com os outros. Esse aspecto é impactado pela renda da população, uma vez que quem possui mais renda, em geral, possui mais mobilidade[294] e autonomia de deslocamentos porta a porta por automóveis. Essa fatia da população tende a ser menos empática em relação aos problemas sociais, já que há um invólucro de metal e vidro que a protege dos "perigos da cidade".

Por outro lado, o modo de deslocamento por bicicletas é mais eficiente, em relação ao alcance por tempo de deslocamento, que o automóvel em horários de maior saturação no tráfego urbano. Desta forma, esse modo de transporte deveria ser um dos principais pontos de atenção do poder público, dando estrutura adequada e incentivos para que motoristas optem pela bicicleta, pelo menos, em alguns dias da semana.

Como resposta aos problemas da mobilidade e frente às descobertas do trabalho, há uma necessidade urgente de se promover o transporte público urbano, tornando-o mais acessível à população, inclusive por meio de uma tarifa que esteja mais próxima da realidade da renda dos cidadãos. Também é preciso promover a locomoção por meios ativos – a pé e bicicleta – pela oferta de estrutura adequada para o deslocamento e para o apoio. Caminhadas necessitam de calçadas em boas condições, arborização urbana, mobiliário urbano, tal como bancos para sentar

---

[294] VASCONCELLOS, 2018.

e dividir caminhadas maiores em duas etapas. Já o ciclismo necessita minimamente de ciclovias, ciclofaixas e paraciclos. Ademais, podem ser beneficiados, também, com arborização, iluminação e estações de serviços.

Com a promoção dos modos ativos e coletivos, poderia haver diminuição da necessidade do carro para os deslocamentos diários. Uma viagem em horário de pico é feita de maneira mais rápida e eficiente por bicicleta do que por automóvel. Cabe prover a cidade de estrutura que promova a segurança – em relação ao trânsito e patrimonial – para que mais pessoas se sintam motivadas a fazer essa troca de modo de transporte. Gehl reforça que pedalar vai levar três vezes mais longe do que caminhar, despendendo a mesma energia, e um carro consumirá 60 vezes mais que pedalar e 20 vezes mais que caminhar[295]. Ou seja, a forma mais eficiente não está no carro, tendo um grande potencial no ciclismo, especialmente nas cidades médias pelo fato de triplicar o alcance em relação à caminhada.

A autopia, que é a realidade brasileira em cidades pequenas e médias, é reforçada pelo poder público em suas diversas esferas, dando subsídio à utilização do carro particular direta e indiretamente, ou seja, compra, manutenção e combustível de maneira direta, e financiando e promovendo melhorias no espaço destinado à circulação e ao estacionamento de veículos de maneira indireta. O crescimento da motorização apresentado em Barreiras entre os anos 2010 e 2020 evidencia que as ações em relação à mobilidade estão equivocadas, já que a demanda induzida traz mais carros para as ruas quando se amplia e se dá maior trafegabilidade, chegando ao mesmo cenário anterior as ações em pouco tempo.

Assim, temos que concordar com a declaração de Herce[296] quando diz que a realidade difere das declarações de intenção, já que caminhamos a passos largos para soluções refutadas devido ao capitalismo no qual estão todos inseridos. Cabe continuar na busca de introduzir compacidade nas cidades, invertendo a lógica de dispersão como tentativa de reverter o sistema de captura de mais-valia gerado pelo crescimento aliado à especulação.

Como mencionado anteriormente, o automóvel, mesmo em um futuro distante e utópico, ainda estará presente nas ruas. O incentivo e a qualificação de outros modos de transporte vêm para complementar e desafogar o sistema. Precisa-se que as cidades tenham alternativas de

---

[295] GEHL, 2015, p. 105.
[296] HERCE, 2022.

locomoção e o cidadão opte pela que está mais bem adequada aos seus deslocamentos diários, tanto em tempo quanto em custo. Se a atenção e o orçamento destinado aos carros fossem diluídos pelos outros modos presentes no contexto urbano, certamente haveria avanços significativos, inclusive no próprio trânsito.

A educação também pode ser de grande valia para a mudança de hábitos diários da população. A cidadania e a responsabilidade social devem ser transmitidas para a população, seja por meio de campanhas, seja pelo ensino escolar. Os jovens menores de 18 anos, que não estão habilitados à condução de veículos, foram um grupo com grande potencial de se tornarem ciclistas urbanos, desde que a cidade possua condições de mantê-los ciclistas e pedestres. Uma forma evidente de encorajar o uso da bicicleta é dar espaço e conforto para ela, para que a demanda induzida favoreça esse modo e não o contrário. Na mobilidade ativa, os ciclistas e pedestres apareceram quando houver estrutura favorável para eles, caso contrário estarão invisibilizados. Da mesma forma ocorre com as pessoas com deficiência, na ausência de espaço minimamente qualificado, há uma inviabilização de sua participação no contexto urbano.

Herce consegue explicar, por meio da passagem a seguir, que o carro é versátil e eficaz, porém tem o poder de ocupar todos os espaços destinados a ele, bem como os espaços não destinados para outros fins, como espaços públicos, calçadas e terrenos sem ocupação.

> A atenção excessiva às formas mais agressivas de ocupação do espaço geralmente envolve a marginalização de outros modos de deslocamento. O carro é um modo eficaz e versátil de deslocamento, mas ocupa todo o espaço possível nas cidades, não apenas com as faixas de rolamento das ruas, mas também nas calçadas e nos espaços livres destinados ao estacionamento. [...] As políticas de dar preferência a certas formas de mobilidade em certas áreas do espaço público constituem a aposta num determinado modelo, mas só serão efetivas se forem inscritas em uma visão global sobre o funcionamento total da cidade que especialize diferentes tipos de redes de mobilidade e espaço de coexistência.[297]

Entre os conflitos identificados por Vasconcellos[298], há o político, em que os interesses e as necessidades dos usuários medem força entre os papéis que cada um exerce na sociedade. É onde se necessita de mais

---

[297] HERCE, 2022, p. 83.
[298] VASCONCELLOS, 2018, p. 47.

intervenção para que as mobilidades ativa e coletiva ganhem espaço, por, em geral, serem os modos de deslocamento da população com menos recursos financeiros e, consequentemente, com menos influência no contexto político urbano.

Há uma necessidade urgente de formação de entidades organizadas na sociedade civil em Barreiras, com representatividade e diversidade dos diferentes usuários dos modos ativos e coletivos para que sejam pleiteadas melhorias na estrutura instalada e no serviço oferecido à população. Bate-se no ponto, aqui, novamente, da distorção que um legislador, ou tomador de decisão no poder público, pode ter ao utilizar-se diariamente de um carro para os deslocamentos. Só quem está na parada de ônibus, exposto às intempéries, sabe as dificuldades enfrentadas pelos usuários do transporte coletivo. Assim como só quem pedala pela cidade sabe as inseguranças e vulnerabilidades a que um ciclista está exposto ao não ter uma infraestrutura adequada para bicicletas no espaço urbano.

Cabe destacar que uma pesquisa que se propõe a discutir um objeto grande e complexo, como a mobilidade no contexto urbano de uma cidade média, possui limitações de escopo e aprofundamento. Essas limitações foram entendidas e aceitas durante o processo de pesquisa, gerando diversos pontos que podem ser explorados em pesquisas futuras.

Cada um dos modos de transporte poderia render estudos individualizados, tendo complexidade suficiente para a elaboração de um projeto de pesquisa que resulte em uma dissertação ou tese. A própria morfologia urbana de Barreiras, que possui poucos estudos, poderia ser explorada também. Também poderia ser utilizada uma metodologia similar para compreender as dinâmicas espaciais, a morfologia e a mobilidade em outras zonas urbanas.

Outra temática que poderia ser aprofundada em trabalhos futuros é a discussão relativa à periferia geográfica e à periferia social, trazendo elementos urbanos que apontem para os territórios periféricos à mancha urbana e a sua ocupação, induzida pelas amenidades urbanas, de pessoas de baixa ou alta renda. Também há espaço para se aprofundar e explorar mais as verticalidades e horizontalidades, tal como define Santos[299], e que estão presentes no contexto urbano e regional. A análise das dinâmicas espaciais de Barreiras mostra que as forças e verticais e horizontais se atrelam à rede urbana do oeste baiano. Caberia, ainda, um aprofundamento

---

[299] SANTOS, 2006.

nas discussões de políticas públicas de mobilidade urbana, adentrando-se em temas mais específicos como a implementação da zona azul, a tarifa zero no transporte público e projetos de incentivo à micromobilidade, bem como discutir aspectos da construção do Plano de Mobilidade Urbana de Barreiras e refletir sobre a Política Nacional de Mobilidade Urbana.

Por fim, esta pesquisa se encerra oferecendo uma contribuição no entendimento das dinâmicas espaciais, da morfologia e da mobilidade urbana em Barreiras. É preciso uma abordagem mais ampla devido à lacuna de conhecimento sobre a maior cidade do oeste baiano em relação a essas temáticas, ciente de que trabalhos futuros virão para discutir, aumentar e, possivelmente, corrigir pontos que, com a ampliação da discussão dessa temática, inevitavelmente, surgirão.

REFERÊNCIAS

AATR. **Na fronteira da (i)legalidade:** desmatamento e grilagem no Matopiba. 1. ed. Salvador: AATR, 2021.

ABNT. **NBR 9050/2020** Acessibilidade a edificações, mobiliário, espaços e equipamentos urbanos. 4. ed. Rio de Janeiro: ABNT, 2020.

ALEXANDER, C. **A city is not a tree:** 50th anniversary edition. Portland: Sustasis Foundation, 2015.

ALVES, L. S.; WILBERT, M. D. Redução do imposto sobre produto industrializado e a venda de automóveis. *In*: CONGRESSO DE INICIAÇÃO CIENTÍFICA EM CONTABILIDADE DA UNIVERSIDADE DE SÃO PAULO, 11. Anais [...]. São Paulo: USP, 2014.

ARROYO, M. M. Dinâmica territorial, circulação e cidades médias. *In*: SPOSITO, E. S.; SPOSITO, M. E. B; SOBARZO, O. (org.). **Cidades médias:** produção do espaço urbano e regional. São Paulo: Expressão Popular, 2006.

BANHAM, R. **Los Angeles:** a arquitetura de quatro ecologias. Tradução de Marcelo Brandão Cipolla. São Paulo: Martins Fontes, 2013.

BARBOSA, J. L. O significado da mobilidade na construção democrática da cidade. *In*: CIDADE e movimento: mobilidades e interações no desenvolvimento urbano. Brasília: IPEA, 2016.

BARBOZA, M.; TOMASIELLO, D.; GIANOTTI, M.; CENTRO DE ESTUDOS DA METRÓPOLE. **Planos diretores em municípios de porte médio:** o caso de Aracaju. Nota Técnica em Políticas Públicas, Cidades e Desigualdades. São Paulo: [*s. n.*], 2021.

BARREIRAS. Prefeitura Municipal de Barreiras. **Lei nº 647 de 10 de novembro de 2004.** Dispõe sobre o Parcelamento do Solo, Sistema Viário, Circulação, Transporte e Zoneamento do Município de Barreiras. Barreiras, 2004a.

BARREIRAS. Prefeitura Municipal de Barreiras. **Plano diretor de Barreiras.** Lei nº 651/2004, de 16 de novembro de 2004. Barreiras, 2004b.

BARREIRAS. Prefeitura Municipal de Barreiras. **Lei nº 900 de 10 de junho de 2010.** Define regras para a construção e reparo em calçadas, da vedação e limpeza de terrenos. Barreiras, 2010.

BARREIRAS, Prefeitura Municipal de Barreiras. **Decreto nº 468 de 10 de junho de 2015**. Dispõe sobre a construção de calçadas. Barreiras, 2015.

BARREIRAS, Prefeitura Municipal de Barreiras. **Relatório plano diretor planejamento participativo Barreiras 2030**. Revisão e Atualização do Plano Diretor Urbano de Barreiras 2004. Barreiras, 2016.

BARREIRAS. **Lei nº 1.426, de 17 de dezembro de 2019**. Dispõe sobre o zoneamento do uso e da ocupação do solo urbano no Município de Barreiras, 2019.

BARREIRAS, Prefeitura Municipal de Barreiras. **Contrato nº 067 de 02 de março de 2022**. Contrato da zona azul de Barreiras. Processo Administrativo nº 02187/2021. Concorrência Pública nº 002/2021 de 03 de fevereiro de 2022. Contrato Nº 067/2022 Contratante: Município de Barreiras. Contratada: Empresa M. M. Reinaldo Construções Ltda. Barreiras, 2022.

BARROS, J. D. **A construção da teoria nas ciências humanas.** Petrópolis: Vozes, 2018.

BERTAUD, A. **Ordem sem Design:** como os mercados moldam as cidades. Tradução de Alexandre Salvaterra. 1. ed. Porto Alegre: Bookman, 2023.

BOLFE, É. L.; VICTORIA, D. de C.; CONTINI, E.; BAYMA-SILVA, G.; ARAUJO, L. S.; GOMES, D. MATOPIBA: análise do uso da terra e a produção agrícola. *In*: SIMPÓSIO BRASILEIRO DE SENSORIAMENTO REMOTO, 18. **Anais** [...]. Santos: INPE, 2017.

BRANDÃO, R. J. A. **A última fronteira no bioma Cerrado:** análise da natureza da expansão do agronegócio no Oeste da Bahia. 2017. Dissertação (Mestrado em Desenvolvimento e Meio Ambiente) – UFPE, Recife, 2017.

BRASIL. Lei nº 9.503, de 23 de setembro de 1997. Institui o Código de Trânsito Brasileiro. **Diário Oficial da União**: seção 1, Brasília, DF, p. 21201, 24 set. 1997. Disponível em: https://www.planalto.gov.br/ccivil_03/leis/l9503compilado. htm. Acesso em: 28 out. 2024.

BRASIL. Secretaria Nacional de Transporte e Mobilidade Urbana. Ministério das Cidades. **PlanMob:** construindo a cidade sustentável 1 – caderno de referência para elaboração de plano de mobilidade urbana. Brasília, 2007.

BRASIL. **Estatuto da Cidade**. 3. ed. Brasília: Senado Federal; Subsecretaria de Edições Técnicas, 2008.

BRASIL. Lei nº. 12.587, de 3 de janeiro e 2012. Institui as diretrizes da Política Nacional de Mobilidade Urbana; revoga dispositivos dos Decretos-Leis nºs 3.326, de 3 de junho de 1941, e 5.405, de 13 de abril de 1943, da Consolidação das Leis do Trabalho (CLT), aprovada pelo Decreto-Lei nº 5.452, de 1º de maio de 1943, e das Leis nºs 5.917, de 10 de setembro de 1973, e 6.261, de 14 de novembro de 1975; e dá outras providências. **Diário Oficial da União**: seção 1, Brasília, DF, p. 1, 4 jan. 2012. Disponível em: https://www.planalto.gov.br/ccivil_03/_ato2011-2014/2012/lei/l12587.htm. Acesso em: 28 out. 2024.

BRASIL. Emenda Constitucional nº 90, de 15 de setembro de 2015. Dá nova redação ao art. 6º da Constituição Federal, para introduzir o transporte como direito social. **Diário Oficial da União**: seção 1, Brasília, DF, p. 1, 16 set. 2015. Disponível em: https://www.planalto.gov.br/ccivil_03/constituicao/emendas/emc/emc90.htm. Acesso em: 28 out. 2024.

BRASIL. Secretaria Nacional de Mobilidade Urbana. Ministério das Cidades. **Caderno técnico para projetos de mobilidade urbana:** transporte ativo. Apoio técnico de WRI Brasil. Brasília, 2016.

BRASIL. Ministério da Infraestrutura. **Frota de veículos – 2021.** Brasília, 2021. Disponível em: https://www.gov.br/infraestrutura/pt-br/assuntos/transito/conteudo-denatran/frota-de-veiculos-2021. Acesso em: 26 out. 2021.

BRASIL. Ministério da Economia. **Frota Veículos – 2023.** Brasília, 2023. Disponível em https://www.gov.br/transportes/pt-br/assuntos/transito/conteudo-Senatran/frota-de-veiculos-2023. Acesso em: 15 jan. 2024.

CARLOS, A. F. A. **O Espaço Urbano:** Novos Escritos sobre a Cidade. São Paulo: FFLCH, 2007.

CORRÊA, R. L. **O Espaço Urbano**. São Paulo: Ática, 1989. (Série Princípios).

CRIAÇÃO de um fundo de financiamento do transporte possibilita tarifa zero, diz estudo. **INESC**, [Brasília], 30 out. 2019. Disponível em: https://inesc.org.br/criacao-de-um-fundo-de-financiamento-do-transporte-publico-possibilita--tarifa-zero-diz-estudo/. Acesso em: 28 out. 2024.

CULLEN, G. **Paisagem urbana**. Tradução de Isabel Correia e Carlos de Macedo a partir da edição de 1983. Lisboa: Edições 70, 2020.

ELIAS, D.; PEQUENO, R. Desigualdades socioespaciais nas cidades do agronegócio. **Estudos urbanos e regionais**, Belém, v. 9, n. 1, 2007.

ELIAS, D. Agronegócio e reestruturação urbana e regional no Brasil. *In*: BÜHLER, E. A.; GUIBERT, M.; OLIVEIRA, V. L. (comp.). **Agriculturas empresariais e espaços rurais na globalização**: abordagens a partir da América do Sul [online]. Porto Alegre: Editora da UFRGS, 2016.

FLICK, U. **Introdução à pesquisa qualitativa.** Tradução de Joice Elias Costa. 3. ed. Porto Alegre: Artmed, 2009.

FRANÇA, V. M. As grades do condomínio são para trazer proteção? O dilema dos prisioneiros urbanos. **ArchDaily Brasil**, [*s. l.*], 10 dez. 2023. ISSN 0719-8906. Disponível em: https://www.archdaily.com.br/br/1010041/as-grades-do-condominio-sao-para-trazer-protecao-o-dilema-dos-prisioneiros-urbanos. Acesso em: 3 jan. 2024.

GEHL, J. **Cidades para pessoas.** Tradução de Anita de Marco. 3. ed. São Paulo: Perspectiva, 2015.

GEHL, J.; SVARRE, B. **A vida na cidade:** como estudar. Tradução de Anita Di Marco. 1. ed. São Paulo: Perspectiva, 2018.

GESTÃO da Mobilidade: entenda por que você paga pelos carros, mesmo se não usá-los. **ITDP**, [Rio de Janeiro], 15 set. 2021. Disponível em: https://itdpbrasil.org/gestao-da-mobilidade-entenda-porque-voce-paga-pelos-carros-mesmo-se-nao-usa-los/. Acesso em: 28 out. 2024.

GIL, A. C. **Como Elaborar Projetos de Pesquisa.** 4. ed. São Paulo: Editora Atlas, 2002.

GLAESER, E. L. **O Triunfo da Cidade**. Tradução de Leonardo Abramovicz. 2. ed. São Paulo: BEI Comunicação, 2016.

GONGADZEN, S.; MAASSEN, A. **Cidade de 15 minutos:** a visão de Paris que tem inspirado um movimento global. **ArchDaily Brasil**, [*s. l.*], 11 mar. 2023. Disponível em: https://www.archdaily.com.br/br/996966/cidade-de-15-minutos-a-visao-de-paris-que-tem-inspirado-um-movimento-global. Acesso em: 25 mar. 2024.

GRÁFICOS climatológicos. **INMET**, [Barreiras], c2024. https://clima.inmet.gov.br/GraficosClimatologicos/BA/83236. Acesso em: 18 mar. 2024.

HAESBAERT, R. **Des-territorialização e identidade**: a rede "gaúcha" no Nordeste. Niterói: EDUFF, 1997.

HARVEY, D. **A produção capitalista do espaço.** São Paulo: Annablume, 2005. (Coleção geografia e adjacências).

HARVEY, David. **Cidades rebeldes:** do direito à cidade à revolução urbana. Tradução de Jeferson Camargo. São Paulo: Martins Fontes, 2014.

HERCE, M. **Práticas de mobilidade urbana contemporânea:** política e projeto. Organização de Pedro Manuel Rivaben de Sales. Tradução de Maria Luisa Bocalini, Esteban Enrique M. Cabrera e Verena Andreata. São Paulo: Editora Escola da Cidade, 2022.

HISTÓRIA de Barreiras em Fascículos, ano I, n. I., 8 jun. 1992.

IBGE. Índice GINI. Rio de Janeiro: IBGE, 2011. Disponível em: https://cidades.ibge.gov.br/brasil/ba/barreiras/panorama. Acesso em: 28 out. 2024.

IBGE. **Censo Brasileiro de 2010.** Rio de Janeiro: IBGE, 2012.

IBGE. **Censo Brasileiro de 2022.** Rio de Janeiro: IBGE, 2023.

JACOBS, J. **Morte e vida de grandes cidades.** Tradução de Carlos S. M. Rosa. 3. ed. São Paulo: Martins Fontes, 2011.

LARGURA, A. E. **Fatores que influenciam o uso da bicicleta em cidades de médio porte:** estudo de caso em Balneário Camboriú/SC. 2012. Dissertação (Mestrado em Arquitetura e Urbanismo) – UFSC, Florianópolis, 2012.

LEFEBVRE, H. **O Direito à Cidade.** Tradução de Rubens E. Frias. 5. ed. São Paulo: Centauro, 2001.

LYNCH, K. **A imagem da cidade.** Tradução DE Jefferson Luiz Camargo. 3. ed. São Paulo: Martins Fontes, 2011.

LING, A. Estacionamento não é direito, é privilégio. **Caos Planejado**, [s. l.], 17 jan. 2019. Disponível em: https://caosplanejado.com/o-estacionamento-nao-e--direito-e-privilegio/. Acesso em: 9 nov. 2021.

MANHAS, C. O transporte público é direito, não mercadoria. **Le Monde Diplomatique Brasil**, 11 nov. 2019. Disponível em: https://diplomatique.org.br/o-transporte-publico-e-direito-nao-mercadoria/. Acesso em: 3 nov. 2021.

MARICATO, E. **Para entender a crise urbana.** 1. ed. São Paulo: Expressão Popular, 2015.

MARICATO, E. Para entender a crise urbana. **CaderNAU**: Cadernos do núcleo de análises urbanas, Rio Grande, v. 8, n. 1, p. 11-22, 2015.

MARQUES, E. C. Elementos conceituais da segregação, da pobreza urbana e da ação do Estado. *In:* MARQUES, E. C. L.; TORRES, H. da G. (org.). **São Paulo:** segregação, pobreza e desigualdade. São Paulo: Editora do Senac, 2005.

MEDEIROS, V. **Urbis Brasilae:** o labirinto das cidades brasileiras. Brasília: Editora Universidade de Brasília, 2013.

MONTANER, J. M; MUXÍ, Z. **Política e arquitetura:** por um urbanismo do comum e ecofeminista. Tradução de Júlia Urrutia. 1. ed. São Paulo: Editora Olhares, 2021.

NACTO. **Guia global de desenhos de ruas.** Tradução de Daniela Tiemi Nishimi de Oliveira. São Paulo: Editora Senac São Paulo, 2018.

NASCIMENTO, P. de S. O Atual Movimento de Expansão Urbana na Cidade de Barreiras (BA). **Revista de Geografia**, Juiz de Fora, v. 6, n. 2, p. 209-217, jul./dez. 2016.

NASCIMENTO, P. de S.; BRANDÃO, P. R. B.; FERREIRA, R. J. A produção do espaço urbano de Barreiras (BA)**:** reflexões sobre as implicações ambientais em áreas de expansão urbana. *In*: SIMPÓSIO CIDADES MÉDIAS E PEQUENAS DA BAHIA, 6. **Anais** [...]. Santo Antônio de Jesus, 2018.

OLIVEIRA, C. G. dos S.; FONTGALLAND, I. L. **Análise da mobilidade urbana em cidades de porte médio por meio da sintaxe espacial.** 1. ed. Curitiba: Appris, 2021.

PANERAI, P. **Análise urbana.** Tradução de Francisco Leitão; revisão técnica de Sylvia Ficher, Brasília: Editora Universidade de Brasília, 2006.

PINTO, S. **Simplesmente Barreiras**. 1. ed. Barreiras: Independente, 1979.

PLANKA.NU. **A estrutura do poder do trânsito.** Tradução de Tarifa Zero BH. 1. ed. São Paulo: Fundação Rosa Luxemburgo, 2020.

PLANO de mobilidade urbana de Barreiras – BA: audiência pública realizada em setembro de 2021. [*S. l.: s. n.*], 2021. 1 vídeo (264 min). Publicado pelo canal FUNDATEC. Disponível em: https://www.youtube.com/watch?v=bcgcbD66l_8. Acesso em: 8 nov. 2021.

PRINZ, D. **Urbanismo I:** projecto urbano. Tradução de Luís Leitão. Lisboa: Editorial Presença, 1984.

PRODANOV, C. C.; FREITAS, E. C. de. **Metodologia do Trabalho Científico:** Métodos e Técnicas da Pesquisa e do Trabalho Acadêmico. 2. ed. Novo Hamburgo: Feevale, 2013.

ROLNIK, R. **O que é cidade?** 3. ed. São Paulo: Editora Brasiliense, 1994. (Coleção Primeiros Passos).

ROLNIK, R. **São Paulo:** o planejamento da desigualdade. São Paulo: Fósforo, 2022.

SANTINI, D. **Passe livre:** as possibilidades da tarifa zero contra a distopia da uberização. 1. ed. São Paulo: Autonomia Literária, 2019.

SANTOS, I. D. da S. A relação rede-território para compreender a organização socioespacial do transporte coletivo urbano de Barreiras (BA). **Revista Formação,** [*s. l.*], n. 22, v. 2, p. 59-78, 2015.

SANTOS, I. D. da S. **A organização socioespacial da rede urbana do Oeste Baiano.** 2016. Dissertação (Mestrado em Geografia) – UFT, Porto Nacional, 2016.

SANTOS, M. **A natureza do espaço:** técnica e tempo. Razão e emoção. 4. ed. São Paulo: Editora da Universidade de São Paulo, 2006.

SANTOS, M. **O Espaço do Cidadão.** 7. ed. São Paulo: Editora da Universidade de São Paulo, 2014.

SANTOS, P. M. dos; CACCIA, L. S.; SAMIOS, A. A. B.; FERREIRA, L. Z. **8 Princípios das calçadas:** construindo cidades mais ativas. 1. ed. São Paulo: WRI Brasil, 2017.

SANTOS, S. A. dos. O avanço da urbanização no Oeste Baiano: novos núcleos de povoamento. **Revista Cerrados,** Montes Claros, v. 19, n. 1, 2021.

SECCHI, B. **A Cidade dos Ricos e a Cidade dos Pobres.** Tradução de Renata O. Sampaio 1. ed. Belo Horizonte: Editora Âyiné, 2019.

SEVERINO, A. J. **Metodologia do trabalho científico.** 24. ed. ver. e atual. São Paulo: Cortez, 2016.

SILVA, J. M. P. de. **Desenho como questionamento:** distintas dimensões de planos e projetos urbanos. 1. ed. Rio de Janeiro: Rio Books, 2019.

SIM, D. **Cidade Suave:** densidade, diversidade e proximidade na vida cotidiana. Brasília: Editora Vicinitas, 2022.

SOARES, A.; GUTH, D. **O Brasil que pedala:** a cultura da bicicleta nas cidades pequenas. 1. ed. Rio de Janeiro: Jaguatirica, 2018.

SOBARZO, O. As cidades médias e a urbanização contemporânea. **Revista Cidades**, Chapecó, v. 5, n. 8, 2008.

SOUZA, M. L. de. **ABC do desenvolvimento urbano.** 10. ed. Rio de Janeiro: Bertrand Brasil, 2020.

SPECK, J. **Cidade Caminhável**. 1. ed. São Paulo: Perspectiva, 2017.

TANSCHEIT, P. O transporte ativo combate a falta de atividade física e melhora o bem-estar nas cidades. **WRI Brasil**, [*s. l.*], 5 jul. 2019. Disponível em: https://www.wribrasil.org.br/noticias/o-transporte-ativo-combate-falta-de-atividade-fisica-e-melhora-o-bem-estar-nas-cidades. Acesso em: 13 dez. 2023.

TAXA de motorização no Brasil: veja o aumento em 20 anos. **Portal Mobilize**, [*s. l.*], c2019. Disponível em: https://www.mobilize.org.br/estatisticas/70/taxa-de-motorizacao-no-brasil-veja-o-aumento-em-20-anos.html. Acesso em: 28 out. 2024.

TRECHO da BR 242 é municipalizado e passa a ser de jurisdição da Prefeitura de Barreiras. **Prefeitura Municipal de Barreiras**, [Barreiras], 7 fev. 2023. Disponível em: https://barreiras.ba.gov.br/trecho-da-br-242-e-municipalizado-e-passa-a--ser-de-jurisdicao-da-prefeitura-de-barreiras/. Acesso em: 28 out. 2024.

TONINI, L. A. F. S. **Estudo de impacto de vizinhança na gestão ambiental urbana:** análise sobre a efetividade das práticas no Brasil. 2021. Dissertação (Mestrado em Meio Ambiente, Águas e Saneamento) –UFBA, Salvador, 2021.

VASCONCELLOS, E. A. de. **Mobilidade urbana:** o que você precisa saber. 1. ed. São Paulo: Companhia das Letras, 2013.

VASCONCELLOS, E. A. de. **Mobilidade urbana e cidadania.** São Paulo: Editora Senac, 2018.

VCB. [Aplicativo para Android e IOS das linhas de ônibus urbanos da cidade de Barreiras]. Barreiras, c2022.

VILLAÇA, F. **O Espaço Intra-Urbano no Brasil.** São Paulo: Studio Nobel; FAPESP; Lincoln Institute, 2001.